工业和信息化普通高等教育
"十三五"规划教材立项项目

21世纪高等院校
电子商务系列规划教材

网店
运营与管理

视频指导版 第2版

白东蕊 / 主编
成保梅 郭燕萍 / 副主编

Online Stores' Operation and Management

人民邮电出版社
北京

图书在版编目（CIP）数据

网店运营与管理：视频指导版 / 白东蕊主编. -- 2版. -- 北京：人民邮电出版社，2021.8（2022.11重印）
21世纪高等院校电子商务系列规划教材
ISBN 978-7-115-56508-2

Ⅰ. ①网… Ⅱ. ①白… Ⅲ. ①网店－运营管理－高等学校－教材 Ⅳ. ①F713.365.2

中国版本图书馆CIP数据核字（2021）第085976号

内 容 提 要

本书以淘宝平台为主要依托，以网店运营与管理为核心，系统、全面地介绍了开店、装修、推广等的基本方法和技巧。本书沿着"网上开店概述→商品发布→网店管理→网店图片的拍摄与处理→网店装修→网店搜索引擎优化→网店推广和营销→网店客服与客户关系管理→网店运营数据分析→移动网店运营"这一线索展开分析与实践。

本书每一章都设有课后习题、实训任务和视野拓展，一方面能帮助读者强化网店运营能力并掌握运营技巧，另一方面能为读者提供拓展性的学习资料。

与本书配套的电子教案、教学大纲、电子课件、视频案例、习题参考答案、实验实训资料、模拟试卷等教学资料可在人邮教育社区（www.ryjiaoyu.com）下载（部分资料仅对用书老师开放），索取方式见"更新勘误表和配套资料索取示意图"（咨询QQ：3032127）。

本书可作为高等院校电子商务专业和其他经济管理类专业网店运营课程的教材，也可作为电商培训班的教学用书以及网店创业人员和电商企业基层人员的自学用书。

◆ 主　　编　白东蕊
　　副 主 编　成保梅　郭燕萍
　　责任编辑　万国清
　　责任印制　李　东　胡　南

◆ 人民邮电出版社出版发行　北京市丰台区成寿寺路 11 号
邮编　100164　　电子邮件　315@ptpress.com.cn
网址　https://www.ptpress.com.cn
北京市艺辉印刷有限公司印刷

◆ 开本：787×1092　1/16
　　印张：13.75　　　　　　　2021 年 8 月第 2 版
　　字数：332 千字　　　　　2022 年 11 月北京第 8 次印刷

定价：49.80 元

读者服务热线：(010)81055256　印装质量热线：(010)81055316
反盗版热线：(010)81055315
广告经营许可证：京东市监广登字 20170147 号

前　言

　　本书第 1 版自 2019 年 5 月出版以来，得到了国内诸多院校和社会各界读者的认可。其强化操作、突出实用的特点，受到很多教师和学生的欢迎。本书以淘宝平台为主要依托，以网店运营与管理为核心，系统、全面地介绍了关于开店、装修、推广等方面的基本方法和技巧。两年来，网店运营的理论和实践又有了突飞猛进的发展，特别是淘宝平台的实践应用有了很大的变化，为了紧跟学科发展，适应行业发展与教学的需要，我们在广泛收集用书老师的意见、建议的基础上，对本书进行了全面、细致的修订。

　　本版保留了第 1 版原有的知识体系，内容涉及淘宝网店的最新知识，微调了部分章节的内容，主要涉及以下几方面。

　　（1）针对淘宝千牛工作台和千牛卖家中心的合并，对千牛卖家中心新的功能做了基本介绍。例如针对"宝贝管理"栏目的"商品优化""八载""商家素材中心""详情装修""主图打标"等做了基本介绍。

　　（2）将第 1 版"第 2 章 商品发布与网店管理"拆分成"第 2 章 商品发布"与"第 3 章 网店管理"。

　　（3）将第 1 版"第 8 章 网店物流与客户关系管理"改为"第 8 章 网店客服与客户关系管理"。将第 1 版中"网店物流"的"运费模板与运单模板设置"内容编入了"第 2 章 商品发布"中。

　　（4）将第 1 版"第 3 章 商品的拍摄"与"第 4 章 网店图片处理"合并为"第 4 章 网店图片的拍摄与处理"。

　　与本书配套的电子教案、教学大纲、电子课件、视频案例、习题参考答案、实验实训资料、模拟试卷等教学资料可在人邮教育社区（www.ryjiaoyu.com）下载（部分资料仅对用书老师开放），索取方式见"更新勘误表和配套资料索取示意图"（咨询 QQ：3032127）。

　　与本书配套的网课网址见人邮教育社区本书页面。

　　本书由白东蕊担任主编，由成保梅、郭燕萍担任副主编，本书具体编写分工如下：第 1 章由王永芳编写，第 2 章由韩景灵编写，第 3 章由李艳、韩景灵编写，第 4 章由罗宝刚、成保梅编写，第 5 章由成保梅编写，第 6 章、第 7 章由白东蕊编写，第 8 章由李艳编写，第 9 章由郭燕萍编写，第 10 章由郭燕萍、白东蕊编写。

　　本次修订参考了众多专家及百余位授课教师的意见和建议，编者在此向这些专家和授课教师表示诚挚的谢意！衷心希望各位专家、教师和同学继续批评指正，我们将利用重印或再版的机会不断对本书进行更新和完善（扫描"更新勘误表和配套资料索取示意图"中的二维码，可查阅本书的更新勘误记录表和意见建议记录表）。

编者
2021 年 6 月

目 录

第 1 章 网上开店概述 ·········· 1

【知识框架】 ············ 1
【学习目标】 ············ 1
1.1 网店基础知识 ········ 2
1.1.1 常见的网店平台 ······ 2
1.1.2 淘宝平台简介 ······· 3
1.2 开通淘宝网店 ········ 4
1.2.1 登录/注册淘宝账户 ····· 5
1.2.2 支付宝实名认证 ······ 5
1.2.3 淘宝开店认证 ······· 6
1.3 千牛卖家中心操作 ······ 7
1.4 货源的选择 ········· 13
1.4.1 商品的选择 ······· 14
1.4.2 货源渠道的选择 ····· 16
本章小结 ············· 18
课后习题 ············· 18
实训任务 ············· 19
视野拓展 ············· 19

第 2 章 商品发布 ············ 20

【知识框架】 ············ 20
【学习目标】 ············ 20
2.1 上传和发布商品 ······· 20
2.1.1 商品发布的流程 ····· 21
2.1.2 发布商品的关键要素 ··· 23
2.2 运费模板与运单模板的设置 ·· 25
2.2.1 运费模板的设置 ····· 25
2.2.2 运单模板的设置 ····· 28
2.3 淘宝助理的使用 ······· 29
2.3.1 批量上传商品 ······ 30
2.3.2 批量编辑商品 ······ 31
2.3.3 批量导出或导入商品 ··· 32
本章小结 ············· 33
课后习题 ············· 33

实训任务 ············· 34
视野拓展 ············· 35

第 3 章 网店管理 ············ 36

【知识框架】 ············ 36
【学习目标】 ············ 36
3.1 网店基本管理 ········ 36
3.1.1 网店的基本设置 ····· 36
3.1.2 商品分类管理 ······ 38
3.1.3 子账号管理 ······· 39
3.2 商品交易管理 ········ 43
3.2.1 订单管理 ········ 43
3.2.2 评价管理 ········ 46
3.3 客户服务管理 ········ 49
3.3.1 违规管理 ········ 49
3.3.2 举报管理 ········ 50
3.3.3 投诉管理 ········ 51
3.3.4 申诉管理 ········ 53
本章小结 ············· 54
课后习题 ············· 54
实训任务 ············· 55
视野拓展 ············· 55

第 4 章 网店图片的拍摄与处理 ······ 56

【知识框架】 ············ 56
【学习目标】 ············ 56
4.1 商品图片拍摄 ········ 57
4.1.1 拍摄器材 ········ 57
4.1.2 拍摄基本知识 ······ 57
4.1.3 网店商品的拍摄 ····· 59
4.2 图片处理基础操作 ······ 61
4.2.1 调整图片的大小和方向 ·· 62
4.2.2 美化图片 ········ 64
4.2.3 抠图 ·········· 68

4.3 制作商品展示图片 ……………… 70
    4.3.1 制作商品主图 …………… 70
    4.3.2 制作商品详情描述图 …… 72
4.4 制作海报图 …………………… 74
    4.4.1 海报图制作要求 ………… 74
    4.4.2 海报图制作技巧 ………… 75
本章小结 ……………………………… 77
课后习题 ……………………………… 77
实训任务 ……………………………… 79
视野拓展 ……………………………… 79

第5章 网店装修 ………………… 80

【知识框架】 ………………………… 80
【学习目标】 ………………………… 80
5.1 网店装修基础 ………………… 81
    5.1.1 网店装修的目标 ………… 81
    5.1.2 网店装修的内容 ………… 81
    5.1.3 网店装修的方法 ………… 82
5.2 手机端页面装修 ……………… 82
    5.2.1 页面基础设置 …………… 82
    5.2.2 页面装修 ………………… 83
    5.2.3 模块管理 ………………… 87
5.3 电脑端首页装修 ……………… 90
    5.3.1 首页的风格和布局设计 … 90
    5.3.2 主要模块区域设计 ……… 92
5.4 商品详情装修 ………………… 95
    5.4.1 单个商品详情装修 ……… 96
    5.4.2 商品详情批量投放 ……… 98
    5.4.3 智能详情装修 …………… 99
本章小结 ……………………………… 100
课后习题 ……………………………… 100
实训任务 ……………………………… 101
视野拓展 ……………………………… 101

第6章 网店搜索引擎优化 ……… 102

【知识框架】 ………………………… 102
【学习目标】 ………………………… 102
6.1 淘宝网的自然搜索规律 ……… 103
    6.1.1 淘宝网自然搜索的原理与搜索

引擎的工作步骤 ……………… 103
    6.1.2 影响商品排名的因素 …… 105
6.2 优化商品标题 ………………… 109
    6.2.1 关键词的类型 …………… 109
    6.2.2 关键词的来源 …………… 111
    6.2.3 商品标题的优化 ………… 114
6.3 其他类型的优化 ……………… 115
    6.3.1 类目优化 ………………… 115
    6.3.2 商品属性优化 …………… 116
    6.3.3 商品上下架时间优化 …… 118
本章小结 ……………………………… 119
课后习题 ……………………………… 119
实训任务 ……………………………… 121
视野拓展 ……………………………… 121

第7章 网店推广和营销 ………… 122

【知识框架】 ………………………… 122
【学习目标】 ………………………… 122
7.1 店内推广 ……………………… 123
    7.1.1 店内活动及营销工具 …… 123
    7.1.2 各种营销工具的应用 …… 124
7.2 站内推广 ……………………… 128
    7.2.1 站内流量来源 …………… 128
    7.2.2 淘宝活动 ………………… 129
    7.2.3 常见的站内营销推广方式 … 132
7.3 站外推广 ……………………… 142
    7.3.1 淘宝客推广 ……………… 142
    7.3.2 抖音短视频推广 ………… 143
    7.3.3 "头条号"推广 ………… 145
    7.3.4 其他站外推广 …………… 147
本章小结 ……………………………… 149
课后习题 ……………………………… 149
实训任务 ……………………………… 150
视野拓展 ……………………………… 150

第8章 网店客服与客户关系管理 ……… 151

【知识框架】 ………………………… 151
【学习目标】 ………………………… 151
8.1 网店客服 ……………………… 151

8.1.1　网店客服的沟通技巧………………152
　　8.1.2　售前客服……………………………152
　　8.1.3　售后客服……………………………155
　　8.1.4　智能客服阿里店小蜜………………157
8.2　客户关系管理………………………………161
　　8.2.1　千牛接待中心客户管理……………161
　　8.2.2　客户分类管理………………………166
　　8.2.3　客户忠诚度管理……………………169
本章小结…………………………………………171
课后习题…………………………………………172
实训任务…………………………………………173
视野拓展…………………………………………173

第9章　网店运营数据分析………………174

【知识框架】……………………………………174
【学习目标】……………………………………174
9.1　网店运营数据分析的意义和流程…………175
　　9.1.1　网店运营数据分析的意义…………175
　　9.1.2　网店运营数据分析的流程…………175
9.2　网店运营数据分析的核心数据……………177
　　9.2.1　流量数据……………………………177
　　9.2.2　网店主要页面数据…………………178
　　9.2.3　客服数据……………………………179
　　9.2.4　店铺动态评分数据…………………181
　　9.2.5　转化率数据…………………………183
9.3　使用生意参谋分析网店数据………………186
　　9.3.1　实时直播……………………………186
　　9.3.2　流量分析……………………………189

　　9.3.3　品类分析……………………………190
　　9.3.4　交易分析……………………………192
　　9.3.5　营销分析……………………………192
本章小结…………………………………………193
课后习题…………………………………………193
实训任务…………………………………………195
视野拓展…………………………………………195

第10章　移动网店运营……………………196

【知识框架】……………………………………196
【学习目标】……………………………………196
10.1　移动网店的主要形式……………………196
　　10.1.1　传统企业自建移动商城
　　　　　　App………………………………197
　　10.1.2　零售电子商务平台的手机端
　　　　　　App………………………………197
　　10.1.3　第三方移动网店App平台………197
10.2　移动网店运营与管理……………………201
　　10.2.1　注册开通移动网店………………201
　　10.2.2　微店后台功能……………………204
　　10.2.3　微店装修与商品管理……………207
本章小结…………………………………………209
课后习题…………………………………………209
实训任务…………………………………………210
视野拓展…………………………………………210

主要参考文献…………………………………211

更新勘误表和配套资料索取示意图…………212

第1章　网上开店概述

【知识框架】

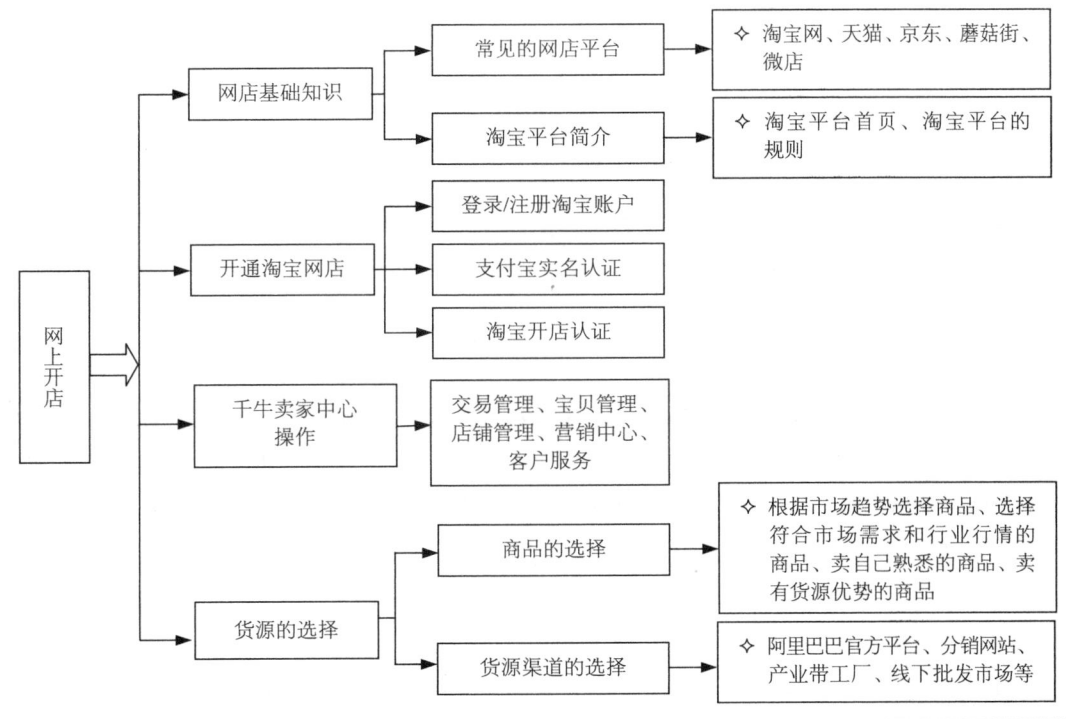

【学习目标】

1. 了解常见的网店平台及其特点。
2. 了解开通淘宝网店的流程。
3. 掌握千牛卖家中心的操作。
4. 了解常见的货源渠道及其特点，掌握选择货源的注意事项。

小贴士

对学习网店运营课程的意见建议

简单来说，网上开店就是卖家自己搭建或在相关网店平台（如淘宝网）上注册一个虚拟的网上商店（简称"网店"），然后将待售商品的信息发布到网页上。对其商品感兴趣的浏览者（潜在买家）通过浏览这些商品信息及买家评论信息等进行选择，然后通过线上或线下支付方式向卖家付款，卖家通过物流将商品发送至买家，从而完成整个交易过程。

本章主要介绍网店基础知识、开通淘宝网店的流程、千牛卖家中心的相关操作及货源的选择等。

1.1 网店基础知识

网店是在互联网时代背景下诞生的新的销售方式,与传统实体店相比有很大的优势。对中小卖家来说,选择适合自己的网店平台对后期的推广和销售至关重要,这就需要了解常见网店平台的类型和特点。

1.1.1 常见的网店平台

目前,网店平台有很多,根据其经营性质的不同可以划分为不同类型,如 B2B、B2C、C2C 等。个人用户适合在淘宝网等 C2C 平台开设网店,企业用户可以选择在天猫、京东等 B2C 平台开设网店。

小贴士

B2B、B2C、C2C

B2B（business to business）即企业对企业的电子商务；B2C（business to consumer）即企业对消费者的电子商务；C2C（consumer to consumer）即消费者对消费者的电子商务。

1. 淘宝网

淘宝网(taobao)成立于 2003 年 5 月,由阿里巴巴集团投资创办,是深受国人喜爱的网购零售平台。随着其规模的扩大和用户数量的增加,淘宝网也从单一的 C2C 网络集市变成了包括 C2C、团购、分销、拍卖等多种电子商务模式在内的综合性零售商圈。

2. 天猫

天猫商城(tmall)原名淘宝商城,是中国最大的 B2C 购物网站、亚洲超大的综合性购物平台。天猫商城在 2012 年 1 月与淘宝网分离,由知名品牌的直营旗舰店和授权专卖店组成,超过 15 万个品牌商家。天猫商城支持淘宝网的各项服务,如支付宝、集分宝支付等。

3. 京东

京东(jd)成立于 2004 年 1 月,是中国最大的自营式电子商务企业。京东商城以"产品、价格、服务"为核心,致力于为消费者提供质优价廉的商品,同时推出"211 限时达""售后 100 分""全国上门取件""先行赔付"等多项专业服务。京东商城和天猫商城一样,都属于 B2C 电子商务平台。

4. 蘑菇街

蘑菇街(mogu)成立于 2011 年,是中国白领女性的时尚消费品牌。蘑菇街在成立之初就开创了社会化时尚导购模式,成为中国年轻女性最青睐的时尚风向标之一。2016 年 3 月,蘑菇街成为国内电商直播首创者。蘑菇街涵盖时尚服饰、时尚配饰、美妆等多个领域,囊括各类风格；结合红人直播、买手选款+智能推荐等多种售卖方式,致力于打造时尚电商新模式。

5. 微店

口袋购物微店(weidian)简称"微店",成立于 2013 年 12 月,由北京口袋时尚科技有限公司开发,是手机端电子商务平台。微店作为手机端的新型产物,任何个人或企业通过手机号码都可开通网店,并可一键分享到社交平台来宣传网店或促成交易,其开店门槛低、手续简单。微店平台有 B2C、C2C 两种模式。目前,市场上比较常见的第三方微店平台有微信小程序的微信小商店、有赞微商城和口袋购物微店等。

1.1.2 淘宝平台简介

1. 淘宝平台首页

淘宝平台首页（见图1.1）是信息最集中、信息量最大的页面。出于对买家体验和卖家促销方面的综合考虑，淘宝平台首页也在不断地调整和更新。

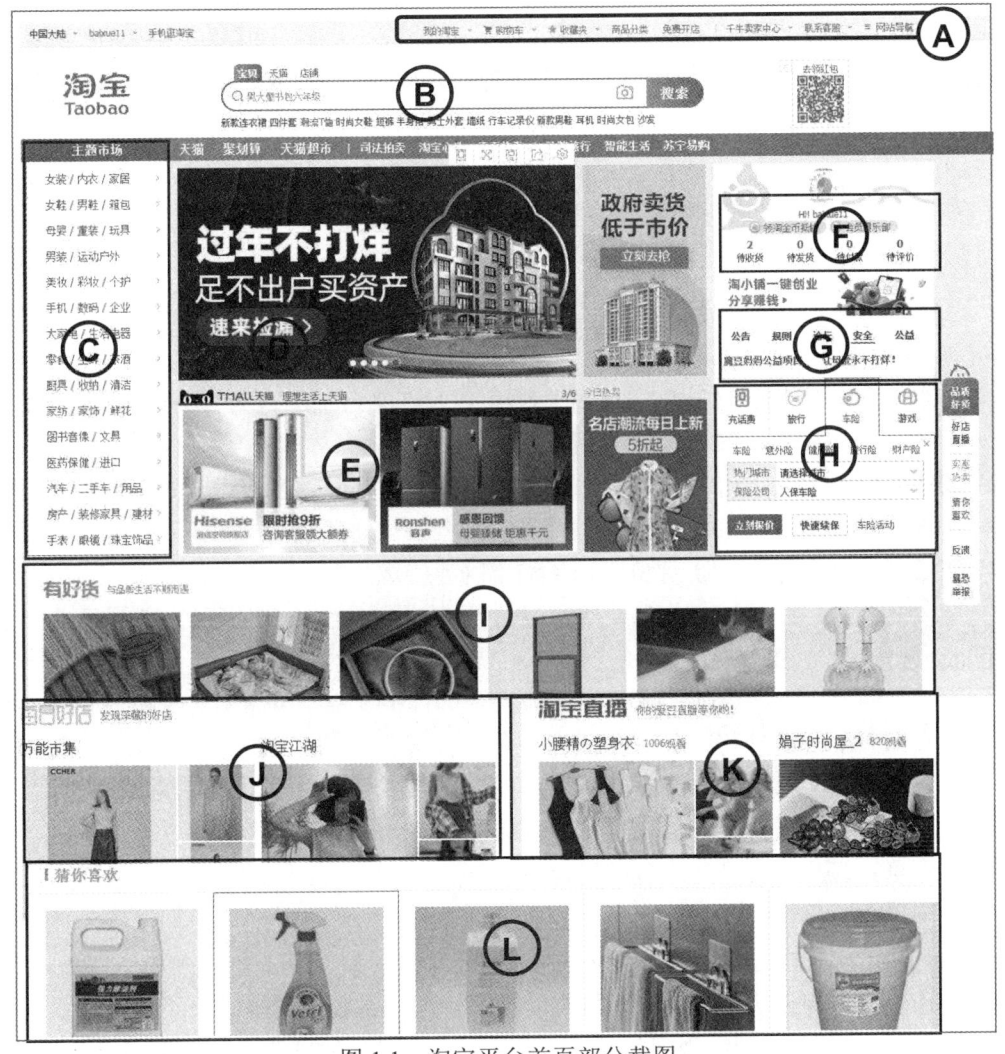

图1.1 淘宝平台首页部分截图

（1）A区：会员快速登录、免费开店、千牛卖家中心等入口，具有网站导航功能，淘工作、淘宝众筹等栏目都可以从这里进入。

（2）B区：搜索区域，通过关键词可以找到商品、网店等信息。

（3）C区：主题市场，罗列淘宝平台涉及的商品类目，选择某个主题即可进入对应的子站点。

（4）D区：促销活动区，中间的轮播海报是各企业竞相抢购的广告位置。

（5）E区：天猫商城品牌推广区域，该区域定期推荐一些加入天猫商城的品牌商，帮助企业成功打造网络品牌。

（6）F区："我的淘宝"快捷入口，会员一旦登录淘宝网，就会及时看到交易提醒，快速进入"我的淘宝"进行交易管理。

（7）G区：网站公告栏，淘宝网的重大新闻、新规则、新功能、新服务、公益活动的宣传等都被安排在这个区域。

（8）H区：便民服务区域，提供话费充值、旅行、保险等服务。

（9）I区："有好货"促销区，该区域是为中高端人群发现和挖掘新奇商品、精品商品的导购平台。

（10）J区："每日好店"推荐，该区域需要卖家网店先报名参加，系统根据条件自动抓取筛选，然后推荐给用户。

（11）K区："淘宝直播"推广，定位于"消费类直播"，用户可"边看边买"，涵盖母婴、美妆、潮搭、美食、运动健身等方面的产品。

（12）L区："猜你喜欢"，是淘宝的个性化推荐区，为了使流量更精准化，淘宝根据用户之前的购买习惯和可能购买的商品进行商品推荐，每个用户看到的内容都是不一样的。

2. 淘宝平台的规则

淘宝制定了一系列规则和规范来约束和规范卖家在平台上的行为，具体如下。

小贴士
淘宝平台规则总则

（1）《淘宝平台规则总则》。

（2）信息发布遵循《淘宝平台违禁信息管理规则》。

（3）交易遵循《淘宝平台争议处理规则》。

（4）评价遵循《淘宝网评价规范》。

（5）信息及质量遵循《淘宝平台价格管理规则》《淘宝网商品品牌管理规范》《淘宝网商品品质抽检规范》。

（6）交易履约与服务保障遵循《淘宝网七天无理由退货规范》。

（7）营销遵循《淘宝网营销活动规范》。

（8）行业与特色市场遵循《淘宝网行业管理规范》《淘宝网特色市场管理规范》。

（9）供销平台用户遵循《供销平台管理规范》。

（10）服务市场用户遵循《服务市场管理规范》。

（11）阿里创作平台、淘宝直播平台用户遵循《内容创作者管理规则》《阿里创作平台机构管理规范（MCN机构适用）》《阿里V任务平台管理规则》《阿里V任务平台争议处理规则》。

（12）市场管理与违规处理遵循《淘宝网市场管理与违规处理规范》。

以上规则或规范在"淘宝规则"或"千牛卖家中心"左侧的"淘宝服务""客户服务"中都有详细说明。更多的规则需要卖家在操作中不断地学习和积累，这样才能保证自己在运营网店时的行为合乎规则，免受处罚。

1.2 开通淘宝网店

个人开通淘宝网店的步骤如下：①登录/注册淘宝账户。②支付宝实名认证。③淘宝开店认证。

1.2.1 登录/注册淘宝账户

（1）如果是淘宝网的新用户，首先要进行会员注册（如果作为买方已注册了淘宝会员，作为卖方可以与买方用同一个会员账号，可以直接"登录"已有的淘宝账号）。在淘宝网首页点击"免费注册"按钮，如图 1.2 所示，然后阅读注册协议并点击"同意"按钮。

小贴士

淘宝网的开店条件

使用一张身份证只能开通一个网店。个人店铺对应个人身份证，企业店铺对应企业营业执照。企业法人可以在淘宝网使用个人身份证开设个人店铺，也可以使用企业营业执照注册企业网店。

图 1.2 淘宝账户注册、登录、开店的入口

小贴士

个人在淘宝网开店需要的资料

（1）一张未开过网店的身份证。
（2）一张与身份证绑定的银行卡。
（3）一部能接收验证码的手机。
（4）银行卡、持卡人及身份证相统一。

电脑端新手开店流程

手机端新手开店流程

（2）进行手机号验证，填写相关个人资料，点击"同意协议并确定"按钮，账号就注册成功了。

1.2.2 支付宝实名认证

1. 电脑端进行实名认证

（1）打开淘宝网首页并登录，按"千牛卖家中心"→"免费开店"顺序点击或直接点击淘宝网首页的"免费开店"（见图 1.2）。

（2）在网店类型中点击"个人店铺入驻"，阅读相关条款，然后进入图 1.3 所示的认证界面，分别需要进行"支付宝实名认证"和"淘宝开店认证"。

（3）点击"支付宝实名认证"的"立即认证"按钮，进入银行卡认证界面。（注意：银行卡卡号必须是与身份证绑定过的）

（4）填写相关信息，点击"下一步"按钮进入身份证认证界面。

（5）上传身份证正、反面图片，填写证件有效期，点击"确定提交"按钮，之后支付宝后台会进行审核，一般在 24 小时内即可完成。

（6）身份证认证审核通过后进入图 1.4 所示的补充校验界面，在补充校验时需要打开手机支付宝软件，扫描图中二维码，然后按照提示完成人脸识别操作。

（7）人脸识别通过后，即可完成支付宝实名认证。

2. 手机端进行实名认证

在支付宝 App 中依次点击"我的"→左上角头像位置→个人信息→身份认证，然后完善信息，信息完善后会提示通过支付宝实名认证。

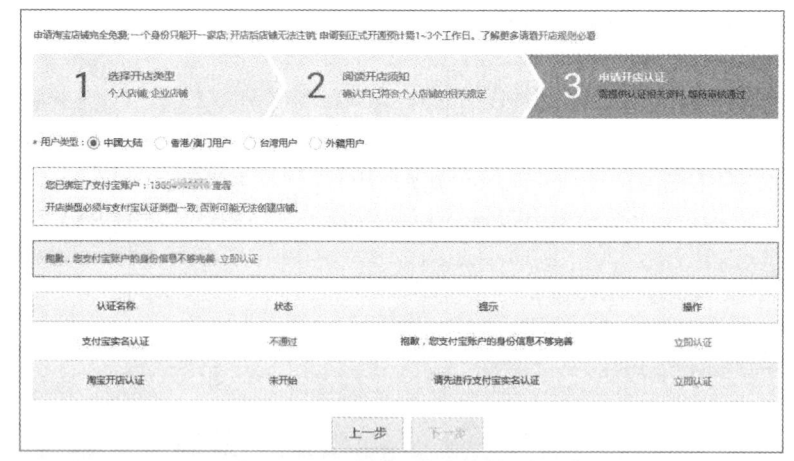

图 1.3 认证界面

图 1.4 补充校验界面

注意：淘宝开店账户和支付宝实名认证的账户一定要绑定。如果支付宝账户已进行实名认证，就会直接跳转到下一步"淘宝开店认证"。

1.2.3 淘宝开店认证

（1）当完成支付宝实名认证操作后，点击"返回免费开店"页面时，可以进行"淘宝开店认证"的操作。

（2）点击图 1.3 中的"淘宝开店认证"后面的"立即认证"按钮。

（3）在淘宝实人认证一栏，使用手机淘宝或者千牛 App 扫码进行认证，进入之后根据系统提示完成人脸认证即可，认证完成后点击图 1.5 中的"认证后点此刷新"，认证状态就会变成"已完成"。

（4）审核通过后，进入卖家中心，即可看到"支付宝实名认证通过"和"淘宝开店认证通过"的结果。

（5）之后进入千牛卖家中心后台，首次进入时会跳出"开店协议"对话框，接受此协议后即可在后台进行操作。

图 1.5 淘宝实人认证界面

1.3 千牛卖家中心操作

千牛卖家中心是卖家网店的"总控制台",几乎所有的操作都可以从千牛卖家中心左侧栏目进入,图 1.6 所示为千牛卖家中心的部分截图。千牛卖家中心的栏目主要有"交易管理""自运营中心""物流管理""宝贝管理""店铺管理""店铺服务""营销中心""数据中心""货源中心""淘宝服务""淘宝客服"等,点击每个栏目右侧的图标" "可以看到更详细的子栏目。其中,"交易管理""宝贝管理""店铺管理""营销中心""客户服务"五个栏目构成了网店日常运营的主要内容,是淘宝网店的"大脑"。

图 1.6 千牛卖家中心的部分截图

小贴士

店铺动态评分

店铺动态评分也称卖家服务评级（Detailed Seller Ratings, DSR），只有使用支付宝完成的交易才能进行店铺动态评分。包括宝贝与描述相符、卖家的服务态度和物流服务的质量，每项店铺动态评分取连续6个月内所有买家给予评分的算术平均值。

1. "交易管理"栏目

"交易管理"栏目包括"已卖出的宝贝""评价管理""分期管理""掌柜信用"等子栏目。

（1）"已卖出的宝贝"子栏目展示的是已经销售出去的商品的数量、金额、日期等内容。

（2）点击"评价管理"子栏目进入评价中心，如图1.7所示。评价中心分为"数据概览"和"评价管理"。在"数据概览"中可以看到评价统计（最近1周、最近1个月、最近6个月、累计评价等）、店铺动态评分（7天、30天、起止日期）等；"评价管理"包括来自买家的评价、来自卖家的评价、给他人的评价、已处置的评价。

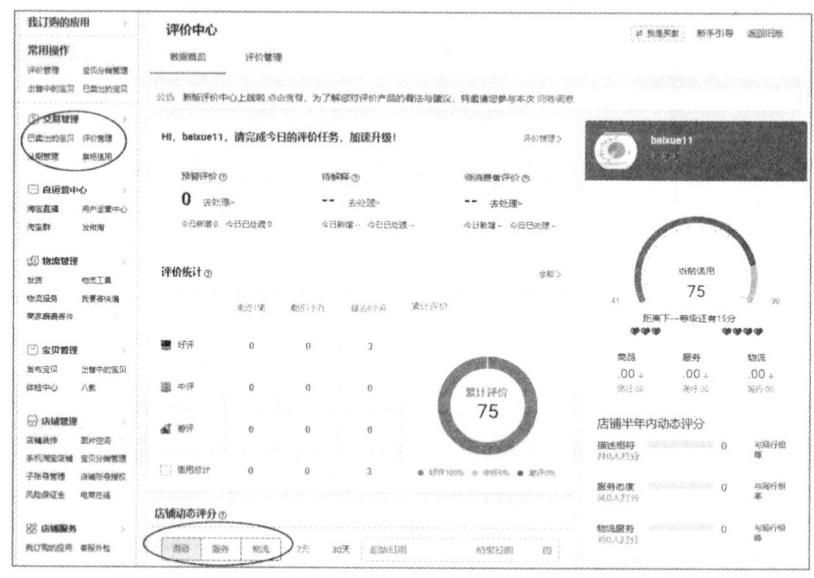

图1.7 "交易管理"栏目的"评价中心"

（3）点击"分期管理"子栏目，开通"商家花呗""商家花呗分期免息"后，卖家可以接受买家花呗分期免息付款，分期免息的活动类型如图1.8所示。卖家可以选择不同的商品设置分期免息，如可以选择3期免息、6期免息、12期免息、18期免息和24期免息。

小贴士

花呗分期手续费规则

若商家设置免息，3期、6期、12期、24期分别对应1.8%、4.5%、7.5%、15%的手续费费率。若商家未设置免息，手续费为0。

（1）费率计算规则：手续费=订单售价×商家承担费率；例如，假设商品售价1 000元，设置了3期免息，则买家下单时可"3期免息"付款，当订单交易成功后，商家会收到全部货款1 000元（分期金额由平台与买家单独结算），此时系统会另外扣除手续费18（1 000×1.8%）元。

（2）扣费对象：若商家设置免息，则向商家收取手续费；若商家未设置免息，则向买家收取；全店免息和部分商品免息收费是一样的。

（3）扣费时间：当订单确认交易成功时，平台会扣除手续费，商家须保证支付宝余额充足，在支付宝账单中可查看扣费明细；若扣费时支付宝余额不足，则会在余额充足时再进行手续费划扣。

（淘宝网2020年9月17日更新）

图1.8 "交易管理"栏目的"分期免息"

（4）点击"掌柜信用"，进入"我的掌柜信用分"可以看到一张雷达图，如图1.9所示。网店信用指标距离外圈越近，代表表现越好。淘宝网还会有相应的"本周信用分建议"，引导卖家关注有问题的指标，做好经营改善。其中，"分数"是掌柜信用的体现形式，总分为1 000分。根据分数从低到高依次为欠佳、一般、良好、优秀、最佳五个等级，分数和信用等级直接反映卖家在淘宝网的信用表现。"掌柜信用"包括卖家资质、卖家经营能力、买家评价、卖家经营稳定性、卖家合规经营情况五个维度，具体涵盖如假货处罚、虚假交易、好评率、店铺经营时间、交易量、纠纷率等多项指标。

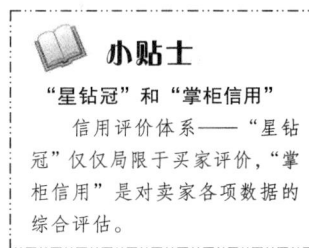

小贴士

"星钻冠"和"掌柜信用"

信用评价体系——"星钻冠"仅仅局限于买家评价，"掌柜信用"是对卖家各项数据的综合评估。

2. "宝贝管理"栏目

"宝贝管理"栏目包括"发布宝贝""出售中的宝贝""体检中心""仓库中的宝贝""商品优化""商家素材中心""八载""详情装修""主图打标"等子栏目，如图1.10所示。

（1）在"发布宝贝"子栏目中可以发布要出售的商品；在"出售中的宝贝"子栏目中可以看到目前在售的商品，也可以随时对这些商品信息进行编辑、下架等操作，如图1.11所示；在"历史宝贝记录"子栏目中是已经删除超过31天或90天未编辑的宝贝，对此类商品无法进行编辑、恢复等操作，若还要继续出售，需要重新发布宝贝。

（2）在"体检中心"子栏目中可以对发布的商品进行检查，看是否有违规商品；在"详情装修"子栏目中可以对发布商品的主图视频和描述详情图进行修改；在"仓库中的宝贝"子栏目中可以看到已经编辑好但未上架的商品，点击"立即上架"或"定时上架"（见图1.12）商品即可即时上架或按照卖家设定的时间上架。

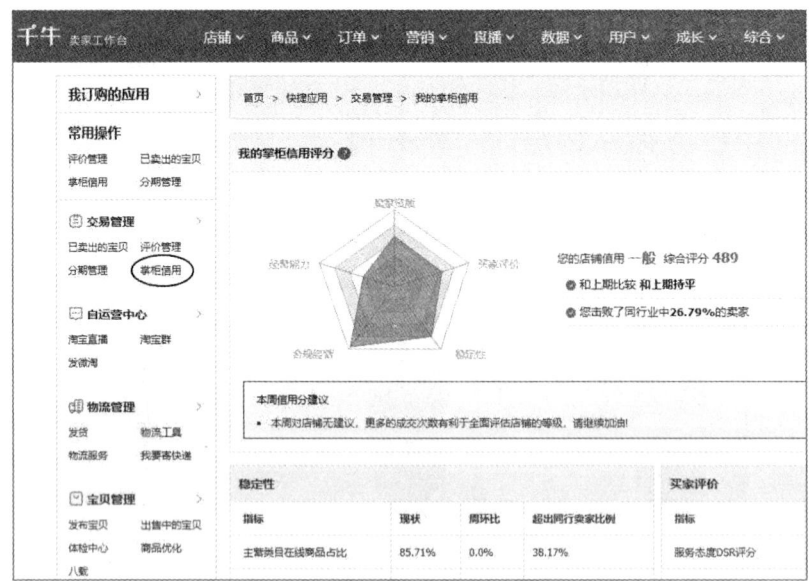

图 1.9 "交易管理"栏目的"掌柜信用"

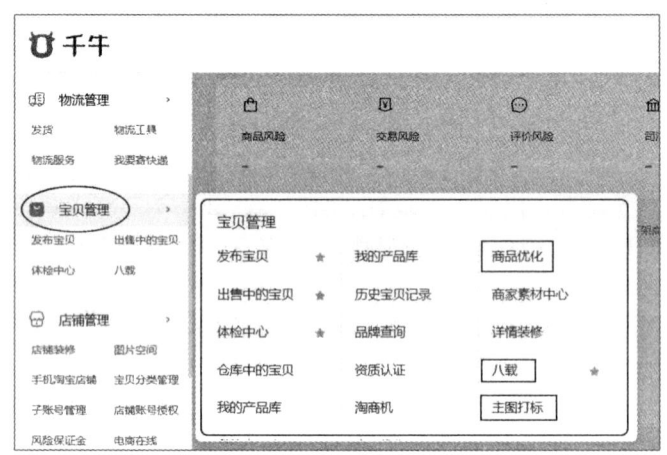

图 1.10 "宝贝管理"栏目部分截图

图 1.11 "出售中的宝贝"页面

图 1.12 "仓库中的宝贝"页面

（3）设置"商家素材中心"有机会获得更多手淘首页流量，增加商品的展现。点击"商品优化"进入图 1.13 所示的页面，可以看到系统推荐的可优化的商品，点击其中一种商品右侧的"立即优化"按钮，即可进入该商品的发布界面，可以按照提示优化商品。

图 1.13 "宝贝管理"栏目的"商品优化"

（4）"八载"是一个图片实拍保护系统，淘宝卖家发布商品时，可以把自己的图片拿到"八载"里进行认证保护，如果有别的卖家用到该图片，双方的后台都会提示。如果使用该图片的卖家没有及时更换图片，原创图片的卖家可以直接删除或投诉对方，也可以设置系统自动删除盗图商品，如图 1.14 所示。

（5）点击"主图打标"，进入"鹿班主图打标"，如图 1.15 所示，可以进行"店铺点击优化""主图点击优化""主图打标""公域视频服务"等，可以使用自定义模板对主图进行打标。

 小贴士

主图打标

打标，"标"是标签的意思，主图打标即在商品的主图上打上促销标识。淘宝主图打标应该注意：

（1）淘宝平台只有主图支持编辑打标，其他图片不支持该功能。

（2）打标在主图上要生效，网店必须开通打标功能，而且需要特定的标签、价格、优惠券等，然后系统会自动填写。

图 1.14 "宝贝管理"栏目的"八载"

图 1.15 "宝贝管理"栏目的"主图打标"

3. "店铺管理"栏目

"店铺管理"栏目包括"店铺装修""图片空间""手机淘宝店铺""查看官网店铺"等子栏目，如图 1.16 所示。

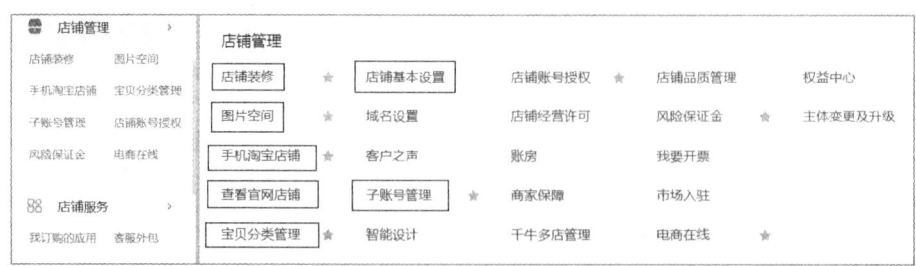

图 1.16 "店铺管理"栏目

（1）通过"查看官网店铺"可以直接从后台进入自己的网店首页，刚刚装修的网店也可以由此查看装修效果；"店铺装修"是对网店进行装修美化的入口；通过"手机淘宝店铺"可以进入手机淘宝网店的后台，进行手机淘宝网店的装修和促销设置等操作。

（2）"图片空间"用来存储装修和运营的图片，目前有 1GB 免费空间可供使用，能通过订购来扩大容量；通过"店铺设置"可以设置网店名称、网店简介等。

（3）通过"宝贝分类管理"可以对店铺内的商品进行分类；通过"子账号管理"可以为一个店铺按照岗位设置多个子账号，实现多人管理。

4. "营销中心"栏目

"营销中心"是网店所有营销活动的入口，包括"我要推广""活动报名""店铺营销工具"等子栏目，如图 1.17 所示。"我要推广"是引导用户进入淘宝各大推广途径的入口，包括直通车、淘宝客、超级推荐等；在"活动报名"中列出了平台近期提供活动的详细情况，卖家可以查看自己能参加的活动及收费情况，也可以在这里报名；在"店铺营销工具"中罗列了平台提供的主要营销工具，这些工具包括"优惠促销工具"（如单品宝、优惠券、店铺宝等）、"店铺引流工具"（如店铺联盟、淘宝直播、签到送金币等）、"互动营销工具"（如官方买家秀、微淘彩蛋、关注送金币等）。关于"营销中心"栏目的详细内容将在本书第 7 章做详细介绍。

5. "客户服务"栏目

"客户服务"包括"退款管理""违规记录""投诉管理""申诉中心""知识产权""阿里V任务""阿里店小蜜"等子栏目，如图 1.18 所示。

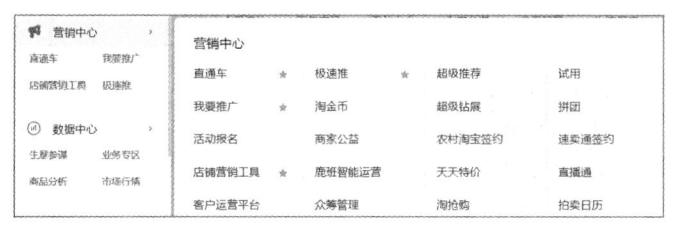

图 1.17 "营销中心"栏目

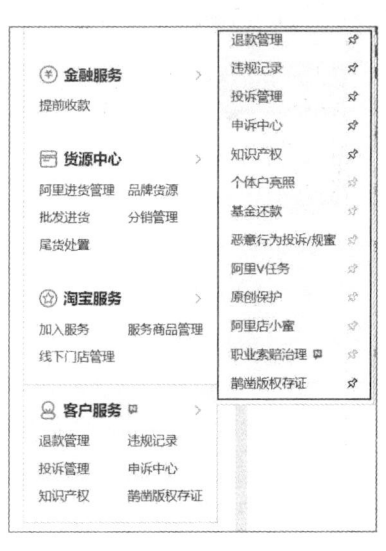

图 1.18 "客户服务"栏目

1.4 货源的选择

淘宝卖家在选择网店主营商品之前，需要先对整个淘宝市场有充分的认识和了解。首先要分析淘宝市场的整体趋势；其次，要对自己所在行业的趋势进行深入的考察和研究，掌握所在行业采购市场的行情和动态，熟悉所在行业客户市场的走势和特性。可以通过生意参谋、百度指数等专业工具分析市场走势（使用生意参谋分析市场走势需要付费升级并订购相应的版块）。下面主要以百度指数为例分析市场趋势。

1.4.1 商品的选择

1.4.1.1 根据市场趋势选择商品

对市场趋势进行调查是淘宝卖家在开网店前非常重要的一环，卖家可以通过生意参谋—市场—搜索指数来查询分析市场趋势，还可以通过百度指数来分析市场趋势。百度指数是研究客户兴趣、习惯的重要数据参考平台。淘宝卖家通过百度指数可以查看商品的长期走势、客户人群特性、商品搜索量和成交量的排行榜等内容。图 1.19 所示为百度指数的首页，淘宝卖家可以在搜索栏中输入想查询的商品类目的关键词，通过搜索指数、人群画像等指标对该商品类目进行全方位的分析。

图 1.19 百度指数的首页

1. 搜索指数

搜索指数能反映市场搜索趋势，但并不等同于搜索次数。卖家通过搜索指数趋势可以掌握商品的长期搜索趋势。在百度指数的搜索栏中输入几个关键词，可以比较这些关键词的搜索指数趋势。如在图 1.19 所示的百度指数搜索栏中输入关键词"连衣裙，长裙，裙子"（逗号为英文状态输入），可得到连衣裙、长裙、裙子的搜索指数趋势，如图 1.20 所示。

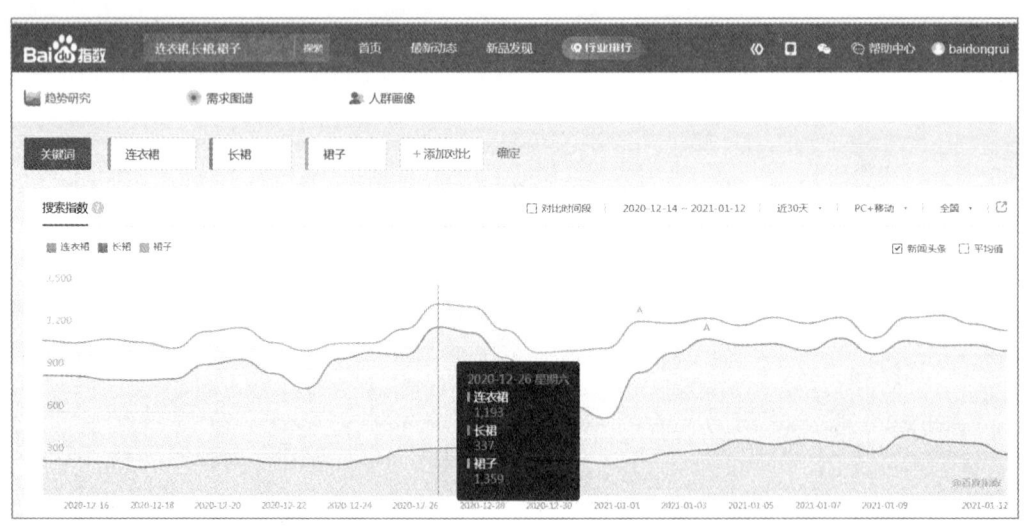

图 1.20 连衣裙、长裙、裙子的搜索指数趋势

通过搜索指数概览，卖家可清晰地了解商品最近 7 天、最近 30 天的搜索指数与同期的变化情况。仍以上述搜索为例，从搜索指数概览中可以得到"连衣裙"最近 30 天的搜索指数整体同比上升了 17%，整体环比上升了 8%，由此可以大体掌握连衣裙的搜索指数的趋势，如图 1.21 所示。同时，卖家还可以通过搜索指数趋势的变化提前对未来一段时间的市场行情变化作出判断。

搜索指数概览						
关键词	整体日均值	移动日均值	整体同比	整体环比	移动同比	移动环比
连衣裙	947	647	17%↑	8%↑	-11%↓	-10%↓
长裙	295	164	10%↑	15%↑	-19%↓	-9%↓
裙子	1,162	890	18%↑	8%↑	1%↑	—

图 1.21 连衣裙、长裙、裙子的搜索指数概览对比

2．人群画像

卖家如果想进一步了解什么人会搜索"连衣裙",可使用百度指数的人群画像。人群画像通过对搜索人群的地域分布、人群属性作出精准的数据统计与分析,方便卖家更加准确地了解商品客户群体的特性。

（1）地域分布。例如,搜索连衣裙的网民地域分布结果显示,江苏、广东、安徽、浙江、山东等地区的网民近 7 日对连衣裙的关注度较高,另外,该功能还可以针对区域或城市继续进行排名分析。

（2）人群属性。搜索连衣裙的网民人群属性如图 1.22 所示。以年龄维度分析,搜索连衣裙的网民年龄主要集中在 20～39 岁,其中 20～29 岁人群占 34%,30～39 岁人群占 38%。以性别为维度分析,搜索连衣裙的网民女性占 56%。综合以上两项数据指标分析,卖家在连衣裙的风格特色、功能作用、价格定位方面应重点考虑 20～39 岁女性客户的需求和消费特点,但是男性对连衣裙的关注度也是不容忽视的。

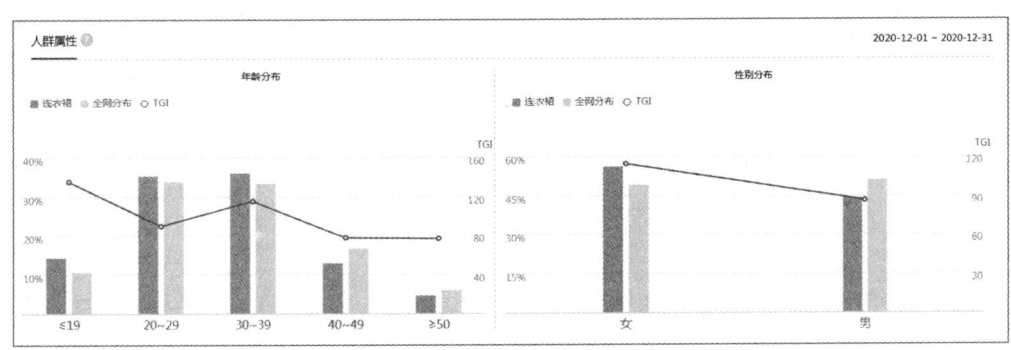

图 1.22 网民人群属性

1.4.1.2 选择符合市场需求和行业行情的商品

网店商品必须是符合市场需求的适销商品。适销商品指类目、价格、质量等方面与市场需求相适应的商品。

淘宝卖家在选择网店商品时要分析网店商品所属的行业是否处于饱和状态,是否为当前热门行业,是否为潜力行业,行业竞争是否过于激烈,国家对于该行业是否有特殊的法律法规等。选择网店商品所属行业时,既可以选择热门行业迎合大众的消费需求,也可以选择冷门行业独辟蹊径打造网店的风格与特色。

1.4.1.3 卖自己熟悉的商品

对于刚刚入行的淘宝卖家,建议从自己喜欢和熟悉的商品着手,这样能先易后难、快速入门。而且,如果这类商品是自己感兴趣的,那么肯定也就更愿意为它付出更多时间和精力,

经营起来也会更加愉快和顺手。

女性可以选择卖包、服饰、化妆品等女性用户较多的产品，同时也能够获得满足感，工作起来也会更加愉快；相应地，男性可以选择数码商品、创意品等来经营，也符合自己的兴趣和喜好。

1.4.1.4 卖有货源优势的商品

所谓货源优势，就是说淘宝卖家能够接触到更加优质或者低价的货源，如果有相关的货源渠道，有了货源保证，那么在经营网店的时候，肯定会相对容易很多。比如，居住地靠近服装厂或农产品产地，就会具备一定的货源优势，在进货甚至发货时都能够更便捷。

1.4.2 货源渠道的选择

货源的好坏与网店的动态评分有直接关系，并影响网店的运营。因此，如何寻找货源、如何选择货源，对于新手卖家至关重要。

选择货源时，一般应注意货源稳定、有利润空间等。货源要稳定，不能经常断货，货源不稳定会影响销售，如果订单不能及时发货，一方面，卖家可能会面临退款问题，另一方面，活动平台会对此有相应的处罚，如禁止参加活动一年等；有利润空间是选择货源的关键，只有存在利润空间，才可能进行后续的网上销售业务。此外，商品还需要质量与价格相匹配。如果货源是品牌产品，需要得到授权，否则可能会被举报或被平台处罚。网上开店主要的货源渠道有以下几种。

1.4.2.1 阿里巴巴官方平台

1. 阿里巴巴

阿里巴巴批发网（1688）为数千万网商提供了海量商业信息和便捷、安全的在线交易平台，是国内最大的线上采购批发平台，也是网商互动的社区平台。目前，阿里巴巴已覆盖原材料、工业品、服装服饰、家居百货、小商品等16个行业大类，提供原料、生产、加工、现货等一系列的产品和服务。

阿里巴巴平台商家众多、地区覆盖面广，各厂家的商品品质、供应链情况参差不齐。因此，在阿里巴巴平台挑选货源要看厂家的销量、评价和复购率，图片质量，是否为原图，网店单品和销售情况，响应速度和发货速度，诚信通年限，是否有金牛标志等信息。另外，还需要查看厂家的联系方式、地址等信息。

2. 天猫供销平台

天猫供销平台只有在注册后才可以进入，该平台提供的是品牌商品，商品品质相对较好，但厂家对销售商有一定的要求，如好评率达到99%等，通常在厂家的招募书中可以看到详细的要求。另外，厂家对销售价格也有控制，因此利润空间有限。按"千牛卖家中心"→"货源中心"→"分销管理"→"供销入驻"顺序可进入图1.23所示的天猫供销平台界面。

1.4.2.2 分销网站

除了阿里巴巴的官方平台外，还有很多提供批发服务的分销网站，适合中小卖家选择货源，如购途网（go2）、爱买卖（2mm）、四季星座网（571xz）、货捕头-杭州女装网（hznzcn）、衣联网（eelly）等。在这些平台上，应尽量选择满足以下条件的货源：提供图片或数据包（淘宝助理批量上传商品可以使用数据包），可以直接上传商品，价格有优势，可以一件代发，售后服务周到。

图1.23　天猫供销平台界面

1.4.2.3　产业带工厂

产业带是一条带状的链条产业集中区域，是相关或相同产业的基地，在此区域内可以形成产业集聚效应，可以更好地壮大产业，如杭州的女装、扬州的毛绒玩具、深圳的3C数码、佛山的卫浴等。登录阿里巴巴"档口尖货"首页，按"产业带－产地图"的顺序点击，即可看到不同类目产品的产业带，以及每个产业带工厂的联系方式，客户可以实地考察其产品质量、价格等情况。客户在产业带工厂拿货价格便宜、款式多、货源充足、供应链可把控，但缺点是要求进货量大、容易压货，且多数厂家不愿与小规模的卖家打交道。

1.4.2.4　线下批发市场

一些线下批发市场也是卖家寻找货源的不错选择，如广州流花服装批发市场、义乌小商品城等。批发市场商品更新快、品种多，但是容易断货，品质难以得到保障。

1.4.2.5　其他货源

除了以上货源渠道外，还可以通过如下渠道找到合适的货源。

（1）库存积压或清仓处理的商品。这类商品因为急于处理，通常可以以较低的价格买下，然后零售给需要的买家，也能获得不错的利润。

（2）外贸商品。在外贸订单剩余商品中有不少好货，这部分商品大多每款只有几件，款式常常是现在或将来最流行的，而价格却可能只有商场的一半左右，因此销售起来也会很紧俏。

（3）国外打折商品。在重大的节日前夕，国外的一线品牌通常会有很大的折扣，卖家如果可以在国外购买到折扣商品，适当提高价格在网上销售，也将获得一定的利润。

（4）当地的特色农产品。特色农产品在主要产地出产量大，卖家方便直接和农户对接，从而容易得到较低的价格。

 本章小结

本章内容是网店运营的基础，首先介绍了常见的网上开店平台，然后以淘宝网为例介绍了其开店的步骤及注意事项、千牛卖家中心后台操作、网店货源选择的渠道。

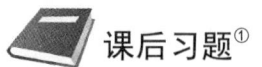 课后习题①

一、名词解释

支付宝实名认证　淘宝开店认证　店铺动态评分　主图打标　分销网站　产业带

二、单项选择题

1. 一个淘宝会员最多可以绑定（　　）个支付宝账户。
   A. 1个　　　　B. 2个　　　　C. 3个　　　　D. 不限
2. 下列关于会员名注册的要求中，（　　）是正确的。
   A. 会员名由6~25个字符组成
   B. 会员名可以使用小写字母、数字、下画线、中文
   C. 会员名可以由两个汉字组成
   D. 会员名是淘宝账号唯一的登录方式
3. 登录千牛卖家中心时需要进行安全验证的淘宝工具是（　　）。
   A. 支付宝　　　　　　　　　　B. 手机淘宝
   C. 阿里钱盾　　　　　　　　　D. 千牛工作台
4. （　　）属于无效交易凭证。
   A. 旺旺留言　　　　　　　　　B. QQ聊天记录截图
   C. 支付宝转账记录　　　　　　D. 评价管理
5. 网店首页下方的网店留言最多可以回复（　　）。
   A. 1次　　　　B. 3次　　　　C. 5次　　　　D. 不限

三、判断题

1. 一张身份证只能注册一家淘宝网店。（　　）
2. 一旦出现交易争议或者纠纷，阿里旺旺的聊天记录可以作为证据举证。（　　）
3. 淘宝网店铺名称中可以有"专卖店"字样。（　　）
4. 在"仓库中的宝贝"栏目中可以查看已经卖出的宝贝数量。（　　）

---

① 鉴于与网店相关的知识更新快、涉及面广，本书习题中设计了部分超范围题目，建议读者通过网络查找相应的内容后获取答案，或者通过实践获取答案。

5. 在淘宝网注册的店铺不可以卖国外产品。(　　)

6. "我的掌柜信用分"用一张雷达图表示，网店信用指标距离外圈越近，代表表现越好。

四、简答题

1. 常见的网上开店平台有哪些？各有什么特点？
2. 在淘宝网开店的基本流程是什么？
3. 千牛卖家中心有哪些主要栏目？请简述之。
4. 简述花呗分期手续费收取规则。
5. 常见的货源渠道有哪些？如何选择好的货源？

 实训任务

实训任务一：开通淘宝网店

根据淘宝网开店的步骤及注意事项，开通自己的网店，记录下账户名、登录密码，支付宝账户名、登录密码、支付密码。

实训任务二：千牛卖家中心操作

登录"千牛卖家中心"查看各个栏目的主要功能，并尝试使用"八载""商家素材中心""主图打标"等功能。

实训任务三：挑选货源

1. 登录阿里巴巴批发网、天猫供销平台、常见的分销网站等查看各个平台货源的特点。
2. 结合自己网店的定位，从以上平台中选择货源，并分析货源的搜索指数和人群画像，试着将商品发布到自己的网店中。

 视野拓展

新手开淘宝店前期需要做哪些准备	七年电商老司机写给每个入门者的价值锚	淘宝开店创业，你准备好了吗	中国淘宝村研究报告

第 2 章　商品发布

【知识框架】

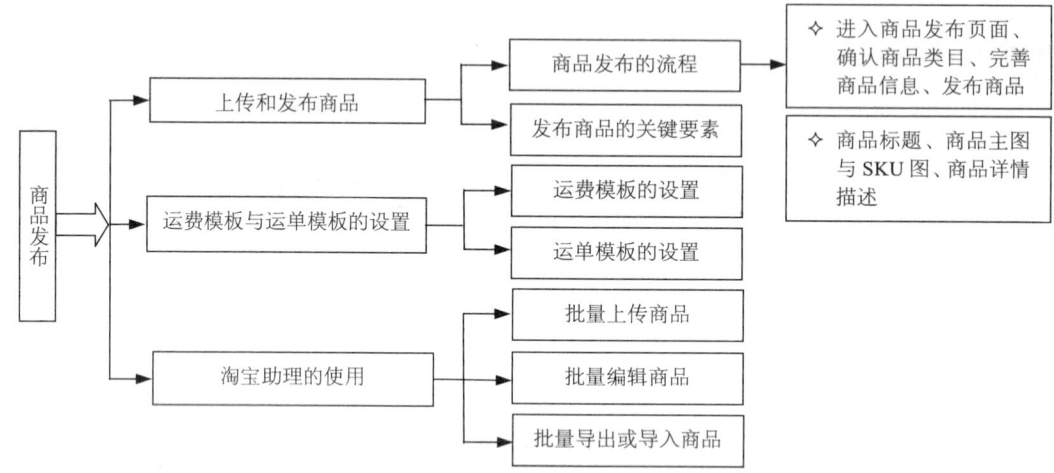

【学习目标】

1. 学会在淘宝网店中发布商品。
2. 学会合理使用关键词设置商品标题、优化商品主图、撰写商品描述。
3. 学会设置运费模板及运单模板。
4. 熟练使用淘宝助理批量发布商品。

店铺设置好后，就可以进行商品的发布了。商品发布指的是卖家通过淘宝平台上架出售的各种商品。卖家需要掌握商品发布的流程，同时，为了使自己的商品更吸引买家，卖家还应掌握一些技巧，如编写商品标题、优化商品主图、编写商品细节描述等。其中，物流模板的设置是商品发布的一个重要环节。

商品可以在淘宝网上直接发布，也可以使用淘宝助理发布，使用淘宝助理可以批量创建商品、发布商品、修改商品信息等。

2.1　上传和发布商品

商品的发布按照系统提示的步骤操作即可完成。虽然商品发布的流程很简单，但是商品标题的设置、主图的优化及详情的描述却非常重要，会直接影响商品的曝光率及点击率。

2.1.1 商品发布的流程

网店开通后,就可以发布商品了。在发布商品前,需要准备好商品的实物图片和信息资料。

1. 进入商品发布页面

登录淘宝网后,进入千牛卖家中心后台,在左侧的"宝贝管理"栏目下点击"发布宝贝"子栏目(见图2.1)即可进入智能发布商品页面。

2. 确认商品类目

2020年4月30日,阿里巴巴正式上线了商品智能发布系统。在商品智能发布页面上传商品主图后,系统可以自动生成第5张白底图,注意上传的主图要大于700像素×700像素;上传条码图片或输入商品编码(商品如果没有条码则可以不选择,该选项为选填),可以使系统快速识别出商品的信息和类目。如输入"电子商务概论(第4版)"教材的书号"9787115484017",系统会自动识别出其对应的属性类目——书籍/杂志/报纸→考试/教材/教辅/论文→教材→大学教材,点击"下一步:完善商品信息",如图2.2所示。

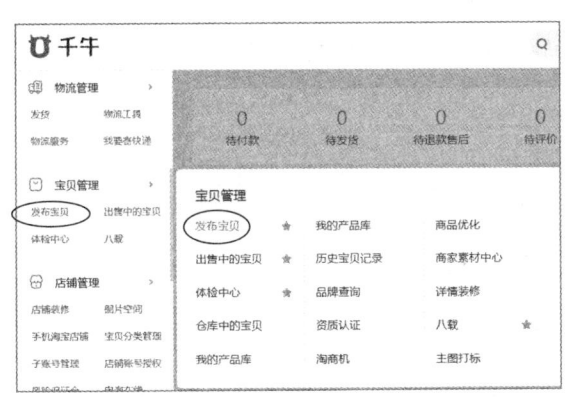

图2.1 "发布宝贝"的入口

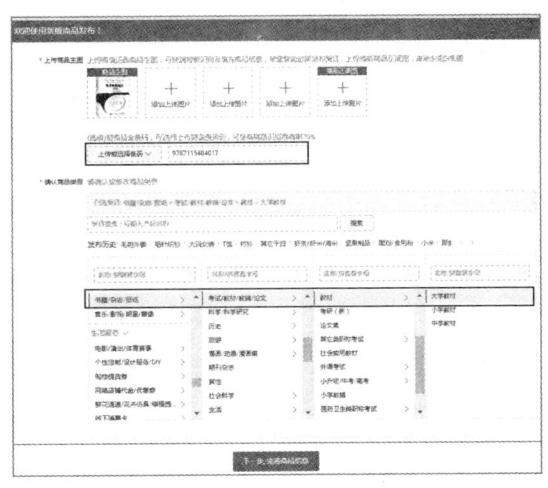

图2.2 商品发布页面(智能发布)

 小贴士

商品智能发布系统的功能

淘宝的商品智能发布系统包含商品智能发布、类别推荐、标题词推荐、白底抠图等功能。商品智能发布系统的功能主要体现在以下几方面。

1. 智能完成商品的极速发布

只要上传条形码图像和产品正面图片,智能发布系统就可以自动识别图片,帮卖家智能选择发布类目、推荐标题关键词,并智能填写产品信息。它不仅简化了人工填写过程,而且还帮助卖家避免了由于信息复杂而导致类别错位的风险。在确保产品信息完整性的同时,极大地提高了产品发布的效率和准确性。商品智能发布系统可使卖家在发布产品时的工作量平均减少70%。

2. 智能生成商品标题和热搜词

商品智能发布系统还具备"智能小编"的功能。系统可以根据商品的特征,为卖家推荐更合适的标题和热门搜索词,并凭借视频、图像智能合成技术,自动生成更符合消费者定位的商品主图、白底图、商品详情图等。

3. 引入智能营销手段优化商品展示

商品智能发布系统在简化卖家发布产品过程的同时,还引入了智能营销手段以优化商品展示,帮助卖家了解市场并轻松赢得更多的曝光机会。

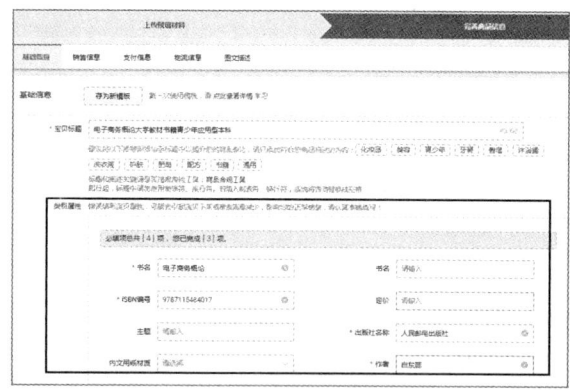

图 2.3 完善商品属性信息

3. 完善商品信息

（1）完善商品属性信息。进入完善商品信息页面，系统已经通过上传的图片智能推荐了商品标题关键词，部分商品属性也已经自动填写，如图 2.3 所示。根据要求，卖家需要完善商品属性信息，同时需要填写商品的销售信息，包括库存、价格等信息，商品属性信息应尽量详细填写。完整的商品属性会增强买家对商品的信任感，获得淘宝网对商品的肯定，提升商品在淘宝网中的搜索排名，从而获得更多的展示机会。

（2）在"物流信息"中选中"使用物流配送"复选框，若要将一批商品设置为同样的运费，可以选择商品的运费模板或者点击"新建运费模板"，如图 2.4 所示。

 小贴士

设置商品运费模板

如果已经设置了运费模板，可直接在"运费模板"下拉列表中进行选择；如果未设置运费模板，可点击"新建运费模板"，具体操作将在下一节中详细介绍。

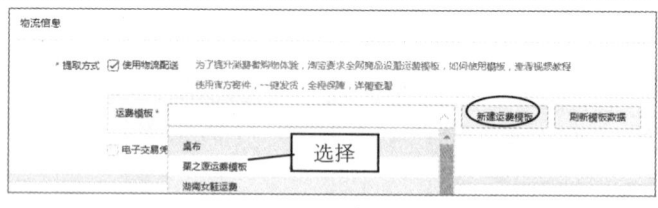

图 2.4 设置物流信息

（3）商品智能发布系统根据信息自动生成了第 5 张白底图，如图 2.5 所示，按要求上传主图视频（选填）和商品详情描述等即可。

4. 发布商品

完善商品信息后，可以选择商品上架时间："立刻上架""定时上架""放入仓库"，点击"发布"按钮，即可完成该商品的发布，如图 2.6 所示。

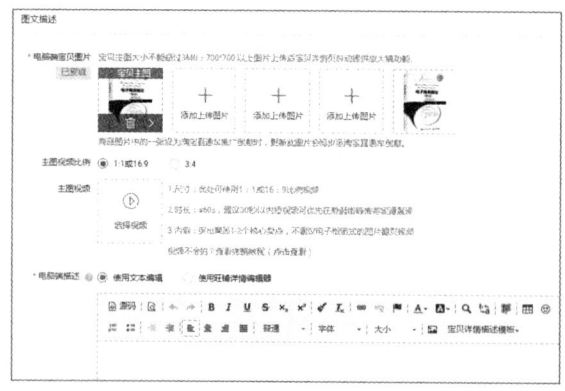

图 2.5 完善商品图文信息

图 2.6 完成商品发布

2.1.2 发布商品的关键要素

发布商品的关键要素包括商品标题、商品主图、SKU 图和详情描述等。

2.1.2.1 商品标题

在淘宝网购物，最常用的两种搜索商品的方式是按照商品的属性进行类目检索或在搜索栏中输入关键词进行搜索。关键词就是组成商品标题的主要元素，是提高商品曝光率的关键词语。商品标题应限定在 30 个汉字（60 个字符）以内，否则会影响商品的发布。如果商品标题中没有包含买家所搜索的关键词，则该商品就无法出现在搜索结果列表中。因此，商品的关键词非常重要（如何选择关键词，将在第 6 章详细讲述）。

2.1.2.2 商品主图与 SKU 图

1. 商品主图

当买家通过关键词搜索到想要的商品时，淘宝网会通过类目筛选和关键词截取的方法推送与之相关的商品图片给买家，买家第一时间看到的商品图片就是商品主图。

商品主图的质量关系到品牌的形象和定位，甚至会影响商品的搜索权重。因此，如果能设计好商品主图，就能使网店获得更多的流量和点击率，从而扩大销量。

淘宝网的商品一般有 5 张主图（女装类目还有一张长图，共 6 张），如图 2.7 所示。

（1）商品主图要求为正方形，这样在展示时才不会变形。

（2）商品主图的大小不能超过 3MB，需为 700 像素×700 像素以上的图片，这样可以在商品详情页提供图片放大功能，在第 5 张主图中发布商品白底图可以增加手机淘宝首页曝光的机会，清晰的商品正面图可以自动生成第 5 张白底图。

图 2.7　淘宝网商品主图

（3）商品主图应尽量色调统一。

（4）商品主图不要有边框，不要将多张图拼在一起，一张图片只反映商品某一方面的内容。

（5）商品主图不得出现留白（即图片与模块大小不匹配，图片周围出现空白）。

2. SKU 图

对一种商品而言，当其品牌、型号、配置、等级、花色、包装容量、单位、生产日期、保质期、用途、价格、产地等任一属性与其他商品存在不同时，可称为一个单品。通常，将一个单品定义为一个 SKU（Stock Keeping Unit，最小存货单位）。

在电子商务中每款商品都有一个 SKU，以便对商品进行识别。例如，一款女装中粉红色的 S 码是一个 SKU，M 码是一个 SKU，L 码也是一个 SKU，所以一款粉红色女装有 S、M、L、XL 等若干个 SKU。

（1）SKU 图片的位置。在商品详情页主图的右侧，点击如图 2.8 所示的"颜色分类"中的任一张图片，在左侧主图的位置就可以看到选择的 SKU 图片。

（2）SKU 图片的设置。卖家登录"卖家中心"，进入"一口价宝贝发布"页面，在"宝贝规格"选项的"颜色分类"中选择颜色后，就可以上传同色商品的 SKU 图片，如图 2.9 所示。

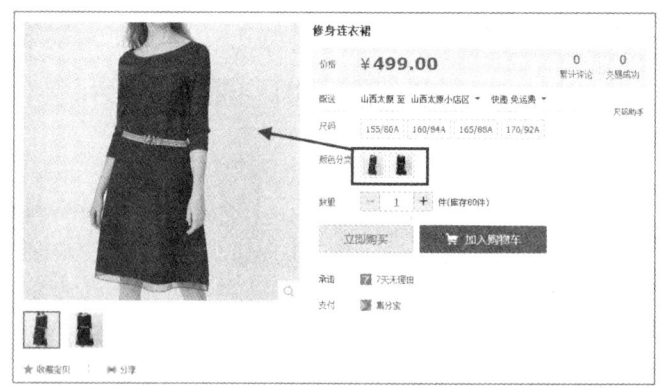

图 2.8　SKU 图片的位置

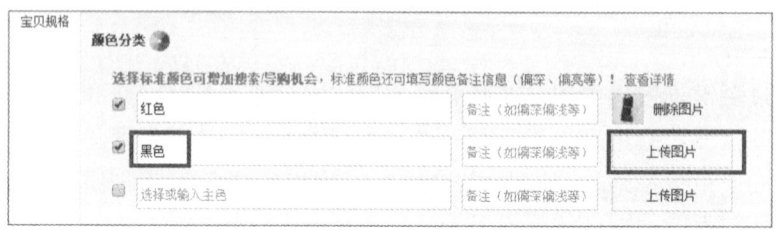

图 2.9　上传 SKU 图片

2.1.2.3　商品详情描述

商品标题的 30 个汉字不足以充分说明商品的优势和价值，因此商品的用途、特色等还需要用更多文字加以说明。详情描述是影响买家是否购买的一个重要因素，是将点击率转化为成交率的关键。

淘宝网的详情描述容量是 25 000 字节（一个英文字母占一个字节，一个汉字占两个字节），足够用来列出商品的详细介绍和说明。

在撰写商品描述信息时要注意以下几个方面。

（1）内容要全面。卖家要站在买家的角度去思考其关心的问题。例如，材质、尺寸、价格、重量、颜色、适合人群、寓意、真假辨别、赠品、服务承诺、支付方式等都是买家关心的内容。另外，服装类商品可以呈现面料、内衬、颜色、色差、扣子（拉链）、走线和特色装饰等细节实拍，特别是领子、袖子、腰身和下摆等部位的细节，细节实拍可搭配简洁的文字说明，如图 2.10 所示。

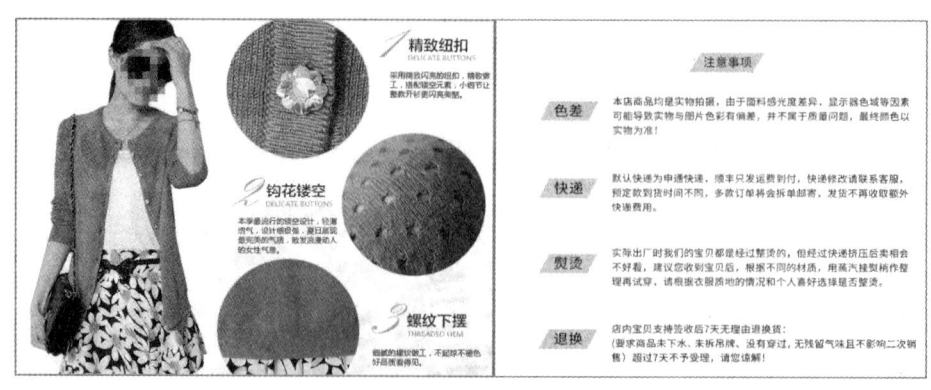

图 2.10　某商品部分详情描述

（2）商品详情描述要细致。商品详情描述要能够全面概括商品的用途和属性，最好能够介绍一些使用方法和注意事项，更加贴心地为买家考虑。

（3）商品详情描述应该结合文字、图像、表格等形式进行，这样能让买家更加直观地了解商品，也会增加他们购买的可能性。

（4）参考同行网店。卖家可以参考其他同行的皇冠网店，看一看它们的商品详情描述，择其优点应用于自己的网店中。

2.2 运费模板与运单模板的设置

2.2.1 运费模板的设置

运费设置是商品发布的关键环节。作为一名在淘宝网上开店的卖家，访问其网店的买家来自全国各地，由于各地快递的价格不一，因此运费设置工作量很大，如果能很好地使用运费模板，可以在一定程度上减轻卖家的工作量。使用运费模板可以将不同地区的快递价格设置好，之后应用在商品上，当有买家浏览商品时，运费可自动显示在商品页面上；使用运费模板还可以批量修改运费，从而节省时间，提高工作效率。

下面简要介绍运费模板的使用方法。

（1）登录淘宝账户，进入千牛卖家中心页面，选择"物流管理"栏目的"物流工具"，如图2.11所示。

（2）在新打开的"物流工具"页面中点击"运费模板设置"选项卡，然后点击"新增运费模板"按钮，出现运费模板设置页面，如图2.12所示。

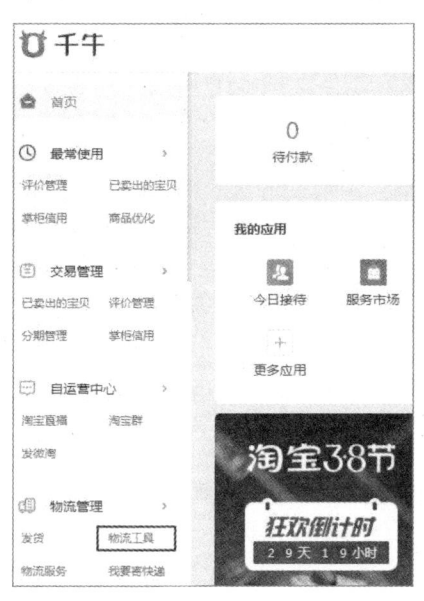

图 2.11　选择"物流管理"栏目下的"物流工具"

图 2.12　新增运费模板

小贴士

在促销活动期间，如果要设置包邮活动，卖家可以在"是否包邮"中选择"卖家承担运费"选项。

（3）在"运费模板设置"页面输入模板名称，选择商品地址，填写发货时间，选择是否包邮、计价方式、运送方式等内容。注意，在选择运送方式时，"默认运费"是指除指定地区外，其余地区均使用这个运费。"每增加×件，增加运费×元"指的是如果买家购买了两件商品，第一件按默认运费收取运费，第二件按"每增加1件，增加运费×元"收取运费，如图2.13所示。

图 2.13　运费方式设置

（4）设置指定地区的运费。当选择图2.13中"为指定地区城市设置运费"时，系统会自动弹出一个包含地区信息的提示框，点击"编辑"按钮，选择指定地区，点击右下角的"保存"按钮，就可以将其应用到指定地区了，如图2.14所示。使用同样的方法，可设置不同地区的平邮和EMS费用。

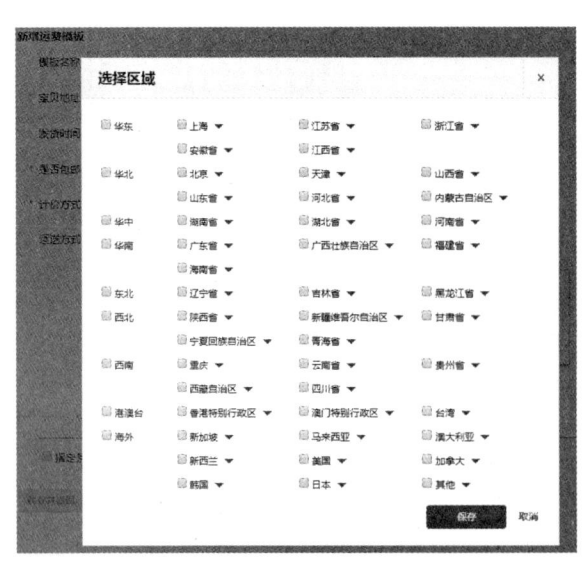

图 2.14　设置指定地区运费

 小贴士

物流和快递的区别

物流和快递是有区别的：物流公司主要为企业服务，快递公司主要为个人服务；物流公司主要运送大型或大批量货物，快递公司主要运送小物件。现实中很多人把快递也称作物流，本书对快递和物流不做严格区分。

（5）运费模板设置好后，还需要将其应用到所选择的商品上。依次点击"卖家中心"→"出售中的宝贝"，在出现的页面中选择商品前的复选框，点击上方的"更多"按钮，在出现的下拉菜单中点击"设置运费"，如图2.15所示，就可以在发布商品时选择设置好的物流模板。

图2.15　为商品设置运费模板

（6）打开"我的运费"页面，显示现有的运费模板，如图2.16所示，点击页面右下方的"应用该模板"按钮，弹出运费模板设置成功的页面。成功应用运费模板后，买家在商品页面中就会看到商品的运费，如图2.17所示。

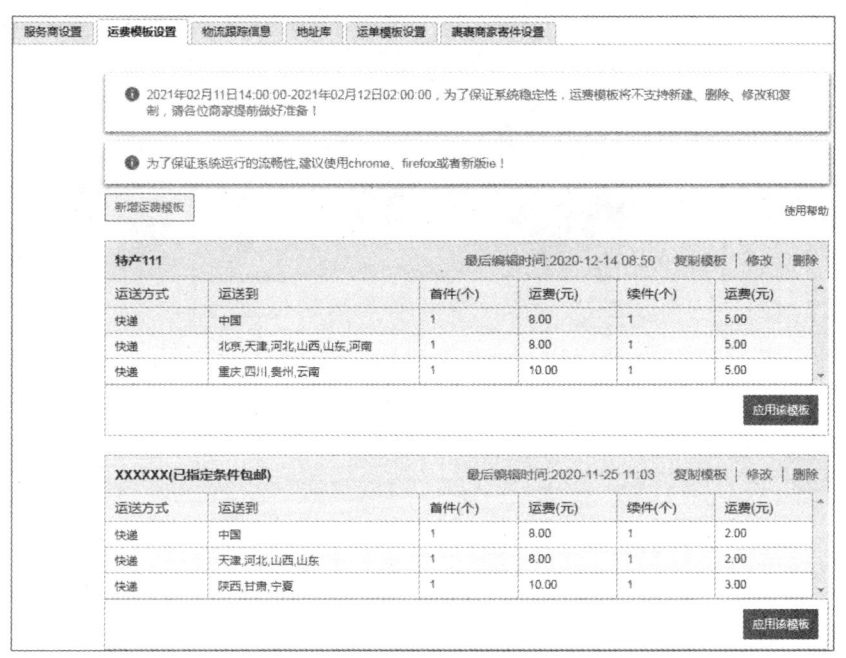

图2.16　"我的运费"页面

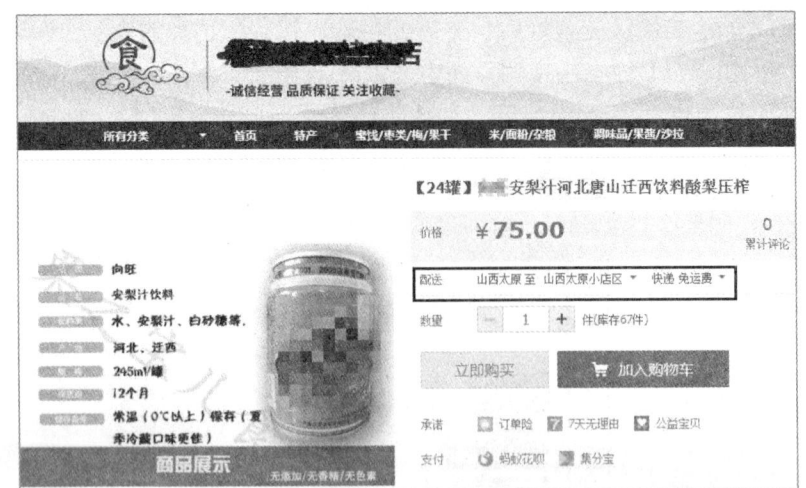

图 2.17　商品页面

2.2.2　运单模板的设置

因为不同快递公司的运单格式不同，所以针对不同快递公司需要设置不同的运单模板，校准后，卖家可根据需要添加电话、网址等信息，在打印快递单时可选择相应的信息打印在快递单上。

下面简要介绍运单模板的设置方法。

（1）登录淘宝账户，进入"卖家中心"页面，依次点击"物流管理"→"物流工具"，在打开的页面中选择"运单模板设置"，并点击"新建模板"按钮，如图2.18所示。

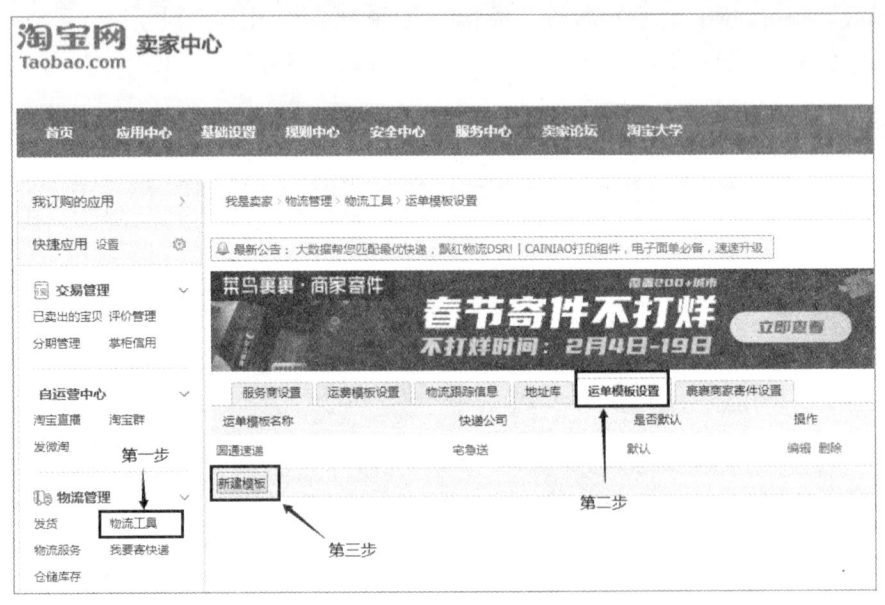

2.18　新建运单模板

（2）选择合作快递公司，模板及尺寸可以自动生成显示，特殊尺寸可自定义填写，接着勾选"选择打印项"，共13项，根据需求进行选择即可，如图2.19所示。测试打印后如发现内容有偏差，可点击运单样式右上角的"打印偏移校正"按钮，在弹出的对话框中填写偏移数值即可。

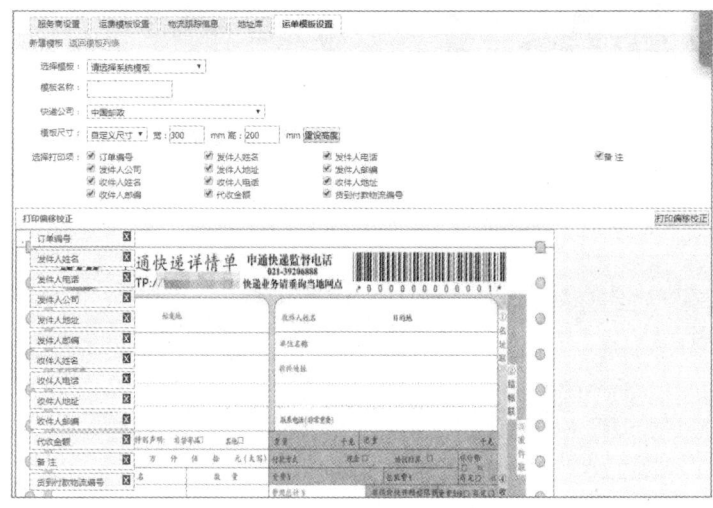

小贴士

运单模板设置

图 2.19　选择打印项

> 小贴士
>
> **快递公司的选择**
>
> 作为一名网店的店主,当网店完成接单后,接下来面临的问题就是选择快递公司。目前国内主要的快递公司有 EMS、顺丰、申通、韵达、中通、圆通等。
>
> 衡量快递公司可靠与否的指标一般有以下三个。
>
> (1)公司规模。主要看快递公司在全国各地网点的覆盖率。
>
> (2)公司优势。主要看快递公司的时效性和费用。例如,申通快递价格低、顺丰速运送货快等。
>
> (3)公司评价。参考其他用户对快递公司的评价。
>
> 作为卖家,在开店前期运费成本偏高,若想节省运费成本,可联系多家快递,通过对比,选择性价比高的快递公司。但要注意,有些快递公司虽然价格便宜,但经常发生丢件、坏件情况,这样即使其价格便宜,卖家也应当慎重选择。随着网店的成熟,发货量增加,这时卖家可以和快递公司协商调整运费。通常影响快递费用的因素有发货量、重量、体积、常发地域等。例如,一位卖家平均日发货量在 30 件左右,单包裹重量约为 6 千克,常发地域为浙、沪等地,这种情况下卖家可以与快递公司重点协商,发往浙、沪等地以 6 千克为单位享受优惠价格。

2.3　淘宝助理的使用

小贴士

电脑端淘宝助理
发布宝贝详解

淘宝助理是一款淘宝网免费提供给卖家使用的、功能强大的客户端工具软件,它可以帮助卖家快速发布新商品、离线编辑商品信息、批量上传和下载商品信息、批量打印快递单、批量发货等。使用淘宝助理前,卖家需要下载与安装该软件,并通过淘宝账号和密码进行登录。淘宝助理因其强大的批处理功能而为卖家上传和修改商品信息节省了时间,提高了他们的工作效率。图 2.20 所示为淘宝助理的主界面。

图 2.20 淘宝助理的主界面

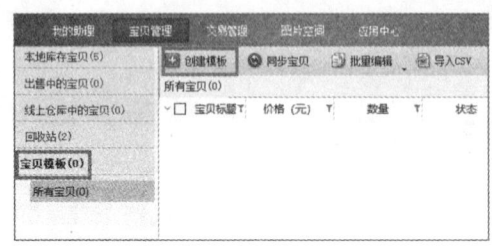

图 2.21 在"宝贝模板"中"创建模板"

2.3.1 批量上传商品

淘宝助理最常用的功能就是创建商品。在使用淘宝助理批量创建商品时，需要新建一个模板。

（1）在淘宝助理界面中点击"宝贝管理"，在左侧的列表中选择"宝贝模板"，然后点击"创建模板"按钮，如图 2.21 所示。

（2）点击"创建模板"按钮后，会弹出"创建模板"对话框，依次在"基本信息""扩展信息""推荐信息""销售属性"和"宝贝描述"等选项卡中输入商品的各项信息，如图 2.22 所示。

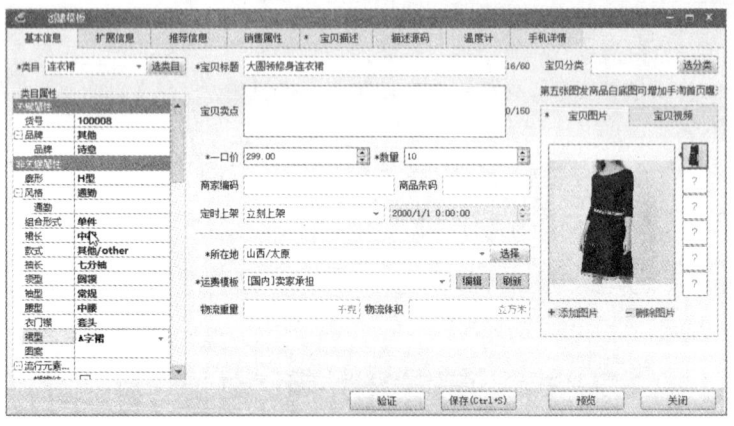

图 2.22 输入商品的各项信息

（3）输入商品的各项信息后进行保存，如图 2.23 所示，从中可以看到，"宝贝模板"中的商品名称就是该模板的名称。

注意："宝贝模板"中的商品是无法直接上传到网店中的，需要把其中的商品信息复制到"本地库存宝贝"中，完善商品信息后才能保存和上传。

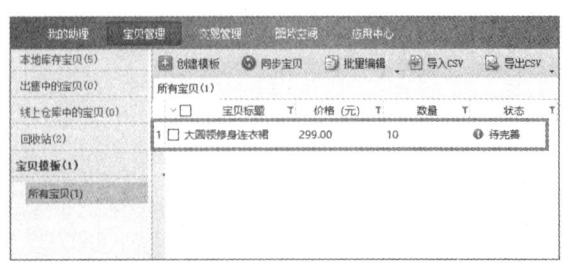

图 2.23 新建好的"宝贝模板"

（4）右击"宝贝模板"商品列表中的商品，在弹出的快捷菜单中选择"复制宝贝"，如图 2.24 所示。

（5）右击"本地库存宝贝"列表，在弹出的快捷菜单中选择"粘贴宝贝"，"宝贝模板"中的商品信息就复制到"本地库存宝贝"中了，然后再完善商品的信息即可。

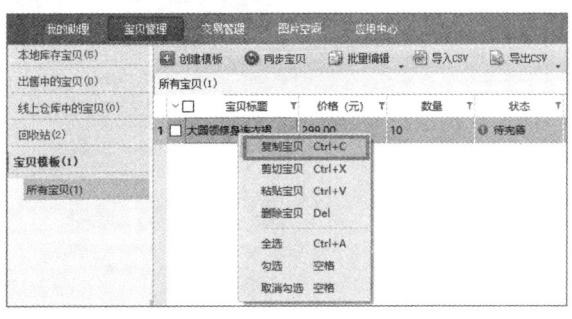

图 2.24　选择"复制宝贝"

（6）继续将"宝贝模板"中的商品信息复制到"本地库存宝贝"中，就可以很容易地批量创建商品了。

（7）在批量创建的商品上右击鼠标，在弹出的快捷菜单中选择"勾选"，之后再右击，在弹出的快捷菜单中选择"全选"，全部选中这些商品，点击"上传宝贝"，如图 2.25 所示。

（8）在出现的对话框中点击"上传"按钮，开始上传商品信息，如图 2.26 所示。

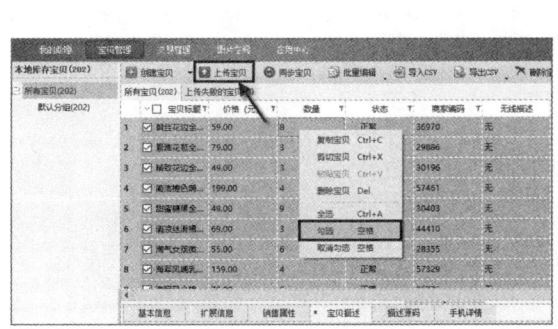

图 2.25　选择要上传的商品　　　　　　　图 2.26　上传商品信息

（9）上传商品信息需要一定的时间，请耐心等待，显示"上传成功"后就可以到网店后台查看这些商品了。

2.3.2　批量编辑商品

如果需要对大量商品信息做同样的修改，如在所有商品名称的前面加上"新款"二字，可以使用淘宝助理来进行批量编辑。当然，批量编辑还有很多其他功能，如修改商家编码、商品数量、商品价格，进行上架处理，添加商品描述等。下面以修改商品名称为例，来说明批量编辑商品信息的方法。

（1）在"宝贝管理"选项卡中选择需要批量编辑的商品，按"批量编辑"→"标题"→"宝贝名称"的顺序点击，如图 2.27 所示。

（2）在弹出的"宝贝名称"对话框中勾选"增加"选项后的"前缀"复选框，在其后的文本框中输入要添加的前缀"新款"，然后点击"保存"按钮，如图 2.28 所示。

（3）保存完毕之后，资料仅保存在了本地计算机中，点击"同步宝贝"按钮，即可将修改后的信息同步到淘宝网店中，如图 2.29 所示。

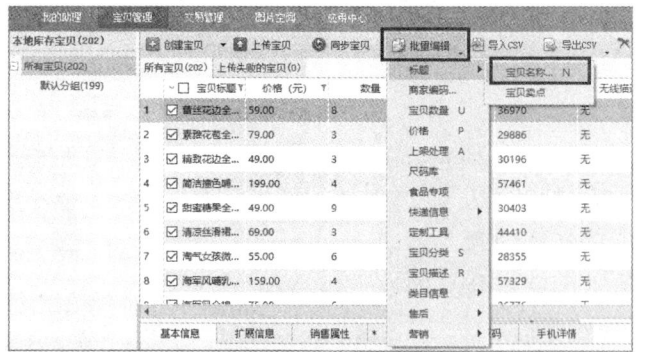

图 2.27　点击"批量编辑"→"标题"→"宝贝名称"

图 2.28　编辑商品名称

图 2.29　同步商品信息

2.3.3　批量导出或导入商品

为了使卖家的数据在发生意外时不丢失，淘宝助理可以将商品数据导到一个备份文件中保存起来，还可以将商品批量导出为标准的 CSV 文件，导出的 CSV 文件则称为数据包。这样卖家就可以使用 Excel 工具或者其他编辑工具批量处理商品信息了，处理完成后还可以将结果导入淘宝助理，然后再批量发布到淘宝网店中。

（1）批量导出商品信息。登录淘宝助理后，选择"宝贝管理"，再选择准备导出的商品信息，按"导出 CSV"→"导出勾选宝贝"的顺序点击，如图 2.30 所示。在弹出的保存窗口中，输入要保存的文件名称，就可以将所选的商品信息导出。

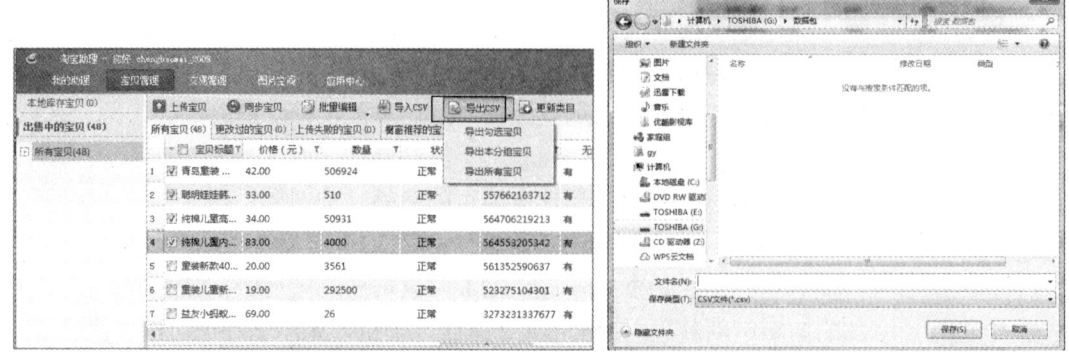

图 2.30　导出商品信息

（2）导入商品信息并批量上传。如果想通过数据包导入数据，可以按"宝贝管理"→"导入 CSV"的顺序点击，在出现的对话框中选择要导入的数据包，注意数据包文件的扩展名为".csv"，这样就把数据包导入"本地库存宝贝"中了，如图 2.31 所示。

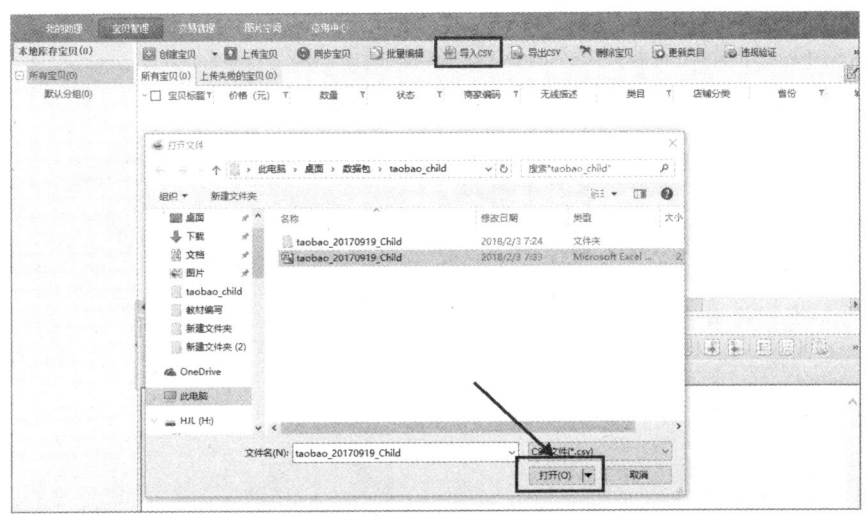

图 2.31　选择要导入的文件

（3）选择要批量导入的商品后，点击"上传宝贝"，商品同样可以被发布到淘宝网店中。

本章小结

网店开通后即可进行商品发布，本章首先介绍了上传和发布商品的流程、发布商品的三个关键要素（商品标题、商品主图与 SKU 图、商品详情描述），然后介绍了运费模板和运单模板的设置，最后介绍了淘宝助理的使用。使用淘宝助理可以批量上传商品、批量编辑商品、批量导出或导入商品等。

课后习题

一、名词解释

SKU　运费模板　运单模板　淘宝助理

二、单项选择题

1. 发布商品时标题名称最多可以容纳（　　）个汉字/（　　）个字符。
　　A．30；60　　　　B．30；50　　　　C．20；40　　　　D．40；80
2. 当设置好定时发布以后，商品页面显示为（　　）。
　　A．即将开始　　　　　　　　　　B．立即购买
　　C．交易关闭　　　　　　　　　　D．加入购物车
3. （　　）的图片适合作为商品主图。

A. 1 920 像素×120 像素 B. 800 像素×800 像素
C. 200 像素×300 像素 D. 750 像素×600 像素

4. 关于商品描述的说法，(　　)是正确的。
   A. 商品描述必须全部是图片，不能有文字
   B. 商品描述的文字字体越大越好
   C. 商品类比就是与同类商品进行比较，体现本商品的优势
   D. 商品描述中必须放大量好评截图

5. 淘宝网的商品描述不得超过(　　)字节。
   A. 10 000　　B. 20 000　　C. 25 000　　D. 30 000

6. 判断一家快递公司是否可靠，主要(　　)。
   A. 看规模　　B. 看优势　　C. 看评价　　D. 以上都是

三、多项选择题

1. 淘宝助理的功能有(　　)。
   A. 创建新商品　　B. 批量上传商品　　C. 备份商品　　D. 恢复商品

2. 关于商品基本信息的处理，说法正确的有(　　)。
   A. 如果商品图片较长，最好将图片分解为多个图片组合
   B. 详细的商品参数会为买家带来高度信任感，商品参数相对齐全的同类商品更容易被买家接受
   C. 重要的文字信息可以使用放大字体、改变颜色等方法进行强调，以引起买家的注意
   D. 商品描述中只能插入一张图片

3. 以下关于商品发布技巧的叙述中，正确的有(　　)。
   A. 最好将几件商品同时发布
   B. 将有特点的商品排在网店推荐位上
   C. 选择在黄金时段内上架
   D. 商品主图应尽量色调统一
   E. 商品详情描述要细致

四、简答题

1. 简述商品发布的流程及商品发布的关键要素。
2. 简述商品智能发布系统的功能。
3. 简述商品主图的发布要求。
4. 在撰写商品描述时要注意哪些方面？

实训任务

实训任务一：商品的发布

正确选择商品属性、上传商品图片、编写商品标题和描述，并填写商品价格、运费、服务等项目，进行最基本的商品发布。

实训任务二：运费模板与运单模板的设置

为自己的淘宝网店设置运费模板和运单模板。

实训任务三：使用淘宝助理批量发布和编辑商品

1. 使用淘宝助理新建商品空白模板，复制商品并进行修改，以创建新商品。
2. 使用淘宝助理的批量修改功能编辑自己网店的商品，包括批量编辑商品标题，修改商品描述、商品数量、运费等信息。

视野拓展

发布的商品信息与实际不符，如何修改	淘宝标题选词思路	手机端快速发布宝贝	天猫上架产品的流程是什么？发布规则是什么？

第 3 章 网店管理

【知识框架】

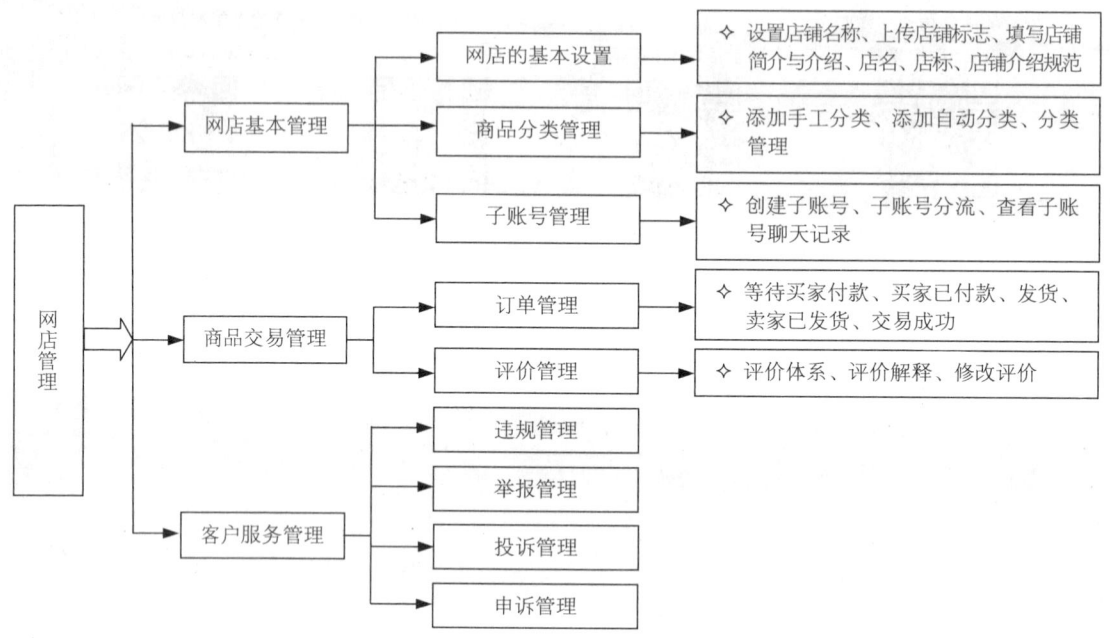

【学习目标】

1. 学会淘宝网店的基本设置、商品的分类管理、子账号管理。
2. 熟练掌握商品交易管理。
3. 了解客户服务管理。

商品发布后，网店即进入运营状态。网店基本管理中需要对网店进行基本设置、商品分类、子账号设置等，还需要对商品交易、客户服务等进行管理。

3.1 网店基本管理

3.1.1 网店的基本设置

开通了淘宝网店之后，网店名称、网店标志、网店介绍等信息都是默认状态，需要卖家进一步设置。卖家按"千牛卖家中心"→"店铺管理"→"店铺基本设置"的顺序点击,进入图 3.1 所示的页面,可对店铺基本信息进行编辑,完善店铺。

在这里需要设置店铺名称、上传店铺标志、填写店铺简介。

1. 设置店铺名称

店铺名称要简短、通俗,避免使用生僻繁杂字,同时要避免使用数字和字母。店铺名称具有唯一性,如果提交审核时存在重名,设置会失败,需要更换店铺名称并重新提交。设置店铺名称一般应遵循以下原则。

(1)好记。这样买家才会记住并想起你的网店。

(2)相关。与商品相关,如做手机充值业务,可以使用"××充值店"之类的名字。

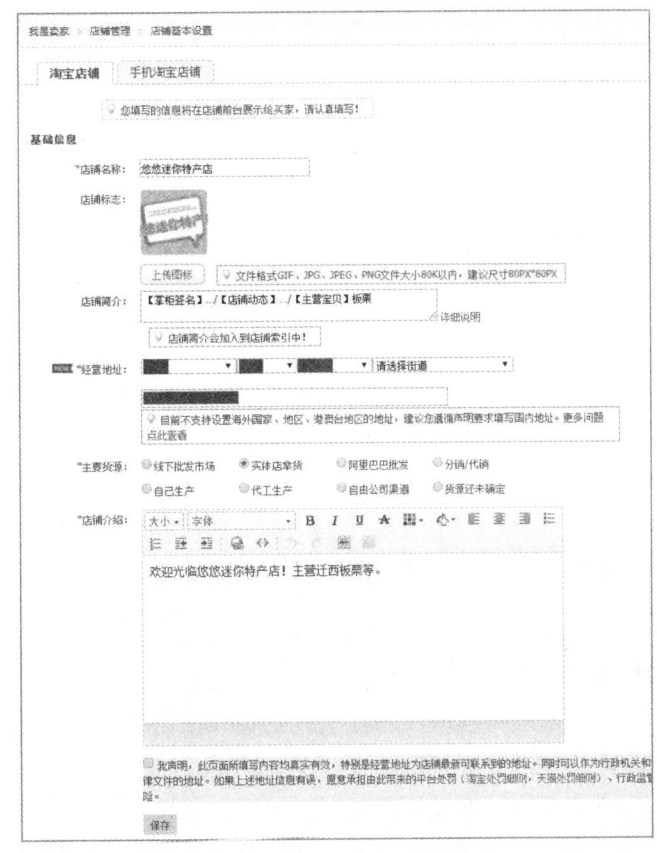

图 3.1　店铺基本设置页面

(3)吉利。人们都希望生意红火,起个吉利的名字很重要。

(4)体现品牌。比如,"七格格"很容易让人联想起女装,作为品牌名称,销售该品牌服装网店的名称中一定要包含这三个字。

2. 上传店铺标志

淘宝店铺标志简称店标。店标要体现网店的风格、店主的品位、商品的特性等,应起到宣传的作用。店标的文件格式可以是 GIF、JPG、JPEG、PNG,大小为 80KB 以内,建议尺寸为 80 像素×80 像素。设计淘宝店标时要注意以下三个方面。

(1)注意整体构思,切合主题,可以凸显网店的主营业务,也可以强调店名的内涵。

(2)围绕主题选择素材,可以通过动植物、人物等来展现。

(3)注意色调,不同的色调给人的感觉和代表的含义都是不同的。因此要根据店标的风格选择色调,而且色调要与整个版面匹配。

3. 填写店铺简介

店铺简介会加入到店铺索引中。店铺简介的编辑格式为"【掌柜签名】…/【店铺动态】…/【主营宝贝】…/"。其中,掌柜签名指的是网店的签名或网店的梦想展示,如"你的私人衣橱"。掌柜签名可以很好地表达网店的特点,但是不要夸大,以免适得其反。店铺动态指的是网店最近的促销信息,如全场包邮、部分商品五折等。店铺动态需要提供最新的促销信息或上新动态,并且要真实、客观。如果信息虚假,就会失去买家的信任,反而得不偿失。"主营宝贝"

中要尽量填写网店所售商品的类型、适合的人群、风格等，要真实、客观，这是区分本网店与其他网店的一种很好的方式，切勿堆砌与自己网店无关的词语。

4．填写店铺介绍

在店铺介绍区可填写网店的整体情况，这也是宣传网店的一种方式，可以只简洁明了地介绍网店的基本信息，也可以详细介绍网店的开店时间、主营商品、促销信息、物流方式、售后服务、联系方式、温馨提示等更多内容。

为了保障店名及店铺其他信息的规范性，淘宝网设置了相关规范，如店名不允许命名为"××商盟"；店标不能同中华人民共和国的国家名称、国旗、国徽，中国人民解放军军旗、勋章相同或者近似；非天猫商城的网店，不能在网店首页、商品页面内使用"旗舰店""专卖店""专营店"等字样；店铺介绍中不可以包含卖家个人网站的路径或链接等。

3.1.2　商品分类管理

淘宝网将商品分为不同的属性类目，卖家需要为发布的所有商品选择相应的类目属性，如服装、箱包等，这样做是为了方便买家在站内进行分类查找。

按"店铺管理"→"宝贝分类管理"的顺序点击，即可进入"宝贝管理"页面，从中可对商品进行分类管理。

分类管理即设置商品页的导航，该导航包括手工分类和自动分类两种。如果网店商品特色明显，最好使用手工分类，如图3.2所示。网店分类分为一级类目和二级类目，可以方便卖家在品牌下面再添加商品属性分类，引导买家尽快找到需要的商品。

1．添加手工分类

点击"添加手工分类"按钮，可以按照商品结构、属性、功能、时间、活动等设置导航分类。如果总类目下还有小类目，可以选择"添加子分类"进行设置，具体步骤如下。

（1）打开商品分类管理页面，点击"添加手工分类"按钮，可以在分类名称栏中输入新分类。

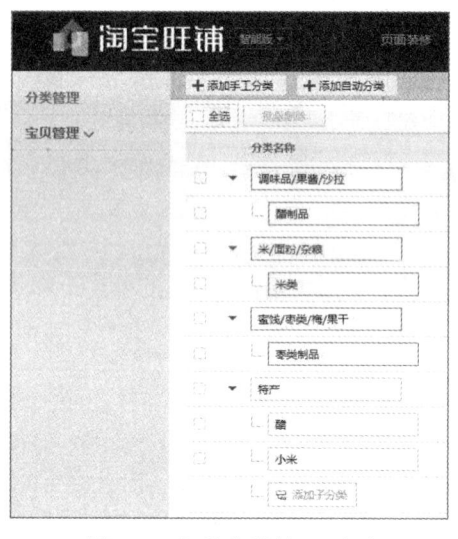

图3.2　商品分类管理页面

（2）点击分类名称前的三角形图标，可以在此添加新的子分类。

（3）点击"添加图片"按钮，在弹出的"添加地址栏"中可以输入分类的图片文件地址，这样就能在分类页面以图片方式显示分类。卖家可以根据网店或者商品风格，为类目添加背景图片。

（4）可以通过上、下箭头调整分类（包括子分类和所在的大分类）的排列顺序，使卖家可以优先展示自己想要推荐给买家的商品或者活动，从而提升点击率和转化率，如图3.3所示。

2．添加自动分类

点击图3.3中的"添加自动分类"按钮，进入自动分类条件设置页面，从中可以根据需要设置自动分类的条件，如图3.4所示。

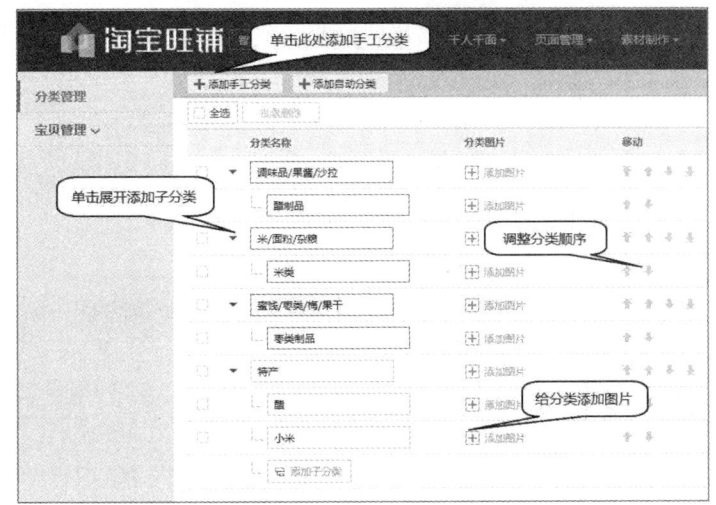

图 3.3　添加手工分类

3. 分类管理

点击图 3.3 中的"宝贝管理",可进入"宝贝管理"页面,在页面中可将网店中的商品标记为不同的类目。"宝贝管理"页面包括"全部宝贝""未分类宝贝"和"已分类宝贝"三个子栏目,卖家可以对未分类的商品进行编辑分类,此外,页面中还有"批量分类"功能,可以让卖家更便捷和快速地对商品进行管理,如图 3.5 所示。

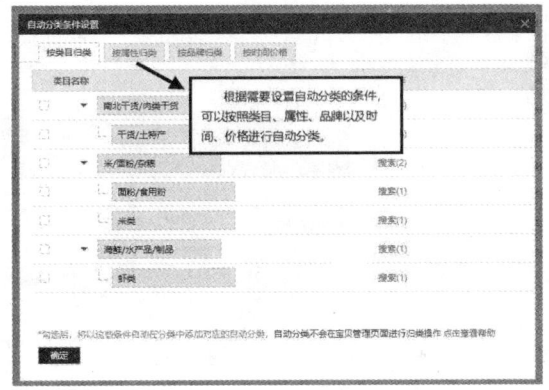

图 3.4　自动分类条件设置页面

图 3.5　"宝贝管理"页面

3.1.3　子账号管理

子账号业务是淘宝网及天猫商城提供给卖家的一体化员工账号服务。卖家使用主账号创

小贴士
子账号免费赠送规则

建员工子账号并授权后,员工可以利用子账号登录旺旺接待买家咨询,或登录千牛卖家中心管理网店,主账号可对子账号的业务操作进行监控和管理。开通并使用子账号业务,保持多人同时在线,可以分流众多买家的咨询,使买家的提问及时得到解答,从而有效提高工作效率;同时,众多客服对外以统一的形象接待买家,还可以提升网店的形象。

1. 创建子账号

目前可创建的子账号都是淘宝网赠送的,但是赠送的数量不固定。淘宝网根据卖家网店的交易数据、子账号历史使用状况及最近的活跃度状况来综合评估并决定赠送额度。随着信用等级的提升、交易量的增多、账户活跃度的提升,网店能获赠的子账号额度也会提升。创建子账号的步骤如下。

(1)按"千牛卖家中心"→"店铺管理"→"子账号管理"的顺序点击,进入子账号管理页面,如图 3.6 所示。操作指引中说明了子账号管理的步骤,首先点击"设置部门结构"按钮,可以看到系统已经为网店创建了通用的部门,卖家也可以根据需要自定义添加或删除部门,如图 3.7 所示。

小贴士
子账号设置

图 3.6 子账号管理页面

图 3.7 设置部门结构

（2）部门结构设置好之后，点击图 3.7 中"新建员工"按钮，出现图 3.8 所示的页面，按要求将员工信息填写完毕，点击"确认新建"按钮。使用子账号登录旺旺时，子账号名为"主账号名:用户名"，注意这里的冒号要在英文输入状态下输入。

图 3.8　新建员工

（3）可以点击"员工管理"按钮设置岗位权限，如图 3.9 所示。根据网店所有员工的工作角色，在岗位管理中有预设的官方岗位权限，如客服、运营、美工等，每个岗位都有固定的基础权限。如果某个子账号需要在基础权限的基础上补充权限，可以点击"新建自定义岗位"建立子岗位并补充权限。

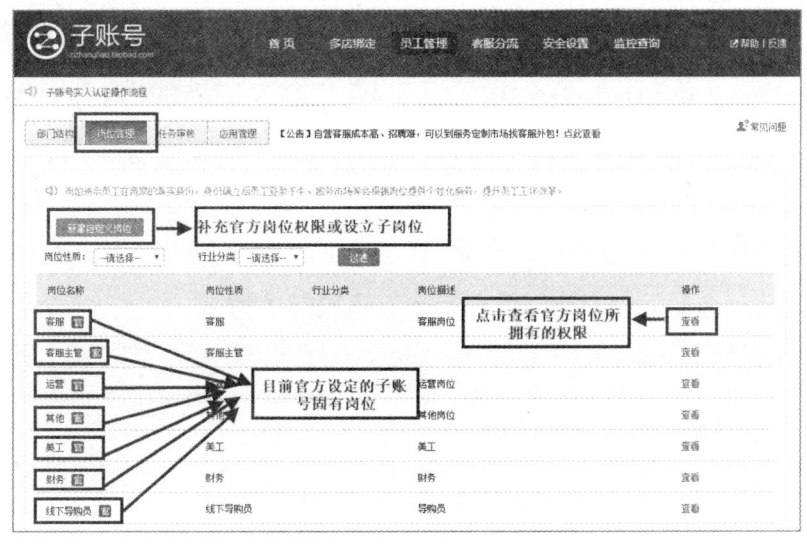

图 3.9　修改角色权限

2．子账号分流

当客户咨询时，参与分流的子账号就可以接到客户的信息；相反，不参与分流的子账号就只能接收之前咨询过的客户的信息，不会收到新客户发送的信息。

设置子账号分流的具体步骤如下。

（1）进入子账号管理页面，按"客服分流"→"分组设置"的顺序点击，打开图 3.10 所示的页面。

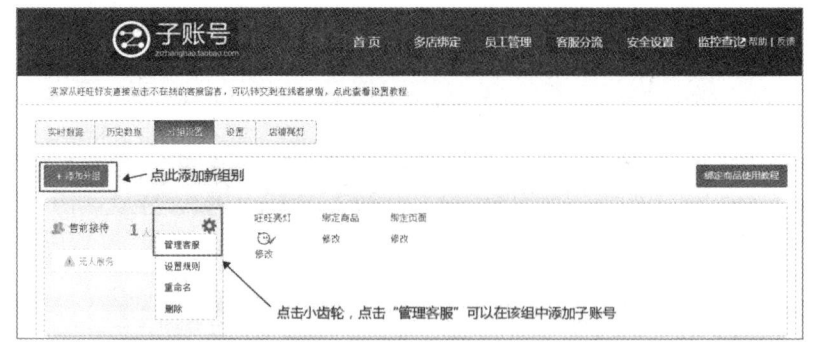

图 3.10 设置旺旺分流

（2）若当前已有组别，在图 3.10 中点击 ✿ 图标，再选择"管理客服"，打开图 3.11 所示的页面。卖家可以将需要的子账号添加到该组中，也可以将该分流组中的账号移出，点击"确定"按钮即可完成设置。

（3）若当前没有组别，在图 3.10 中点击"添加分组"按钮。输入组别名称后，点击"确定"按钮，如图 3.12 所示。

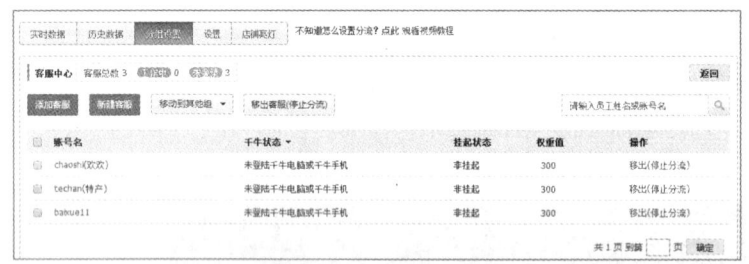

图 3.11 管理客服

图 3.12 新建分组

（4）选择参与分流的子账号加入该组别，点击"确定"按钮，如图 3.13 所示。

（5）选择"显示该分组"，点击"确定"按钮，添加在分流组中的子账号就可以参与分流了，如图 3.14 所示。

图 3.13 选择参与分流的子账号

图 3.14 选择"显示该分组"

3．查看子账号聊天记录

在子账号管理页面中按"监控查询"→"聊天记录"的顺序点击，进入图 3.15 所示的页面，在其中输入员工账号或客户账号和操作时间，即可查询子账号的聊天记录。

图 3.15　查询子账号的聊天记录

3.2　商品交易管理

交易管理主要是指对交易流程的管理，当买卖双方确定进行交易时，交易管理不仅包括卖家的一系列操作，如对订单的管理，及时查看买家对交易的评价等，同时还包括对买家的操作指导。

3.2.1　订单管理

按"千牛卖家中心"→"交易管理"→"已卖出的宝贝"的顺序点击，管理系统根据交易双方的完成情况，会显示出不同的交易状态。

1．等待买家付款

买家拍下某个商品之后，在付款之前，订单的交易状态会显示为"等待买家付款"。此时，卖家可以等待买家付款、修改价格或关闭交易。

（1）等待买家付款。如果交易双方对商品的价格没有异议，卖家只需等待买家付款即可，如图 3.16 所示。

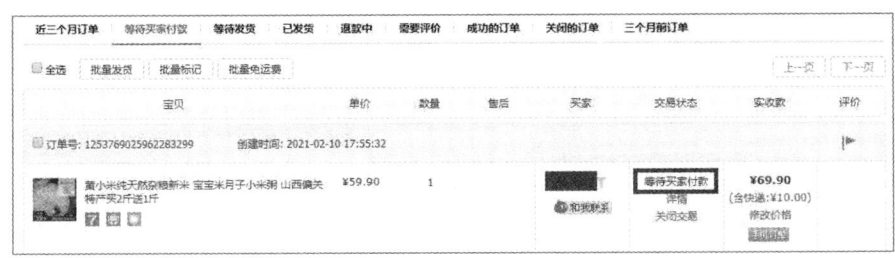

图 3.16　等待买家付款

（2）修改交易价格。交易双方经过协商，对新的售价或运费达成一致，需要在买方支付货款前进行修改，如图 3.17 所示。

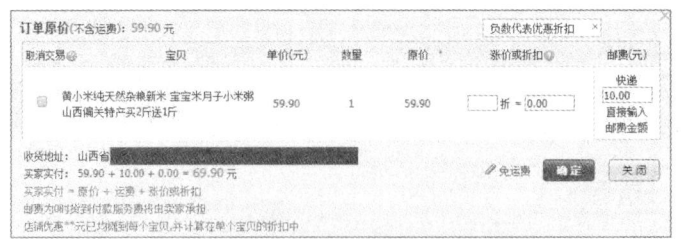

图 3.17　修改交易价格页面

（3）关闭交易。因为存在商家缺货或长时间联系不到买家等情况，交易无法继续完成，在"等待买家付款"的交易状态下，卖家可以关闭该交易。

2．买家已付款

买家付款后，订单的交易状态会显示为"买家已付款"。这时，卖家要与买家核实订单内容和收货地址，确认无误后点击"发货"按钮，如图3.18所示。值得注意的是，卖家要把需要备注的信息及时添加到该笔交易的备忘录中，提醒同事在发货时要特别注意，以免造成买家的不满和售后纠纷。

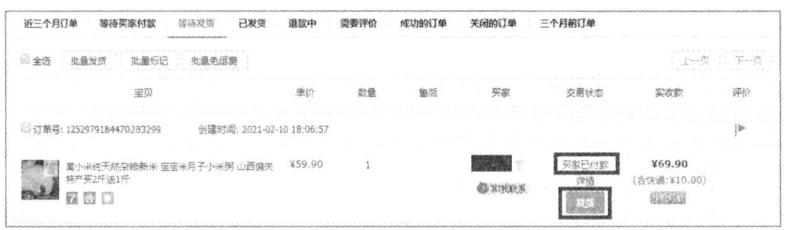

图 3.18　买家已付款

 小贴士

一般来说，如果卖家没有承诺什么时候发货，默认在买家付款后的 72 小时内卖家必须发货，否则买家可以申请退款；如果卖家没有按承诺的时间发货，买家可投诉卖家违背发货时间承诺。

3．发货

点击图3.18所示订单后方的"发货"按钮即可进入发货页面，如图3.19所示。进入发货页面后，页面显示有三个步骤：第一步是确认收货信息及交易详情；第二步是确认发货/退货信息；第三步是选择物流服务。在此页面中，卖家可以对订单进行"备注"，也可以修改收货地址。

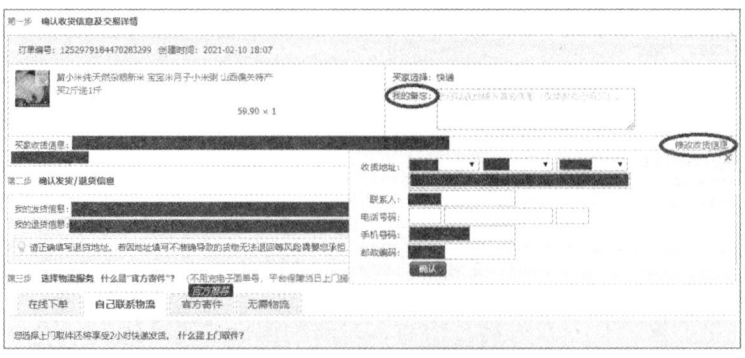

图 3.19　备注与修改收货信息

在发货页面的"选择物流服务"中有四个选项卡，分别为"在线下单""自己联系物流""官方寄件"和"无需物流"，如图 3.20 所示。

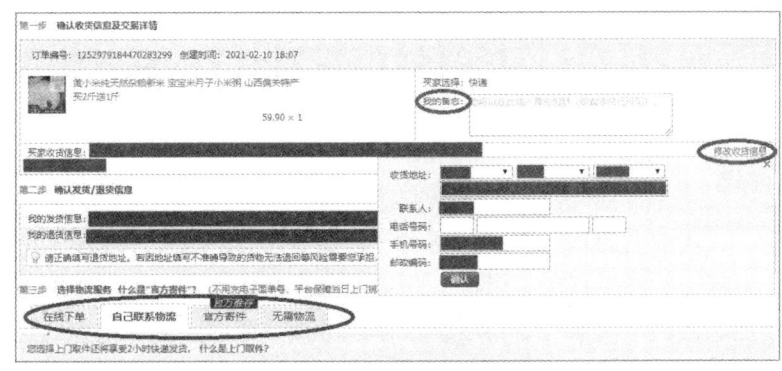

图 3.20　选择物流服务

"在线下单"是指卖家通过后台可以选择快递公司直接下单，同时也会显示快递所需要的费用，下单成功后快递公司会与卖家联系，上门取件。

"自己联系物流"是指卖家有合作的快递公司时，可以选择此项，直接填入该快递公司的运单号即可。

"官方寄件"是淘宝网官方推荐的物流公司，一般是快递员上门取货。

"无需物流"适用于虚拟商品，如点卡、游戏币等。

卖家可以根据自己的实际情况选择其中的一种物流服务，填写相关信息，点击"发货"按钮，即可完成订单发货操作。

4. 卖家已发货

卖家需要选择对应的物流公司，填入该笔交易的发货单号，及时将交易状态修改为"卖家已发货"，如图 3.21 所示。只有在此状态下，买家才能确认收货，同意将货款支付给卖家。如果此时将发货信息通过阿里旺旺通知买家，会让买家更放心，买家也会对卖家的服务有深刻而良好的印象。这时，交易双方就可以通过"查看物流"查询物流的进度了。

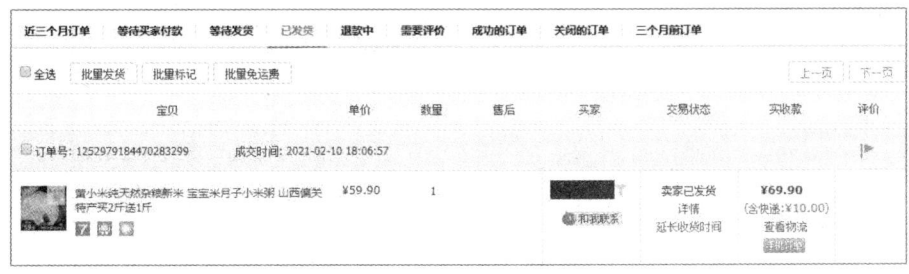

图 3.21　卖家已发货

5. 交易成功

买家收到商品以后，经核查无误可以点击"确认收货"按钮，同意支付宝放款给卖家，订单的交易状态显示为"交易成功"则表示货款已经转到了卖家的支付宝账户里，如图 3.22 所示。卖家如果通过"客户关系管理"工具设置了会员优惠，赠送买家购物优惠券或礼品券，将会充分表达希望买家再次光顾的诚意，给买家留下良好的印象。

图 3.22　交易成功

3.2.2　评价管理

淘宝网规定,买卖双方应基于真实的交易进行相互评价。按"千牛卖家中心"→"交易管理"→"评价管理"的顺序点击,可进入评价中心页面。页面包括"数据概览"和"评价管理"两个操作控制模块。卖家可查看店铺整体评价相关数据、买家给出的评价,并进行回评、解释以及处理异常评价等。

"数据概览"操作模块中包含"预警评价""待解释"及"待消费者评价"。"预警评价"会对异常评价进行防控;"待解释"和"待消费者评价"可展示店铺中需要处理的基础评价信息。中间板块主要展示店铺收到的评价数据,统计店铺评价的数量;页面右侧的"当前信用"统计的是评价合计分数;使用支付宝成功完成每一笔交易后,双方均有权对交易的情况作出评价,形成累积信用;尾部板块可展示店铺动态评分(即DSR),以及店铺的异常评价,如图 3.23 所示。

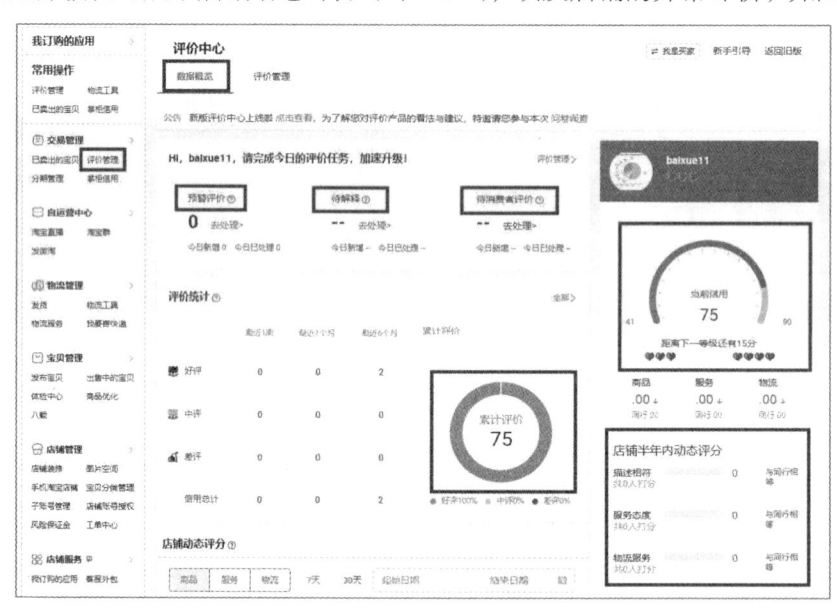

图 3.23　评价中心的数据概览模块

"评价管理"中的每个模块可展示具体的评价细节,"买家已评价""历史评价"和"待卖家评价"主要展示已完成的评价;"已处置评价"和"疑似评价处理"主要展示异常评价,商家可通过展示的评价内容反查该条异常评价内容,如图 3.24 所示。

1. 评价体系

淘宝网的评价体系包括"信用评价"和"店铺动态评分"两种,淘宝店铺这两种评价方式都有,天猫商城只有"店铺动态评分"。店铺动态评分由买家对卖家评出,如对商品或服务的质量、服务态度、物流等方面的评价。信用评价由买卖双方互评,包括"信用积分"和"评论内容"。

图 3.24 评价中心的评价管理模块

（1）信用评价。淘宝网会员在个人交易平台使用支付宝完成每一笔交易后，双方均有权对对方交易的情况作出评价，这个评价也称为信用评价。淘宝网买卖双方信用等级如表 3.1 所示。评价分为"好评""中评""差评"三种。评价人若给予好评，则被评价人信用积分增加 1 分；若给予差评，则信用积分减少 1 分；若给予中评或 15 天内双方均未评价，则信用积分不变。图 3.25 所示为卖家累积信用示例。

表 3.1 买卖双方信用等级

积 分	信用等级标志	积 分	信用等级标志
1 星：4~10	♥	1 皇冠：10 001~20 000	
2 星：11~40	♥♥	2 皇冠：20 001~50 000	
3 星：41~90	♥♥♥	3 皇冠：50 001~100 000	
4 星：91~150	♥♥♥♥	4 皇冠：100 001~200 000	
5 星：151~250	♥♥♥♥♥	5 皇冠：200 001~500 000	
1 钻：251~500	◆	1 金冠：500 001~1 000 000	
2 钻：501~1 000	◆◆	2 金冠：1 000 001~2 000 000	
3 钻：1 001~2 000	◆◆◆	3 金冠：2 000 001~5 000 000	
4 钻：2 001~5 000	◆◆◆◆	4 金冠：5 000 001~10 000 000	
5 钻：5 001~10 000	◆◆◆◆◆	5 金冠：10 000 001 以上	

小贴士
淘宝网评价规则

图 3.25 卖家累积信用示例

若 14 天内相同买家、卖家就同一笔交易进行评价，多个好评只加 1 分，多个差评只减 1 分。每个自然月中，相同买家和卖家之间的评价计分不得超过 6 分，超出计分规则范围的评价将不计分。被评价人可在评价人作出评论内容或追评内容之时起的 30 天内作出解释。评价人在作出中、差评后的 30 天内，可以对评价进行修改或删除。评价只能修改一次，且只能修改中评和差评。

卖家按"千牛卖家中心"→"交易管理"→"已卖出的宝贝"→"需要评价"的顺序点击，找到需要评价的交易，从评价操作提示进入就可以给对方一个中肯的评价；或者按"千牛卖家中心"→"交易管理"→"评价管理"的顺序点击，进入"待卖家评价"模块进行评价。信用评价可在订单显示为"交易成功"状态的15天内进行一次评价，若超时则评价入口关闭。

（2）店铺动态评分。店铺动态评分也称卖家服务评级（Detailed Seller Ratings，DSR），是淘宝网、天猫商城的一种动态评分系统，只有使用支付宝并且交易成功的交易才能进行店铺动态评分。在淘宝网交易成功后的15天内，买家可以对本次交易进行三项评分，它们分别是宝贝与描述相符、卖家的服务态度和物流服务务的质量。每项店铺评分的取值为：连续6个月内买家给予该项评分的总和÷连续6个月内买家给予该项评分的次数，如图3.26所示。

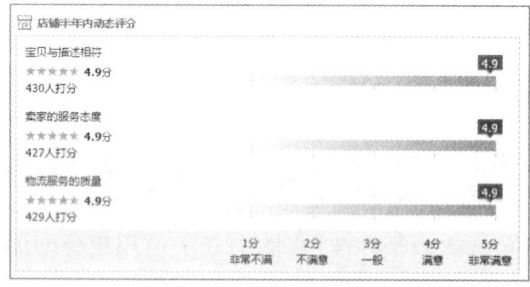

图 3.26　店铺动态评分

每个自然月，相同买家、卖家之间的交易，卖家店铺动态评分仅计取前3次（计取时间以交易成功时间为准）的交易评分。店铺评分仅能由买家在交易成功的15天内进行主评时打分。若买家没有进行主评即使后续系统产生默认好评，也不会产生默认店铺评分。

2. 评价解释

小贴士
店铺动态评分计分规则

买家作出评价的30天内且评价处于生效状态下（若是中差评则需双方评价后48小时生效），卖家可以对买家评价内容进行解释说明，以帮助买家作出判断。主评和追评各有一次解释机会，但在主评和追评均已产生的情况下，则只能对追评进行解释，主评无法解释。目前，评价解释仅支持文字，无法上传图片或视频。评价解释一旦作出，就无法被单独修改或删除，但若评价本身被删除则评价解释不再展示。

卖家按"千牛卖家中心"→"交易管理"→"评价管理"的顺序点击，查看"买家已评价"，可以对收到的评价进行解释，如图3.27所示。

图 3.27　评价解释

3. 修改评价

有时交易双方会因为一些误会和争议给出负面的评价，如果经过沟通和协商，达成一致，买家或卖家愿意将中、差评修改为好评，可以不用求助于淘宝网客服，自己就能轻松地修改评价。

卖家如果需要修改给买家的评价，按"千牛卖家中心"→"交易管理"→"评价管理"→"给他人的评价"的顺序点击，从中不仅可以看到别人给自己的评价，也能看到自己给别人的评价，找到需要修改的评价，会看见后面有一个修改评价的提示，点击进入就能将中、差评改为好评，如图 3.28 所示。

图 3.28　修改评价

除了修改自己给出的中、差评，卖家也可以按照这个操作流程去指导买家修改中、差评，使网店保持一个较好的评价记录。

 小贴士

卖家处理中、差评的技巧

商品评价对中小卖家来说是至关重要的，很多买家在进行网络购物时，进入商品页，第一眼关注的往往是评价，尤其是中、差评，如果中、差评里面有自己不能接受的地方，卖家也没解释清楚，这时买家很可能就会直接退出页面。有关卖家处理中、差评的技巧，读者可扫描二维码进一步学习。

3.3　客户服务管理

3.3.1　违规管理

淘宝网为了给卖家和买家提供更好的服务环境，不断规范整改平台规则。如今，在淘宝网上不管是购物还是开店，无论是买家还是卖家，都要遵守淘宝网的规则。新手卖家由于不了解规则，经常会犯一些常识性的错误，很容易受到处罚、扣分、降权等处理，严重的还会影响网店的综合得分。

淘宝网上涉及的违规行为分为一般违规行为和严重违规行为，两者分别扣分、分别累计、分别执行。卖家因出售假冒商品的严重违规行为扣分将单独累计，不与其他严重违规行为合并计分。严重违规行为是指严重破坏淘宝网经营秩序或涉嫌违反国家法律、法规的行为，包括发布违禁信息、侵犯知识产权、盗用他人账户、泄露他人信息、骗取他人财物等；一般违

小贴士
常见违规行为及违规处理

规行为是指除严重违规行为外的违规行为，包括滥发信息、虚假交易、延迟发货、描述不符、违背承诺、竞拍不买、恶意评价、恶意骚扰、不当注册、未依法公开或更新营业执照信息等。

在对会员进行违规处理期间，淘宝网对会员不同的违规情形会采取不同的处理措施，如屏蔽网店、屏蔽评论内容、评价不累计、销量不累计、删除销量信息，严重者还会限制其发布商品、限制买家行为、限制发货、限制使用阿里旺旺、限制网站登录、限制解冻保证金、关闭网店、公示警告、查封账户等。

卖家可自检商品，若确实违规，应及时下架。卖家可以点击"千牛卖家中心"→"宝贝管理"→"体检中心"→"违规处理"来查询网店的违规情况，如图 3.29 所示。

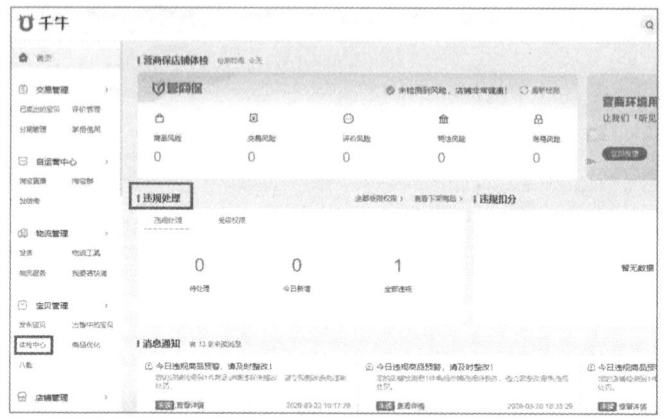

图 3.29　查询网店的违规情况

3.3.2　举报管理

买家如果发现违规商品，可以根据商品的实际违规情况，选择正确的举报类型。买家或卖家可以登录全网举报中心进行举报或查询，在"我发起的"或"我收到的"中查询相关举报记录，如图 3.30 所示。全网举报平台目前受理的举报类型有：虚假交易、收到空包裹、假冒及盗版、滥发信息、出售违禁品、情报举报、无证生产销售及盗用他人图片等举报类型。

图 3.30　全网举报中心

如果买家或卖家在举报平台上没有找到要投诉的类型，证明该类型未设置前台举报入口，暂时无法发起举报，处理部门会主动进行管控；若买家或卖家在交易时遇到骗子，还可以通过阿里安全中心进行举报，如图 3.31 所示。

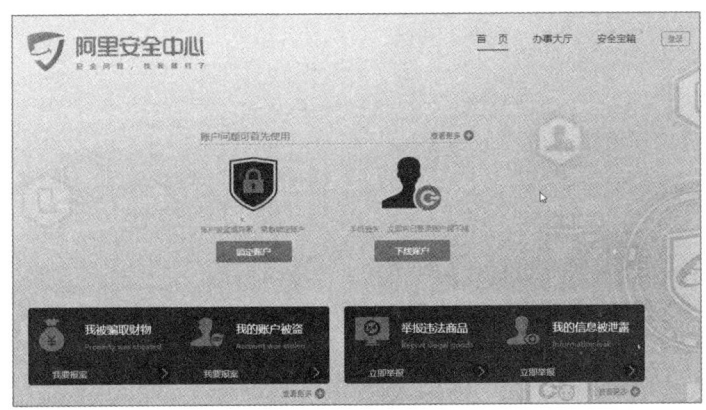

图 3.31　阿里安全中心

3.3.3　投诉管理

当买家遇到快递破损、卖家欺诈、虚假交易等严重损害自身合法权益的情形，或者卖家存在涉嫌违法行为时，买家可以对卖家进行投诉。卖家可按"千牛卖家中心"→"客户服务"→"投诉管理"的顺序查看投诉记录，如图 3.32 所示。

图 3.32　投诉管理页面

淘宝投诉的类型包括知识产权侵权投诉、恶意行为投诉、盗图投诉、违背承诺/发货投诉等类型。下面针对知识产权侵权投诉、恶意行为投诉做简单介绍。

（1）知识产权侵权投诉。若要发起知识产权侵权投诉，需要在淘宝知识产权保护平台注册，如图 3.33 所示。登录后提交相关文件，3~5 个工作日审核完毕，资质验证通过后，即可发起投诉；若要查询知识产权侵权投诉，可以按"千牛卖家中心"→"客户服务"→"知识产权"的顺序进入申诉页面查看，在第一页找到对应投诉单号（区分商品/店铺投诉）查看被投诉类型，如图 3.34 所示，被投诉的类型为：商标权-假货-明显假货。

（2）恶意行为投诉。卖家若遇到买家的恶意行为，可直接进入恶意行为投诉中心，点击

"我要投诉"发起投诉。目前投诉平台受理的投诉类型的常见场景包括异常拍下、异常退款、异常投诉、异常评价、服务指标异常、职业投诉人等，如图 3.35 所示。卖家需要选择正确的场景发起投诉，合理使用投诉权益。

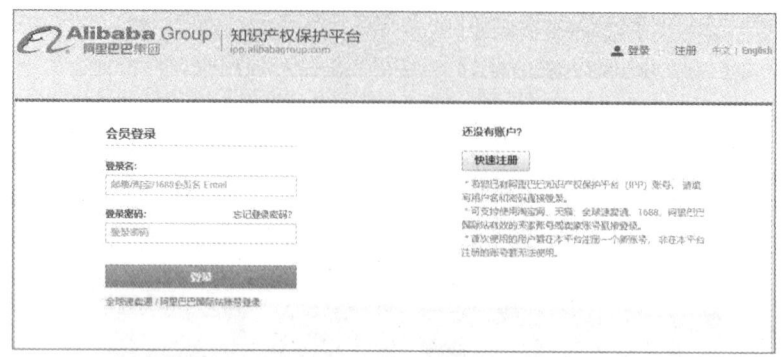

图 3.33　知识产权保护平台

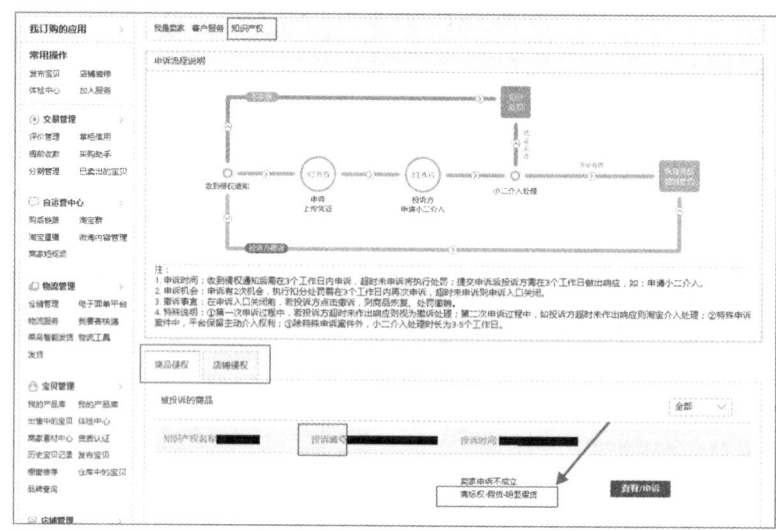

图 3.34　知识产权申诉页面

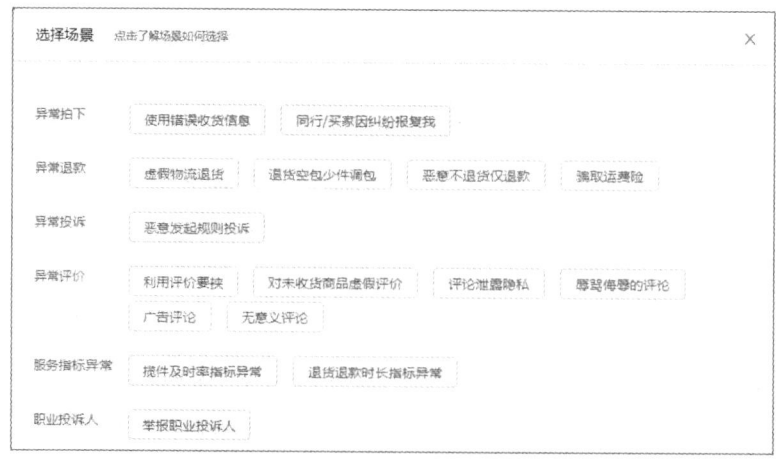

图 3.35　投诉类型的常见场景

3.3.4 申诉管理

如果有人对网店交易进行投诉或者举报网店侵权、违规,淘宝网就会将纠纷处理进程及时通知双方。如对于处理结果有异议需要申诉,卖家就应赶紧收集相关证据,及时进行申诉。

卖家可自因违规被处理之时起总计 3~30 天不等的时间内(淘宝网审核时间除外),通过线上违规申诉入口提交违规申诉申请。除了扣分达到 48 分的严重违规以及账号被立即冻结的情况外,大多数违规都会给予申诉机会,但并不是对所有的违规处罚都可进行申诉。申诉的类型包括被出售假冒商品处罚申诉、被投诉知识产权侵权申诉、被虚假交易处罚申诉、被投诉盗用他人图片申诉、涉嫌出售不合格商品处罚申诉、商品被降权申诉、未按约定时间发货申诉等。

若卖家的淘宝账户因违规被扣分,可按"千牛卖家中心"→"宝贝管理"→"体检中心"→"违规处理"→"待处理"的顺序找到违规记录,查看违规详情,了解这些违规处罚是否支持申诉,如图 3.36 所示。如果某违规处罚可进行违规申诉,点击"我要申诉"按钮进行申诉,或者按照"千牛卖家中心"→"客户服务"→"申诉中心"→"待申诉"的顺序进入申诉中心页面,找到对应的违规商品,按照申诉页面要求提交申诉凭证,进行申诉,如图 3.37 所示。

图 3.36 提交申诉页面

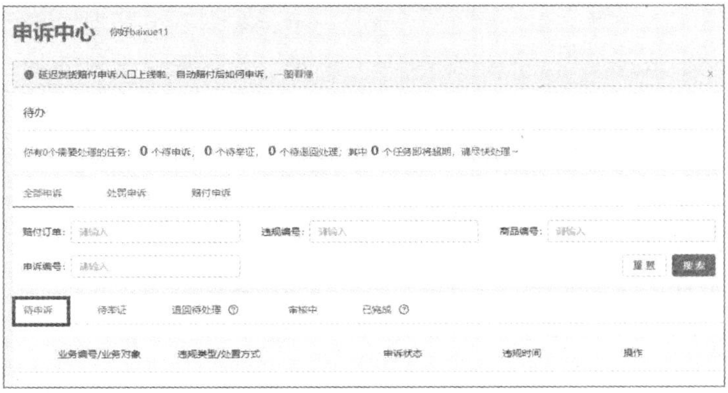

图 3.37 申诉中心页面

卖家提交违规申诉后,淘宝小二会在 3~5 个工作日内给予答复,卖家应及时关注邮件或站内信件,或按"千牛卖家中心"→"客户服务"→ "已完成的申诉"的顺序查询通知,点击"查看结果",可以在"申诉结果告知书"中了解本次申诉结果和相关影响。在申诉成功的情况下,违规处理会被撤销,商品将自动恢复(销售、评价、收藏量等信息不会丢失),且账号将恢复正常,涉及的相关扣分也会自动撤销;申诉失败的,涉及的相关扣分不予撤销,卖家需要自行调整相关商品信息。

 本章小结

　　淘宝网店开通之后，网店名称、网店标志、网店介绍等信息都是默认状态，需要卖家进一步设置。网店基本信息设置好之后，卖家就可以发布商品进行销售了，销售之前卖家需要对商品进行合理分类，以便更好地对商品进行分类管理。同时，卖家还可以使用主账号创建员工子账号并授权，这样，网店员工就可以用子账号接待买家或登录千牛工作台帮助管理网店了。

　　除此之外，网店的管理也是一项非常重要的工作。在买家拍下商品之后，卖家还要进行修改价格、发货、给买家评价等操作，有时还要对买家进行操作指导。一旦有人对网店提出交易投诉或者侵权、违规的举报，卖家还需要及时进行申诉。

 课后习题

一、名词解释

　　子账号　评价解释　信用评价　DSR

二、单项选择题

1. 买卖双方在订单交易成功后的（　　）天内可以进行评价。
   A. 9　　　　　　B. 15　　　　　　C. 10　　　　　　D. 30
2. 交易结束后，一方作出了好评，如果有效评价期内另一方未作出好评，则（　　）。
   A. 系统默认为中评　　　　　　B. 系统不作出任何评价
   C. 系统将取消这次交易的所有评价　　D. 系统默认为好评
3. 买家给了中、差评，（　　）内可以修改。
   A. 15 天　　　　B. 30 天　　　　C. 3 个月　　　　D. 不限
4. （　　）不属于店铺动态评分指标。
   A. 宝贝与描述相符　　　　　　B. 卖家的服务态度
   C. 物流服务的质量　　　　　　D. 客服响应速度
5. 每个自然月，相同买家与卖家交易，卖家店铺评分仅计取前（　　）次。
   A. 1　　　　　　B. 2　　　　　　C. 3　　　　　　D. 4
6. （　　）的行为不属于严重违规。
   A. 骗取他人财物　　　　　　　B. 泄露他人隐私
   C. 盗用他人账户　　　　　　　D. 竞拍不买

三、判断题

1. 一旦出现交易争议或者纠纷，千牛工作台的聊天记录可以作为证据举证。（　　）
2. 违规行为根据严重程度分为两种，分别是一般违规行为及严重违规行为。（　　）
3. 虚假交易不属于淘宝违规行为。（　　）

4. 在买家签收之前，货物丢失或者损毁的风险由卖家承担。（　　）

5. 买家给卖家中评或差评后，卖家只能联系淘宝网客服修改或删除评价。（　　）

四、简答题

1. 提升店铺动态评分的策略有哪些？
2. 简述创建子账号的步骤。
3. 淘宝网规定了哪些行为属于一般违规行为？哪些属于严重违规行为？

 **实训任务**

实训任务一：店铺的基本设置

1. 进入"店铺基本设置"页面，挑选一张文件大小在 80K 以内，尺寸为 80 像素×80 像素，文件格式为 JPG、GIF、JPGE 或 PNG 的图片，作为店铺标志。

2. 在"店铺名称"文本框中填入店铺名称，要能够准确表达出店铺的经营内容，可以使用一些与品牌、评价、促销、特色有关的关键词。

3. 在"店铺简介"中填入主营内容，多项内容可用空格或符号进行分隔。

4. 简洁明了地介绍店铺的基本信息，也可适当介绍网店的开店时间、主营商品、促销信息、物流方式、售后服务、联系方式、温馨提示等更多内容。

实训任务二：网店的基本管理

1. 对商品进行合理的分类，分类名称要求表达清晰、准确，让人一目了然，可以单纯用文字进行分类，也可以插入分类的图片。

2. 为自己的淘宝网店设置子账号，并进行子账号分流管理。

实训任务三：商品的交易管理

1. 登录卖家中心，在"已卖出的宝贝"—"等待买家付款"中，找到对应的订单，修改价格。

2. 在买家拍下商品后又因故需取消购买时，在"已卖出的宝贝"中，关闭相关交易。

3. 进入"已卖出的宝贝"，选择宝贝状态为"买家已付款、等待卖家发货"的商品，进行发货。

4. 自己联系物流（或者推荐物流），填好发货快递单号，点击确认后将订单状态改为"卖家已发货"。

 **视野拓展**

淘宝网店健康发展的因素

怎样经营淘宝网店

淘宝店铺运营（节奏、重点、思路）

《淘宝网市场管理与违规处理规范》中的违规扣分清零规定

第4章 网店图片的拍摄与处理

【知识框架】

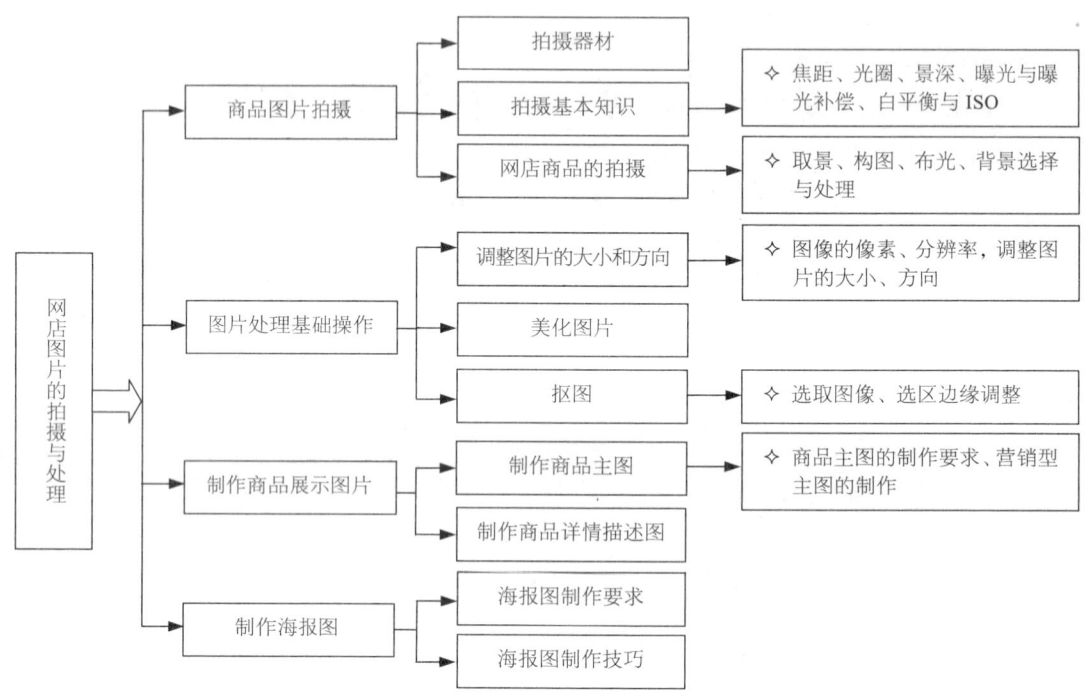

【学习目标】

1. 学会网店商品拍摄的基本方法
2. 了解网店图片的常见格式。
3. 掌握网店商品图片的基本处理方法。
4. 掌握网店商品主图、详情图及海报图的构成要素及制作方法。

图片的拍摄与处理是商品发布、网店装修和营销推广的基础。商品主图、详情描述图、网店招牌、轮播图片、商品展示图片和营销推广海报等都涉及图片的拍摄与处理。有视觉冲击力的高品质图片往往能大大提升目标客户的购买欲望。相反，质量差的图片会使商品或网店给目标客户留下负面印象。虽然图片质量并不能完全代表商品质量，但由于网店的虚拟性，许多买家都是通过网店中的图片来直观感受商品质量的。因此，图片处理是网店运营中的一个重要环节。

本章主要介绍商品拍摄的基本技巧、商品图片的美化处理和图片的制作方法。图片处理软件有许多，如美图秀秀、光影魔术手和 Photoshop 等，由于 Adobe 公司出品的 Photoshop 软件是专业的图像处理软件，功能强大，因此本章以 Photoshop 为例讲解图片的处理方法。

4.1　商品图片拍摄

4.1.1　拍摄器材

网店商品拍摄是商业摄影的一种，属于光影技术的应用。常用的拍摄器材及设施包括相机、摄影灯、三脚架及摄影棚等。

1. 相机

相机是最常用的拍摄工具，由于单反数码相机在图像传感器、可更换镜头、响应速度、手控功能、附件等方面具有很大的优势，因此成为网店商品拍摄的常用工具。

2. 摄影灯

光线对摄影来讲至关重要，用好光线是摄影技术的精髓。摄影灯是商品室内拍摄的常用辅助器材，按功能可分为主灯、辅助灯；按位置可分为前照灯、顶灯、侧照灯、背景灯。

3. 三脚架

三脚架的主要作用是稳定相机。拍摄网店商品时，一般一次要拍摄多件商品，需要经常调整相机参数和拍摄角度，通过三脚架可以提高拍摄的稳定性和效率。

4. 摄影棚

摄影棚是用于拍摄摄影作品的特殊构筑物，网店摄影棚一般包括电动卷轴、背景布或背景墙、摄影台、摄影灯、柔光箱、四页遮光板、反光伞、柔光伞、反光板等辅助器材。

4.1.2　拍摄基本知识

1. 焦距

镜头是单反数码相机的"眼睛"，焦距表示单反数码相机镜头能清晰成像的范围，焦距为 35mm 的镜头称为标准镜头，这种镜头可以清晰成像的视角范围与人眼的视角范围相似，为 40°～55°，标准镜头可以最大限度地还原物体。焦距小于 35mm 的镜头称为广角镜头（小于 20mm 的镜头称为超广角镜头），广角镜头的视角范围大于 60°，超出人眼的视角范围，广角镜头适于拍摄宏大的场面，拍摄出来的照片具有纵深感及畸变和夸张效果。

2. 光圈

光圈是一个用来控制光线透过镜头进入机身内感光面光量的装置，它通常位于镜头内。一般用 F 值表示光圈大小，光圈 F 值=镜头的焦距 f/镜头有效口径的直径。光圈可以控制镜头通光量的大小，光圈越大，进光量越多，光圈越小，进光量越少。常见的光圈值包括 F/1（也标为 f/1）、F/1.4、F/2、F/2.8、F/4、F/5.6、F/8、F/11、F/16、F/22、F/32、F/44 和 F/64。大的 F 值代表开启了一个小的孔洞，而小的 F 值则代表开启了一个大的孔洞，即 F 值越小光圈越大，F 值越大光圈越小，如图 4.1 所示。

3. 景深

景深是指在镜头聚焦调节中，能清晰成像的最远部分和最近部分之间的距离。拍摄背景虚化的照片时，宜采用小景深拍摄，拍摄成套系列商品的照片时，宜采用大景深拍摄，将所有商品细节都清晰地呈现出来。景深与光圈的大小成反比，通过调整光圈的大小可以直接控制景深，光圈越大，景深越小，如图4.2所示。景深与焦距的长短成反比，焦距越大，景深越小。景深与物距的大小成正比，物距越大，景深越大。

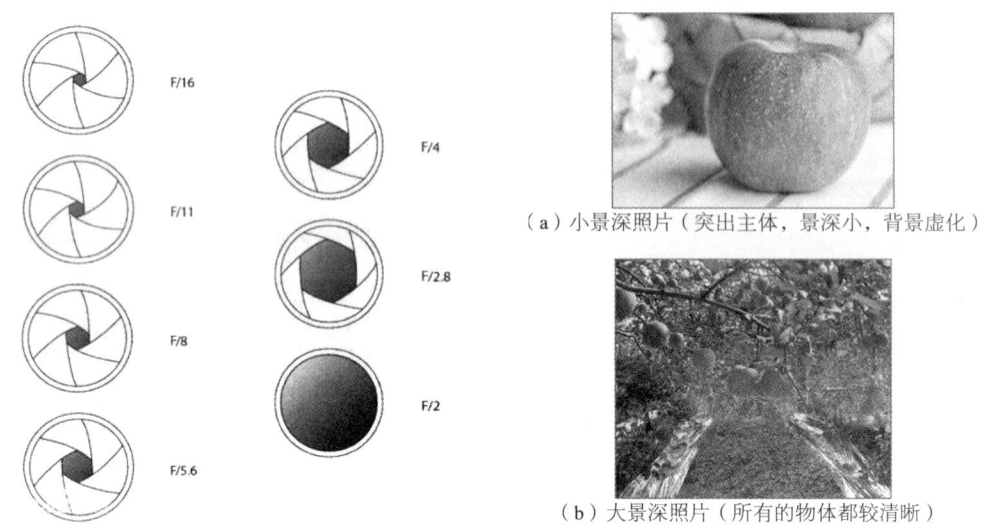

图4.1 光圈大小与F值成反比　　　　图4.2 小景深照片和大景深照片的对比

4. 曝光与曝光补偿

曝光是相机中的感光材料受到光线照射的过程。如果有合适的光量通过镜头投射到感光材料上，就能得到一张曝光正确的照片；如果光量过少或过多，就会使照片曝光不足或曝光过度。实际操作时常通过光圈和快门来控制曝光，常用的曝光方式有手动曝光、光圈优先、快门速度优先、程序曝光、全自动曝光等，如图4.3所示。

曝光补偿是一种曝光控制方式，就是有意识地改变相机自动计算出的曝光参数，让照片更明亮或者更灰暗的拍摄手法。拍摄者可以根据自己的想法调节照片的明暗程度，创造出独特的视觉效果。当拍摄环境过亮或者偏暗时，拍出的照片就会出现曝光过度或者曝光不足的情况，这两种情况都会导致被拍摄物体的细节呈现不理想，这时就需要用到曝光补偿，通过手动调节曝光补偿值来增加或降低曝光量，使被拍摄主体获得合适的曝光量，让画面达到最佳的亮度和对比度。曝光补偿值一般为±2～3EV，如果环境光源偏暗，即可增加曝光值（如调整为+1EV、+2EV）以凸显画面的清晰度；如果环境光源偏亮，即可减小曝光值（如调整为-1EV、-2EV），避免曝光过度，以记录所拍摄物体的更多细节，如图4.4所示。

　　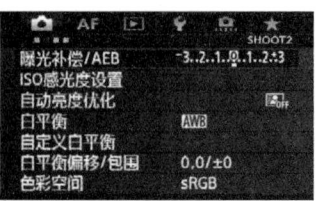

图4.3 曝光方式　　　　　　　　　图4.4 曝光补偿

5. 白平衡与 ISO

物体反射出的颜色受光源色彩的影响很大，人的大脑可以感知并更正光源引起的这种色彩改变，因此我们看到的白色物体都是白色的，然而不同数码相机所侦测到的由不同光源产生出来的"白色"不尽相同，有的呈浅蓝色，有的呈黄色或红色。为了使最后拍出来的照片还原被拍摄物体的正确色彩，即在最终的照片中，使白色物体能够呈现出人类肉眼所看到的正常的白色，数码相机就必须模仿人类大脑，根据光源来调整色彩，这种调整就叫作白平衡。

> **小贴士**
>
> 焦距、光圈、景深、曝光、白平衡、ISO 与快门速度是摄影的基本术语，有兴趣的读者可以通过网络百科相应词条学习相关知识（本书配套电子课件中有部分学习素材可供读者参考）。

对数码相机来讲，ISO 指感光材料的感光敏感程度，一般用数值来表示。常用的 ISO 值有 50、100、200、400、800 和 1 000 等，感光度越低，对光的敏感度越低，最终成像的亮度越低；感光度越高，对光的敏感度越高，最终成像的亮度也越高。低感光度在光线充足的情况下使用，高感光度在光线不足的情况下使用。

4.1.3 网店商品的拍摄

网店商品拍摄的关键在于取景、构图、布光和背景选择与处理。

1. 取景

要想拍出好的商品照片，取景是第一步。在按下快门之前，首先要明确拍摄的主体是什么，想要体现主体的哪些特点。取景的要点是突出主体、合理组合、删繁就简、适当布局，简单归纳就是要做到"取、组、舍、布"。

（1）取。根据拍摄目的选取拍摄的主体对象和表现方式。

（2）组。将拍摄主体、背景和装饰进行合理组合，做到烘托主体、主次分明。

（3）舍。取景时要学会删繁就简，避免画面杂乱无章。

（4）布。适当布局，使主体和配饰在画面比例上分布得当。

2. 构图

构图也有基本的原理和方法，常用的构图方法有黄金分割法、三分法、对称法和疏密相间法等。

图 4.5　黄金分割法构图

（1）黄金分割法构图。使用黄金分割法构图，画面的长宽比例通常为 1∶0.618，这一比例也称黄金比例，如图 4.5 所示。日常生活中有很多东西都采用这个比例，如电影和电视屏幕、杂志等。画面几何中心右侧偏上的位置是放置拍摄主体最佳的位置，以此形成视觉中心。黄金分割线可以是横向的也可以是纵向的，即画面可以为上下结构或左右结构。

（2）三分法构图。三分法从黄金分割法引申而来，用两横、两竖线条把画面均分为九等份，也叫"九宫格"，中间四个交点成为视线的重点，也是构图时放置主体的最佳位置。这种构图方式并非要求必须将画面主体占据画面的四个视线交点，在这种 1∶2 比例的画面中，主体占据任何一个交点都可以，如图 4.6 所示。

（3）对称法构图。对称法是为了突出主体，在拍摄时将主体放在画面的中间，左右基本对称的构图方法，也称均分法构图。实际拍摄时为了防止画面显得过于呆板，往往在对称之中略有偏移，如图4.7所示。

（4）疏密相间法构图。当我们需要在一个画面中摆放多个物体进行拍摄时，最好是将它们放置得错落有致、疏密相间。如图4.8所示，将被拍摄的水果切片适当地相连或交错，往往会让画面显得更加紧凑、主次分明。

 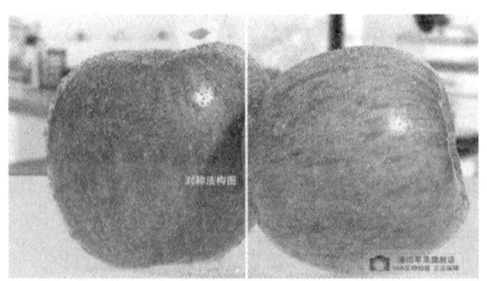 

图4.6　三分法构图　　　　图4.7　对称法构图　　　　图4.8　疏密相间法构图

3. 布光

光线分为自然光和人工光，光线具有强度、方向、色彩等属性。布光是指在室内外环境下，通过摄影灯改变光线的方向和强度，以对被摄物进行造型，从而达到拍摄要求。根据相机、物体与光源位置三者之间的关系，布光方式可分为顺光、逆光、侧光、前侧光、后侧光等，如图4.9所示。由于商品在结构、质地和表面肌理上各不相同，吸收光和反射光的能力也不同，根据不同质感商品表面对光线的反射情况，可以将其大致分为吸光体、反光体和透明体三种类型。针对这三种类型的商品，可以采用以下布光方式进行拍摄，从而达到较好的商品展示效果。

（1）吸光体的布光方式。吸光体包括毛皮、服装、布料、粗陶、橡胶、亚光塑料等，它们的表面通常是不光滑的，因此对光的反射比较稳定，即物体的固有色比较稳定、统一，而且通常这类商品自身的视觉层次也比较丰富。为了再现吸光体表面的层次质感，布光的灯位通常以侧光、顺光、前侧光为主，这样可以使其层次和色彩都表现得更加丰富，如图4.10所示。

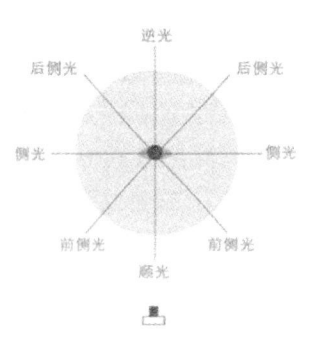 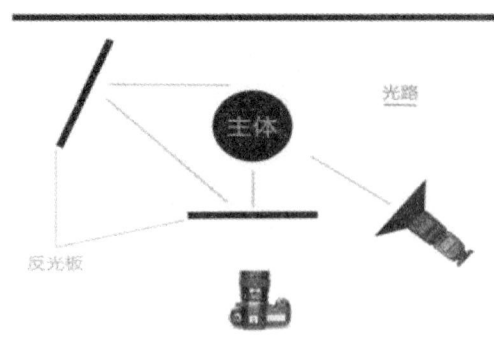

图4.9　布光方式　　　　　　　图4.10　拍摄吸光体的布光方式

（2）反光体的布光方式。反光体的表面非常光滑，对光的反射能力也比较强，所以拍摄反光体时一般要使其出现"黑白分明"的反差视觉效果。反光体多是一些表面光滑的金属饰品，或是没有花纹的瓷器，要想表现出反光体表面的光滑质感，避免一个立体面中出现多个不统一的光斑或黑斑，最好的方法是采用大面积照射的光源或利用反光板照明，光源照射的面积越大越好，如图 4.11 所示。

大多数情况下，反射在反光体表面上的白色线条可能并不均匀，但必须保持线条的统一性和渐变效果，反光体布光的关键在于对反光效果的处理，特别是一些圆弧形表面的柱状和球状物品，在拍摄中通常要使用黑色或白色卡纸来打反光，以增强物体表面的立体感。

（3）透明体的布光方式。透明体表面非常光滑，这种清澈、透明的材质，能够自由地传导光线而不改变其特性，从而具有玲珑剔透的视觉效果。透明体大多是香水、化妆品等液体或者玻璃制品，在拍摄前，需要设计拍摄方案，预估拍摄效果，拍摄时根据需要对每盏灯逐个进行测试，同时不断变换灯位，最终确定能产生最佳效果的布光方案，如图 4.12 所示。

图 4.11　拍摄反光体的布光方式

图 4.12　拍摄透明体的布光方式

4. 背景的选择与处理

在商品拍摄中，背景在表现主体所处的环境、气氛、空间、画面的色调及其线条结构方面有着重要的作用。由于背景的面积比较大，能够直接影响画面内容的表现，所以背景处理的好坏，在某种程度上决定着商品拍摄的成败。下面是选择与处理拍摄背景的技巧，在实际拍摄时要灵活运用。

（1）背景灯光的运用。在商品拍摄时，合理运用背景灯光能在一定程度上清除杂乱的灯光投影，同时也能更好地渲染和烘托主体。背景灯光的运用一般有两种形式：一种是将背景的照明亮度安排得很均匀，尽可能使背景中没有深浅明暗的差异；另一种是将背景的光线效果布置成中间亮、周围逐渐暗淡，或上部暗淡、下部逐渐明亮的过渡效果。

（2）背景色彩的处理。背景色彩的设置应追求简约、清淡的视觉效果。背景色彩的冷暖关系、浓淡比例、深浅配置、明暗对比，都要以更好地突出主体对象为前提。黑与白在商品拍摄背景中的使用受到人们的广泛重视，黑白背景更能体现商品的品质，也有利于后期的图片处理。

（3）背景的虚化处理。在室外拍摄商品照片时，为了避免受到杂乱背景的影响，需要对背景进行虚化处理。处理的方法：一是采用中长焦距的镜头进行拍摄，利用这种镜头焦距长、景深小的特点，虚化背景；二是拍摄时尽量不用太小的光圈，以避免产生太大的景深；三是控制主体与背景之间的距离，来达到虚化背景的目的。

4.2　图片处理基础操作

通过相机拍摄的图片往往不能直接使用，还需要对其尺寸、大小和颜色进行调整，甚至可以通过抠图操作更换背景。

4.2.1 调整图片的大小和方向

1. 图像的像素、分辨率

由相机或其他设备拍摄的图像都是位图图像。像素是构成位图图像的基本单元，我们若把图像放大数倍，就会发现图像的连续色调其实是由许多色彩相近的小方点组成的，而这些小方点就是像素单元。一张图像中像素越多，也就越能表达颜色的真实感。

图像的分辨率是指图像中存储的信息量，即每英寸图像内有多少个像素点，通常以像素/英寸（Pixels per Inch，PPI）为单位。为了能够在计算机及手机等设备上正确显示，一般网络图片的分辨率可设置为72像素/英寸。

2. 调整图片的大小

不同相机拍摄的图片尺寸不等，但是网店用到的图片是有像素大小要求的，如商品主图、商品描述图、轮播图片和各类活动广告图等。因此，在使用拍摄的照片素材时，应当对其大小进行调整。对图片大小进行调整时，如果结果图与原图宽高比例不变，可以用"图像大小"对话框进行调整，如果宽高比例发生变化，则需要对图片进行剪切或其他操作。

【例4.1】将素材文件"4.1.jpg"中宽度为950像素的广告图的宽度调整为640像素。

（1）在Photoshop中打开原图，如图4.13所示。

图4.13 原图

（2）按"图像"→"图像大小"的顺序点击，打开"图像大小"对话框，如图4.14所示，可以看到原图的大小是950像素×300像素，分辨率是72像素/英寸。

（3）将宽度值设置为640像素，如图4.15所示，则高度自动调整为202像素，宽高比例没有发生改变，这是由于已经约束了宽度和高度的比例。

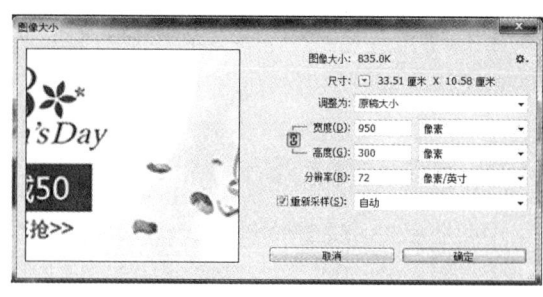
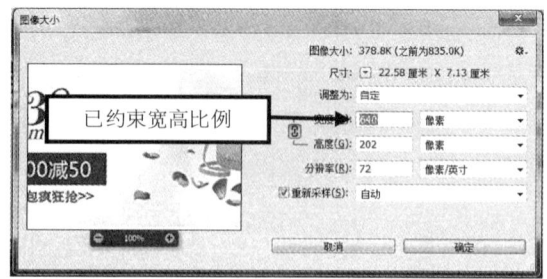

图4.14 原图的大小　　　　　　　　图4.15 调整大小

（4）按"文件"→"存储为"的顺序点击，将图片另存为新文件，注意文件格式选择为JPEG格式。

小贴士

网店常用的图片格式

网店常用的图片格式有 JPG/JPEG、GIF、PNG 等。

JPG/JPEG 是一种较常用的有损压缩图片格式,以 JPG/JPEG 格式存储图片时,软件通常会进一步询问使用哪档图片品质来压缩,文件大小取决于图片质量,图片质量越低,文件越小,在具体使用时需要权衡图片的质量与文件大小的利弊。

GIF 是一种图片交换格式,可提供压缩功能,但只支持 256 色,支持透明背景,一般用于动态格式图片的存储。

PNG 综合了 JPG/JPEG 和 GIF 格式的优点,支持 24 位色彩,压缩不失真并支持透明背景和渐显(半透明)图片的制作。

3. 调整图片的方向

【例 4.2】调整素材文件"4.2.jpg"的方向,使包装盒呈现竖向平放的效果,并且将图片剪切为 800 像素×800 像素大小。

(1)在 Photoshop 中打开原图,如图 4.16 所示,可以看出图中的商品包装盒横向放置。

(2)按"图像"→"图像旋转"→"逆时针 90 度"的顺序点击,如图 4.17 所示,旋转后的效果如图 4.18 所示。

(3)经过旋转操作后,图 4.18 中的商品包装盒已经竖向显示了,该图的原图是用手机拍摄的,它的大小是 3 968 像素×2 967 像素,需要修改尺寸才可以使用。一般商品主图可以设置为 800 像素×800 像素,我们可以通过裁剪工具对其进行修改。按 C 键,切换到裁剪工具,并在工具选项栏中将宽度和高度都设置为 800 像素,分辨率为 72 像素/英寸,如图 4.19 所示。

图 4.16 原图

例 4.2 操作视频

图 4.16 原图

图 4.17 旋转操作

(4)调整裁剪框至合适的大小和角度,然后按回车键即可完成裁剪,如图 4.20 和图 4.21 所示。

(5)将图片另存为新文件。

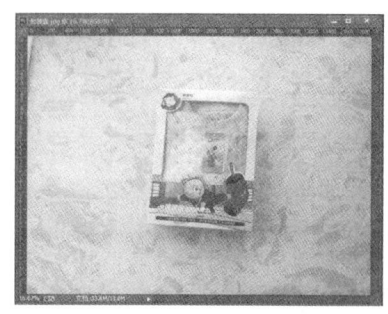

图 4.18　旋转后的效果

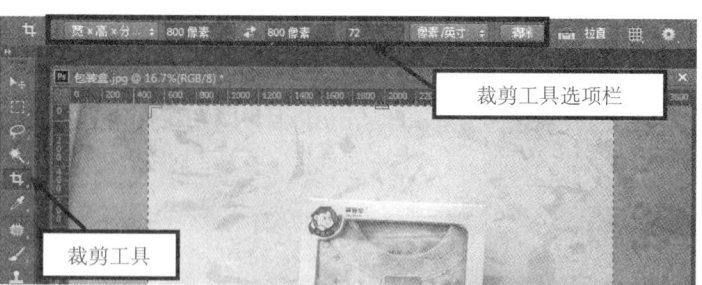

图 4.19　裁剪工具及其选项栏设置

图 4.20　调整裁剪框

图 4.21　裁剪后的效果

4.2.2　美化图片

由于光线、设备等问题，拍摄好的商品图片有可能会出现颜色失真的情况，如图片比较暗、图像不够清晰、偏色等。虽然是实物拍摄，但效果却与实际看到的有偏差，这时就需要对图片进行美化，最大限度地还原商品的真实情况，通常要进行调整色阶、曲线、亮度/对比度、色相/饱和度、锐化、模糊等操作。

【例 4.3】将素材文件"4.3.jpg"中商品原图进行亮度调整和背景虚化。

（1）在 Photoshop 中打开商品原图，如图 4.22 所示，发现这张图亮度偏暗，背景杂乱。我们可以调整其亮度，并将背景进行虚化处理。

（2）按 Ctrl+J 组合键，复制当前图层。按"图像"→"调整"→"曲线"的顺序点击，打开"曲线"对话框，

图 4.22　原图

如图 4.23 所示，在曲线上点击添加控制点并向上拖动，可以看到图片亮度增加，点击"确定"按钮完成。

（3）选中磁性套索工具 ，将羽化值设为10像素，利用该工具圈选图片中的小熊图案，然后按"选择"→"反选"的顺序点击，对所选区域进行反选，如图4.24所示。

（4）按"滤镜"→"模糊"→"镜头模糊"的顺序点击，如图4.25所示，在打开的"镜头模糊"对话框中，将半径的值调大，如图4.26所示，然后点击"确定"按钮。

（5）按"选择"→"取消选择"的顺序点击，取消选区，此时背景虚化，小熊图案更加突出，最后将图片另存为新文件。

图4.22 原图

例4.3 操作视频

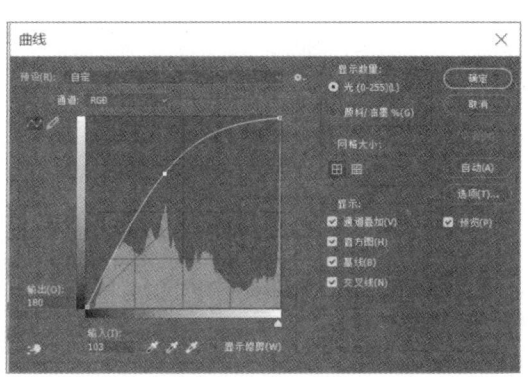

图4.23 调整亮度

图4.24 选中小熊图案并反选

图4.25 镜头模糊滤镜

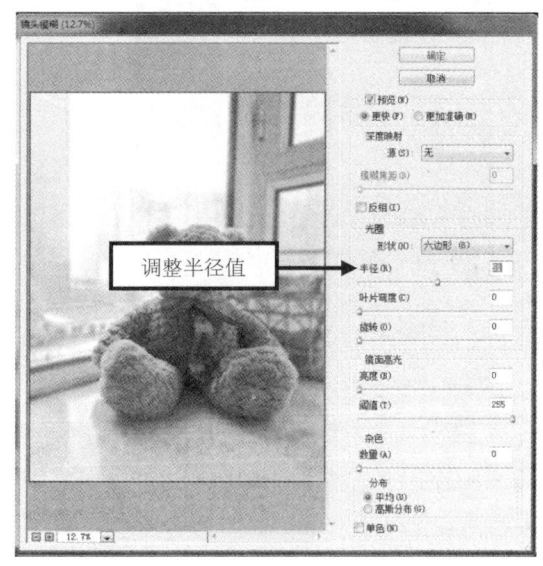

图4.26 调整镜头模糊的相关属性值

【例4.4】校正素材"4.4.jpg"中商品图片的颜色，并调整其亮度和清晰度，然后修复该图右侧的瑕疵。

图 4.27 原图　　例 4.4 操作视频

（1）在 Photoshop 中打开原图，如图 4.27 所示，可以看到商品图片颜色偏黄、商品边缘不够清晰，且右侧有一些杂点。

（2）调整亮度/对比度。按"图像"→"调整"→"亮度/对比度"的顺序点击，打开图 4.28 所示的对话框，将亮度和对比度下面的滑块都向右滑动，增强图片的亮度和对比度。

图 4.27　原图

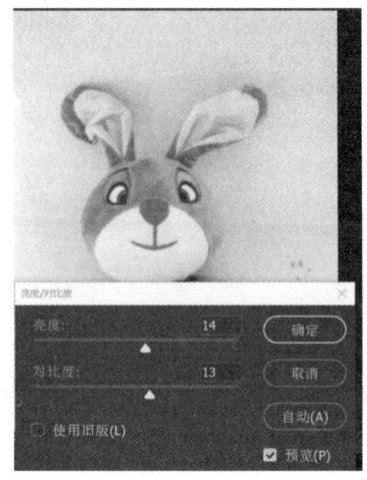

图 4.28　调整亮度

（3）调整清晰度。按"滤镜"→"锐化"→"USM 锐化"的顺序点击，如图 4.29 所示。在图 4.30 所示的对话框中对半径和数量进行调整，然后点击"确定"按钮，通过增强图像边缘的对比度而使图片变得清晰。

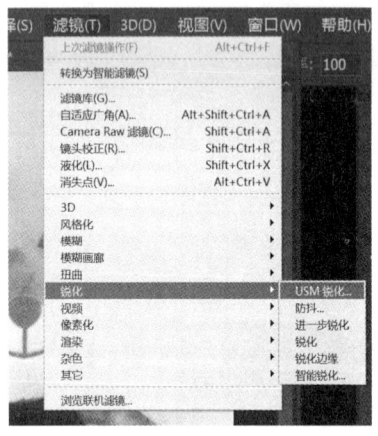

图 4.29　通过锐化进行清晰度调整

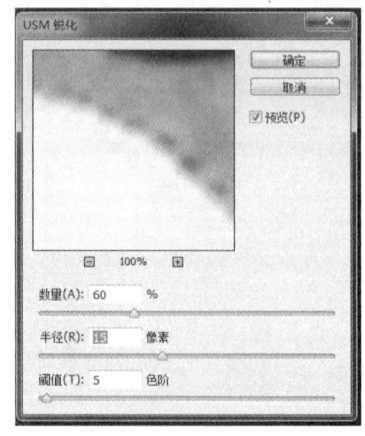

图 4.30　设置锐化滤镜相关属性值

（4）颜色校正。打开"曲线"对话框，选择蓝色通道，向上拖动曲线，如图 4.31 所示，这样就给图片增加了蓝色，由于蓝色与黄色是互补色，所以该操作相当于削减了图片的黄色。经调整后如果还有点偏红，可以将红色通道的曲线稍微向下偏移来控制图片中的红色信息。

（5）瑕疵修复。图片中如果有多余的杂物，可以用修补工具、仿制图章工具或内容识别填充等方法进行修复。本例用修补工具 圈选瑕疵部分，如图 4.32 所示，将选区拖动至上方没有瑕疵的区域，完成修复，如图 4.33 所示。然后按 Ctrl+D 组合键撤销选区。

（6）保存修改好的图片。

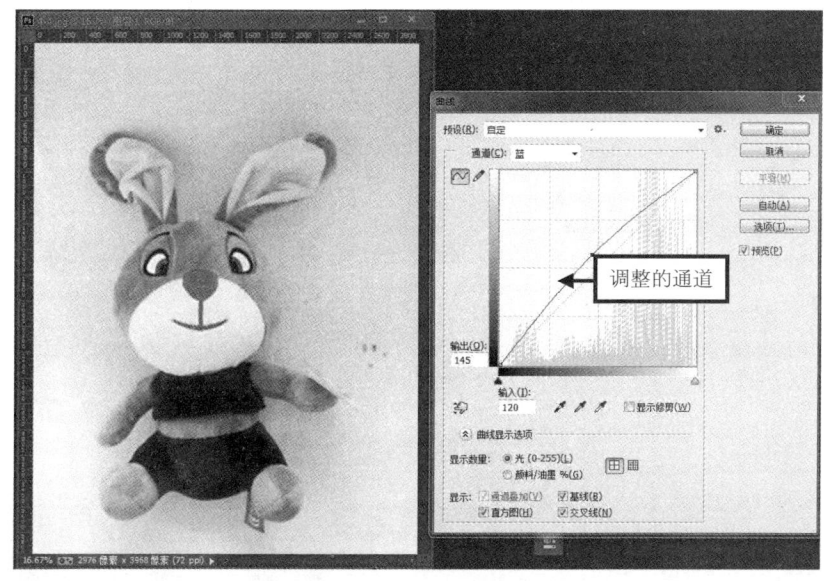

图 4.31　偏色调整

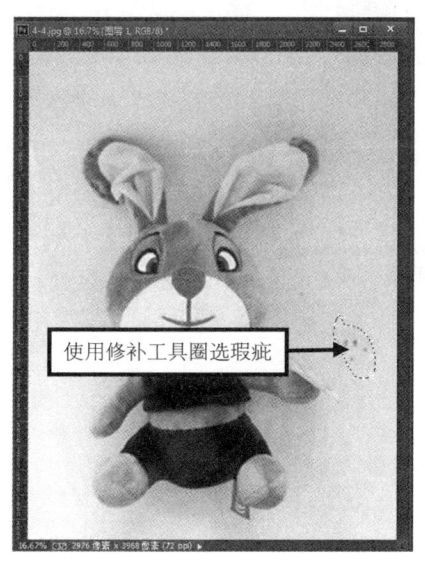

图 4.32　使用修补工具去掉瑕疵

图 4.33　效果图

 小贴士

RGB 颜色模式下的互补色

网络图片的一般颜色模式是 RGB，由红（R）、绿（G）、蓝（B）三原色构成。而红、绿、蓝三原色两两混合，可以形成黄、青、品红三种二次色。其中，红色与青色互补、绿色与品红色互补、蓝色与黄色互补。

可以用曲线、色彩平衡、可选颜色等命令调整图片的颜色。调整的过程中可以灵活应用互补色原理。例如，如果想给图片增加黄色，可以通过降低蓝色来实现，也可以通过增加红色和绿色来实现。

4.2.3 抠图

在制作图片时，经常需要将商品图案从原图中单独抠出，以进行更换背景、合成图像等操作。抠图的方法有很多，如使用基本选取工具抠图、使用钢笔工具抠图、使用通道抠图等，可根据图片的具体情况选择合适的方法。

1. 选取图像

【例4.5】将素材文件"4.5.jpg"的背景换成白色背景。

（1）在 Photoshop 中打开"4.5.jpg"，使用多边形套索工具  选取其中的商品包装盒图案，如图4.34所示。

（2）按 Ctrl+J 组合键，将选中的区域复制到新的图层，图4.35中的"图层1"为所复制的图层。

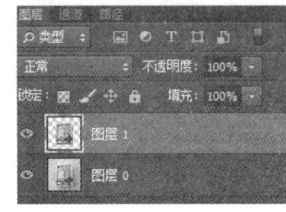

图4.34 原图　　　　图4.35 抠图并复制到新的图层

（3）选中"图层0"，设置当前背景色为白色，按 Ctrl+Delete 组合键填充背景色，效果如图4.36所示。

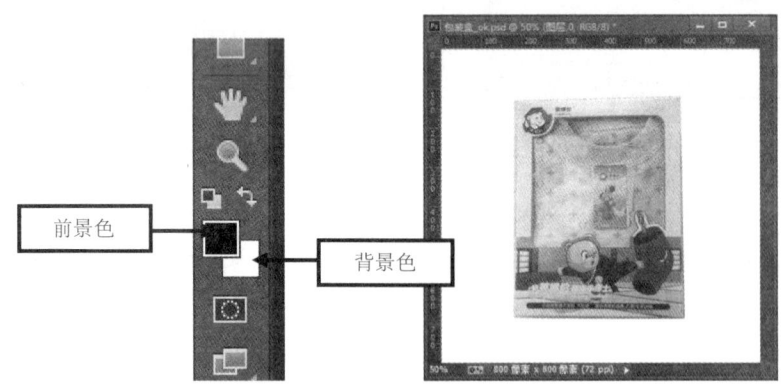

图4.36 将图层0设置为白色

（4）将背景换成白色后，保存图片。

 小贴士

颜色的填充

颜色填充有两个快捷键，按 Ctrl+Delete 组合键填充的是背景色，按 Alt+Delete 组合键填充的是前景色。这两个快捷键对于形状图层、像素图层、文字图层都有效。

可以按 X 键互换前景色、背景色，也可以按 D 键将前景色和背景色设置成常用的颜色。

2. 调整选区边缘

【例 4.6】利用快速选择工具和套索工具对边缘分界比较明显的图片"4.6.jpg"进行抠图操作。

（1）在 Photoshop 中打开素材文件"4.6.jpg"，如图 4.37 所示。选择快速选择工具 ，在商品图案上点按或拖动，创建选区，如图 4.38 所示。

（2）按住 Alt 键将选区运算变为减去选区，同时用磁性套索工具或快速选择工具将多余的选区减去，如图 4.39 所示。

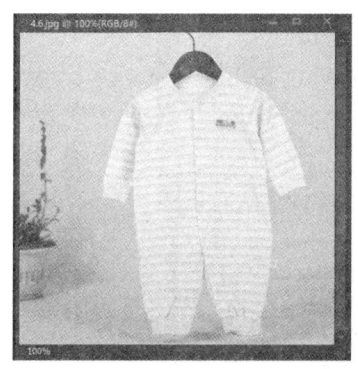
图 4.37 原图

图 4.38 创建选区

图 4.39 将多选的区域去掉

（3）点击选项栏的 选择并遮住... ，对选区边缘进行调整，如图 4.40 所示，视图选择"白底图"，这里可以发现几处抠图的边缘不平滑。

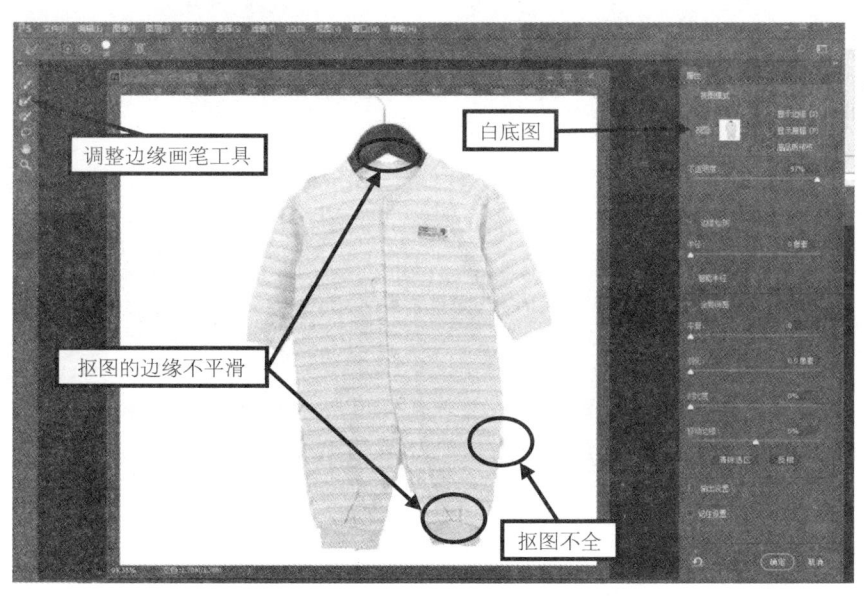

图 4.40 对选区边缘进行调整

（4）将半径值调到 3，如图 4.41 所示，系统会自动在半径区域内检测并调整选区边缘，可以发现原本边缘有锯齿或不平滑的区域已经得到改善，对于选取不够完整的区域，可以利用左侧的调整边缘画笔工具进行涂抹，系统会自动在半径范围内调整选区边缘，调整完毕后点击"确定"按钮。

图 4.41 调整边缘相关属性

（5）按 Ctrl+J 组合键将选区复制到新图层，隐藏背景图层，然后将商品图片存储为 PNG 格式。

4.3 制作商品展示图片

网店中的图片主要包括商品主图、详情图等。

4.3.1 制作商品主图

商品主图可以将商品的外观、细节及卖点等以图片的形式呈现给买家。发布商品时，可以上传五张商品主图，其中，第五张要求是商品正面图，系统会自动将其生成白底图。由于第一张商品主图将呈现在商品搜索页面，该主图的制作应尽量将商品的卖点及促销信息充分展示，以吸引买家点击，我们将其称为营销型主图。本节将重点介绍营销型主图的制作。

1. 商品主图的制作要求

主图一般由商品图、文字及背景构成。在制作商品主图时，要注意以下几点。

（1）商品主图格式为 JPG，尺寸要求大于 700 像素×700 像素，一般制作为 800 像素×800 像素。

（2）主图的核心是商品，商品主图应为实物拍摄图。商品主图一定要清晰显眼，其中商品的面积占比至少应为 30%或以上。

（3）主图可以添加 Logo、促销文字等元素，这些元素的布局和色彩搭配是非常重要的。Logo 一般放置在左上角。商品的卖点可以通过文字或者特效来体现，文字要简洁明确。

2. 主图的排版方式

主图在制作时，为了使商品清晰、卖点突出，一定要选择合适的排版方式，合理安排商品图和文案。主图的排版方式主要有上下结构、左右结构、对角线结构和环绕结构四种。

（1）上下结构。上下结构的排版方式最为常见。该构图方式通常是中央放置商品图，上方或下方放置文案，如图4.42（a）所示。

（2）左右结构。左右结构的排版适用于竖形商品图。该构图方式通常是左文右图或者左图右文，如图4.42（b）所示，该类图片制作时须注意文案的层次要清晰。

（3）对角线结构。对角线结构的排版方式适用于对角线拍摄的商品图，这类商品一般形状为细长型，需要对角线拍摄才能充分展示，如雨伞、钢笔等，如图4.42（c）所示。

（4）环绕结构。环绕结构的排版是将商品作为画面的中心，文案围绕商品展示，通常适用于文案较多的情况，如图4.42（d）所示。

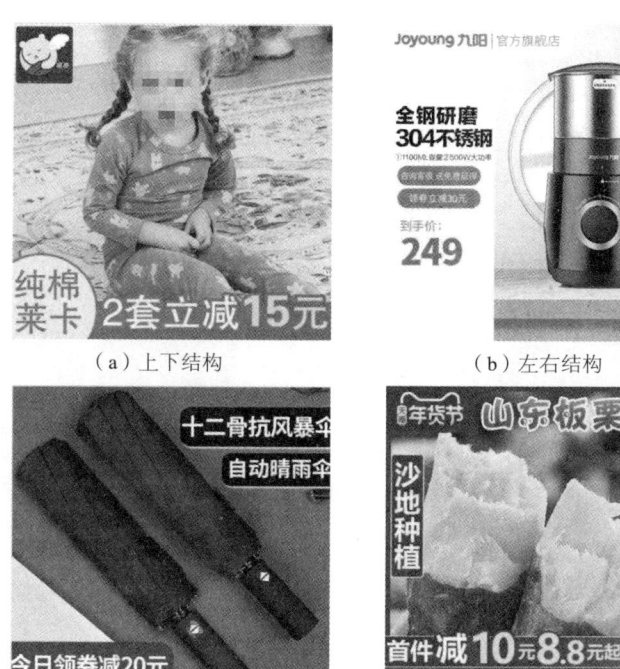

（a）上下结构　　　（b）左右结构

（c）对角线结构　　（d）环绕结构

图4.42　主图排版方式

在实际应用中，除了上述四种基本构图方式外，也可以根据商品图拍摄的具体情况调整构图排版方式，或者将其中几种方式混合使用。

【例4.7】利用给定的素材图"4.7.jpg"，添加商品卖点及促销信息，制作商品主图。

（1）在Photoshop中新建一张尺寸为800像素×800像素、分辨率为72像素/英寸、颜色模式为"RGB颜色"的图片。

（2）将商品素材图片"4.7.jpg"置入，并调整其位置，使得商品图片居中，如图4.43所示。

（3）对商品图片进行亮度调整和锐化处理，使得红豆颗粒饱满的特征更加突出。

（4）选择矩形形状工具，设置填充色为"672028"，绘制尺寸为800像素×150像素的矩形。输入商品卖点"偏关特产 颗粒饱满 皮薄易煮"，字体为"黑体"，字号为36px，如图4.44所示。

（5）选择圆形形状工具，设置填充颜色为"e7bf8b"，绘制直径为300像素的圆。利用文字工具输入"促销价 ¥8.8"，将文字放置在圆形上方，并调整各图层位置，如图4.45所示。

例 4.7 操作步骤

图 4.43　置入商品图并调整大小和位置

图 4.44　添加矩形和文字

（6）选择圆角矩形工具，设置填充颜色为"d1c7bb"，绘制宽度为 400 像素、高度为 50 像素、半径为 25 像素的圆角矩形。利用文字工具输入"红小豆 500g/袋 真空装"，将文字放置到圆角矩形上方，并调整各图层位置，如图 4.46 所示。

图 4.45　添加椭圆形状和商品价格

图 4.46　添加圆角矩形和商品规格

（7）保存图片。

4.3.2　制作商品详情描述图

当买家搜索并点击商品时，就会进入商品的详情描述页面。详情图用来向买家介绍商品的详细信息，包括商品有哪些活动、商品的展示图、参数说明、售后服务等。详情图需要从运营和美工两个角度分析问题，既要思考店铺如何能清楚地向买家展示商品和店铺的优势，又要考虑如何把页面设计得美观。

商品类型不同，其描述图的内容也不一样。卖家要了解商品的特性和卖点，根据买家的心理需求，制作商品描述图，促进商品的销售。

一般来说，商品详情描述应当包含以下内容。

（1）商品基本信息。展示商品的品牌、名称、规格尺寸、成分及含量等。

（2）商品实拍。展示商品的实际效果，如果是服装可以是模特图、各种角度和各种颜色的商品效果图等。

（3）细节展示。展示商品各部位细节，以服装为例，可以包括面料、领口、袖口、图案、纽扣等细节。

（4）服务质量。展示商品售后说明及服务内容。

【例4.8】为儿童内衣商品制作详情模板,包括商品基本信息、商品实拍、细节展示等。

(1)在Photoshop中新建一张尺寸为750像素×1 000像素、分辨率为72像素/英寸的图片,将背景色填充为"f2ebe5"。

(2)新建圆角矩形,宽度为400像素,高度为60像素,圆角半径为30像素,填充色为"997138",作为标题背景框。并用文字工具输入文字"产品信息|PRODUCT INFORMATION",汉字字体用"微软雅黑",字号为32像素,英文字体用"Times New Roman",字号为18像素,文字颜色为白色,将文字在圆角矩形内居中对齐,如图4.47所示。

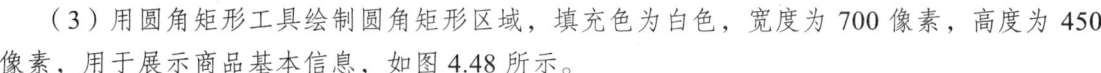
例4.8操作视频

(3)用圆角矩形工具绘制圆角矩形区域,填充色为白色,宽度为700像素,高度为450像素,用于展示商品基本信息,如图4.48所示。

图4.47 制作标题

图4.48 制作商品信息区域背景

(4)将商品图片素材文件"4.8(1).png"置入,放在圆角矩形内左侧,如图4.49所示。

(5)在商品图片右侧利用矩形工具创建矩形,填充色为黑色,不要描边。新建文字图层,输入文字"基本信息",字体为"微软雅黑",字号为16像素。然后,利用文字工具输入"商品品牌""商品名称""商品货号""商品颜色""商品面料"等信息,字体为"微软雅黑",字号为16像素,颜色为"754a14",如图4.50所示。

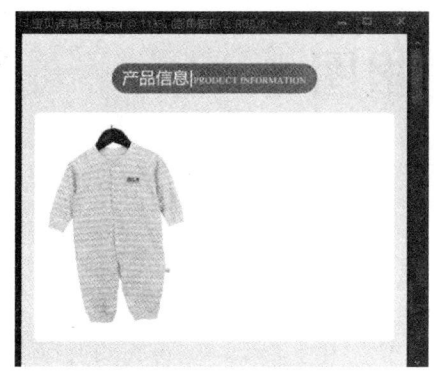

图4.49 置入商品图片

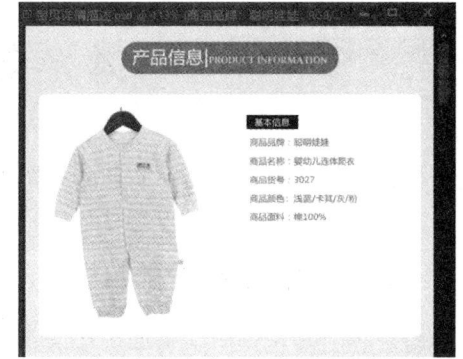

图4.50 输入商品基本信息

(6)选中基本信息涉及的图层,按Ctrl+G组合键将这些图层合并成一个组,命名为"基本信息"。选中"基本信息"组,按Ctrl+J组合键复制该图层组,将复制好的图层组名改为"相关指数",并将该组整体向下移动。然后修改"相关指数"图层组中的文字,将"基本信息"改为

"相关指数",将"商品品牌"等分别改为"厚度指数""柔软指数""弹力指数",如图 4.51 所示。

（7）利用直线工具绘制一条直线,粗细为 2 像素,颜色为"a97e45",再复制两条直线,对这三条直线进行排列。在线条下面分别新建文字图层,输入厚度、柔软、弹力各项指数,字体为"微软雅黑",字号为 12 像素。使用多边形工具绘制三角形图标,宽度为 14 像素,高度为 12 像素。将该三角形图标复制两个,然后将三个三角形图标移动到合适的位置,如图 4.52 所示。

图 4.51　输入相关指数文字信息

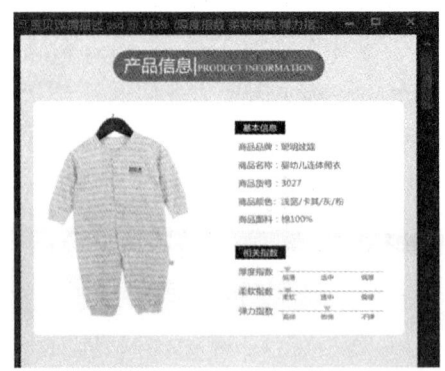
图 4.52　绘制横线及三角形图标

（8）选中产品信息涉及的图层,按 Ctrl+G 组合键合并成组,命名为"产品信息"。这样,关于产品信息介绍的模块就制作完成了。

（9）使用同样的方法制作"商品实拍"和"细节展示"等模块,此处不再赘述,具体操作步骤和效果图参见配套资料。

当商品详情模板制作完成后,每个商品的详情描述图可以在此模板上进行编辑,一般只需替换相应的商品图片和文案即可。

需要注意的是,由于电脑端屏幕较大,详情描述图传递的信息可以比较多,而手机端屏幕较小,在制作手机端商品详情描述图时要将颜色设置鲜艳些、字号设置大些,并且文字要尽量少,以突出商品主体。

4.4　制作海报图

淘宝网店首页海报图是网店商品风格和形象的一个展示窗口,同时也是店内营销活动的有效宣传媒介。网店海报图做得好,可让买家驻足流连,并继续关注下去。

4.4.1　海报图制作要求

一般来说,海报图由三大要素构成,分别是商品、背景和文案。一张优秀的海报图,应当做到商品突出、信息明确和画面美观。

1. 商品突出

商品是整张海报设计的核心,是最能吸引用户眼球和引导客户购买的要素。商品图包括商品主体及配件,也可以是模特展示图或明星代言图。选用商品图的时候,要注意商品的清晰度和拍摄角度，尽可能全面地展示商品。如果商品图经过抠图，一定要保证抠图质量，通常可以利用选取工具和边缘调整相结合的方式进行抠图。对于边缘要求清晰的商品图，可以通过钢笔路径工具进行抠图。

2. 信息明确

无论是商品海报还是活动海报，文案是传达信息最有效的要素。为了使信息能够快速准确地传达，文案内容要简洁明了、重点突出；文案排版要整齐统一，通常采用左对齐、居中对齐或右对齐方式排版；文案内容较多时，可以对文案进行分组，运用字体和大小对比、颜色对比及添加形状背景等方式突出重要的文案信息。

3. 画面美观

要想使海报画面美观，就要考虑海报的排版和色彩搭配。

（1）网店海报的版式有横版和竖版，一般横版海报可用于电脑端和手机端的网店装修，常见的排版方式是左右结构和中轴结构，如图 4.53 所示；而竖版海报多用于手机端网店装修，主要以上下结构和中轴结构的排版方式为主，如图 4.54 所示。

（a）左右结构　　　　　　　　　　（b）中轴结构

图 4.53　横板海报排版方式

（2）制作海报时，还应当注重色彩的搭配。色彩搭配有两个目的，一是使画面协调，视觉舒适；二是通过色彩对比突出画面的焦点，吸引用户关注。

4.4.2　海报图制作技巧

1. 利用文字和图形对画面进行装饰

在制作海报时，如果画面比较单调，可以利用文字或图形来充实画面。文字不仅仅是传达信息的工具，也经常被用作画面装饰的一种手段，比如降低透明度作为背景、采用花式字体作为装饰元素等。

图形在电商海报设计时也经常会用到，通过对某一形状不断重复或旋转，可以作为海报的背景图案，使画面丰富多彩；也可以对某一图形进行大小变化、色彩变化、角度变化后作为画面的装饰元素，增添画面场景感。

图 4.54　竖板海报上下结构排版方式

2. 利用形状分割背景

为了使海报画面整洁美观，可以采用画面分割的方式将文案与商品进行分割，更加突出海报重点。分割的方法通常有矩形分割、椭圆形分割及多边形分割等，如图 4.55 所示。

（a）矩形分割　　　　　　　　　　　（b）椭圆形分割

图 4.55　形状分割背景方式

4.9（1）、4.9（2）、4.9（3）原图

【例 4.9】利用给定的商品图片，制作一张儿童内衣广告图。

（1）在 Photoshop 中新建一个文件，宽度为 1 920 像素，高度为 500 像素，分辨率为 72 像素/英寸，颜色模式为 RGB。

（2）将背景颜色设置为"fcede3"。

（3）利用文字工具输入"SOFT AND COMFORTABLE"，字体为"微软雅黑"，样式为"bold"，字号为 230 像素，图层透明度为 40%，颜色为白色，如图 4.56 所示。

图 4.56　制作图片背景

（4）将给定的商品图片素材文件"4.9（1）.png""4.9（2）.png""4.9（3）.png"分别置入，调整大小，并将其对齐，如图 4.57 所示。

图 4.57　置入商品图片

（5）输入文字："精梳棉"，字体为"华文细黑"，字号为 80 像素，颜色为"efb209"；"儿童内衣套装"，字体为"华文细黑"，字号为 60 像素，颜色为"104474"；"亲肤舒适/细腻做工/安全健康"，字体为"华文细黑"，字号为 40 像素，颜色为"65a1da"；"点击查看>>"，字体为"微软雅黑"，字号为 32 像素，颜色为"d72020"，如图 4.58 所示。

（6）在"亲肤舒适/细腻做工/安全健康"下面绘制一条直线，颜色为"8dbddf"；将"点击查看"的颜色调整为白色，并绘制圆角矩形作为其背景，将矩形框的颜色设为"c5452b"。之后将文字对齐，如图 4.59 所示。

图 4.58　输入文字信息

图 4.59　美化文字

图 4.56 原图

例 4.9 操作步骤

（7）将文件保存成 PSD 格式，同时要另存一个 JPG 格式的图片。

本章小结

网店图片的品质会直接影响买家对网店的印象，因此卖家必须重视对图片的拍摄与处理。本章主要介绍了图片拍摄、图片处理的基础操作，以及商品主图、详情描述图及海报图的制作要求和方法。

商品图片的处理通常会涉及修改尺寸、调整色彩、添加文字、抠图、图片瑕疵修复及更换背景等操作。

商品图片的制作包括商品主图、详情描述图、商品海报图等内容。

本章是基于 Photoshop 软件进行操作的，为了提高图片处理效率，多处采用快捷键进行操作，初学者也可以通过鼠标选取菜单命令进行操作，以后再熟练掌握快捷键的使用。

课后习题

一、名词解释

焦距　光圈　景深　白平衡　ISO　曝光　图像像素　图像分辨率　营销型主图

二、单项选择题

1. 下列说法正确的是（　　）。
   A. PSD 格式文件不是图片文件　　　　B. JPG 格式文件是压缩图片文件
   C. PNG 格式文件可以是动画　　　　　D. GIF 格式文件可以是半透明图片
2. 用 Photoshop 编辑一个图片文件，当用文字工具添加文字图层后，再分别保存为下列文件名后仍存在文字图层的文件是（　　　）。

  A．1.bmp   B．1.gif   C．1.jpg   D．1.psd

3．在淘宝网上传商品图片时，下列图片格式中，（　　　）是不能上传的。

  A．JPG   B．PNG   C．GIF   D．BMP

4．在制作商品图片时，如果图片有点歪斜，要想将其调正，以下操作可行的是（　　　）。

  A．调整画布大小   B．裁剪

  C．调整图像大小   D．调整亮度/对比度

5．将一个 PNG 格式的图片文件转换成 JPG 格式之后，可能会发生的情况为（　　　）。

  A．图片更亮   B．文件容量变大

  C．图片中的半透明像素变成不透明   D．图片中的半透明像素变成完全透明

6．在利用自由变换工具改变图层中某一对象的大小时，要想等比例缩小对象，在拖动对角的调整权柄的同时，须按住（　　　）。

  A．Shift 键   B．Tab 键   C．Alt 键   D．Ctrl 键

7．对于图片大小的修改，以下说法正确的是（　　　）。

  A．图片的像素只建议改小，不建议改大，因为改大会导致图片模糊

  B．将图片的尺寸改大或改小，不影响其效果

  C．只建议将小图改成大图，不建议将大图改成小图

  D．只能剪切，不能改大小

8．要想整体缩小商品图片的尺寸，可以使用 Photoshop 的（　　　）操作。

  A．抠图   B．缩放   C．旋转   D．图像大小调整

9．当我们发现拍摄出来的图片灰暗、曝光不足，想通过后期处理改变这一情况时，可以选择（　　　）方式。

  A．调整→色彩平衡   B．调整→亮度/对比度

  C．图像→颜色模式   D．饱和度

10．商品详情页主图在（　　　）尺寸下可以自动启用放大镜功能。

  A．210 像素×210 像素   B．100 像素×100 像素

  C．50 厘米×50 厘米   D．800 像素×800 像素

三、判断题

1．图像的分辨率一般可以设置为 300 像素/英寸。（　　　）

2．商品主图可以是长方形的，也可以是圆角矩形的。（　　　）

3．商品主图宽 1 000 像素、高 1 000 像素以上，才可以自动启用放大镜功能。（　　　）

4．曲线命令不仅可以调整图片的亮度，还能调整图片的颜色。（　　　）

5．如果商品详情图片太长可以对其进行剪切处理。（　　　）

四、简答题

1．商品按其表面对光线反射的程度不同，可分为哪些类型？拍摄时布光应注意哪些问题。

2．当发现用相机拍摄的图片与实物有色差时，可以采用哪些方法进行调整？

3．以服装商品为例，分析商品详情描述模板一般包含的内容。

4．电脑端商品详情页与手机端商品详情页的制作有什么区别？

5. 商品海报图一般包含哪些内容？

实训任务

实训任务一：网店商品拍摄

1. 搜集日常生活中反光体、吸光体、透明体各一个，借助台灯、自制摄影棚等分别拍摄三张照片，总结不同材质表面物体的拍摄方法。

2. 搜集多个商品包装小盒、文具等物品，将这些物品组合起来，从不同角度拍摄照片，注意观察物品的摆放对构图的影响。

实训任务二：处理商品图片

1. 将实训任务一拍摄的商品图片进行处理，选择其中一款商品制作主图，要求尺寸为800像素×800像素，颜色尽量与实物保持一致。

2. 制作商品详情描述模板。

实训任务三：制作海报图

为某个网店制作尺寸为1 920像素×500像素的商品海报图。

视野拓展

10个大师级摄影技巧

如何做好主图

配色有趣且有用的小技巧

详情页首图设计实用技巧

第 5 章　网店装修

【知识框架】

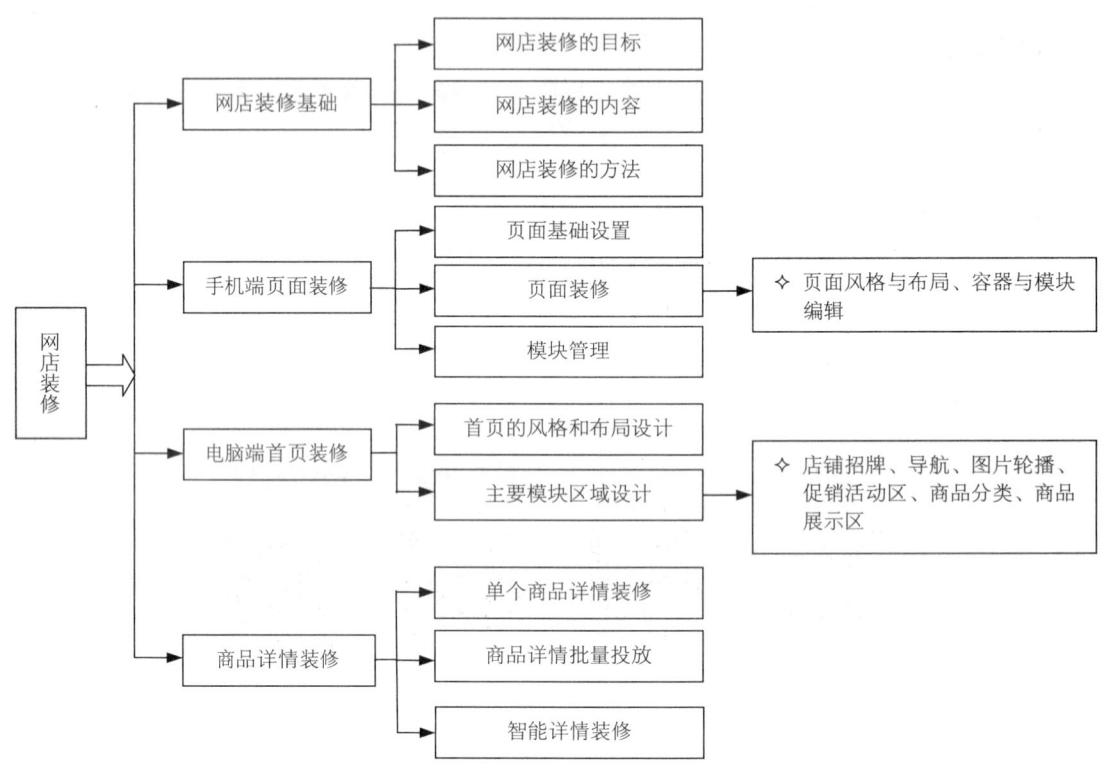

【学习目标】

1. 了解网店装修的主要内容。
2. 学会手机端网店页面和电脑端网店页面的装修。
3. 学会商品详情的装修。

电子商务时代，由于网络的虚拟性，图片、文字及视频成为展示商品与传达信息的主要途径，因而视觉因素在交易过程中起到的作用是非常重要的。网店装修的好坏会直接影响买家对网店的第一印象，专业、美观的网店页面不但能为网店的商品加分，还能增加买家对网店的信任。

5.1 网店装修基础

5.1.1 网店装修的目标

对于网店而言，装修的目标是要能够体现本网店的风格，方便买家浏览与购买，为买家带来良好的购物体验，使买家对网店产生认同感和信任感。网店的视觉元素主要体现在网店整体规划设计、页面布局、广告焦点图设计、商品主图及商品详情页设计等方面。当网店招牌、导航、布局及陈列方式体现出一定特色时，会使用户对网店产生好感与信任感，进而愿意去了解店内的商品。如果店内的商品能够充分满足买家的需求，就会促其产生购买行为，购物体验良好的买家甚至会成为网店的忠实客户。

网店装修时主要考虑的是网店的风格和布局、商品展示和浏览体验。首先，网店装修要风格统一、布局整齐。网店风格指的是网店中文字、图片及颜色的搭配，布局指的是各模块的位置安排。在风格上要注意颜色搭配协调，与企业标志的主体颜色一致，商品拍摄时模特要统一；布局安排要注意整齐大气。其次，商品展示要明确。店内商品的分类要清晰，和实体店一样，要让买家可以快速、准确地找到需要的商品。网店装修要保证易于浏览与查找商品。导航要设置各个分类、主推商品、促销活动等栏目，商品分类模块要从商品的类别、价格、新旧款等多维度进行分类，要让买家能快速方便地找到需要的商品。合理的分类与导航设计不仅能够提高商品的浏览率，而且还可以给买家带来良好的浏览体验。

5.1.2 网店装修的内容

网店页面装修设计的对象是首页、活动页及商品详情页。首页是网店的门面，可引导买家找到需要的商品，可以使买家对网店有直观的了解；首页的海报、公告能够让买家迅速获取店内的促销信息，并引导其进入活动页面。活动页通过活动海报营造促销氛围，介绍活动内容及商品，引导买家参与活动。商品详情页主要用来展示商品的具体信息，让买家对商品的基本属性、销售情况及评价信息有充分的了解。

通过千牛卖家中心或千牛工作台的"店铺管理"→"店铺装修"，可以进入"旺铺管理"页面，如图 5.1 所示。

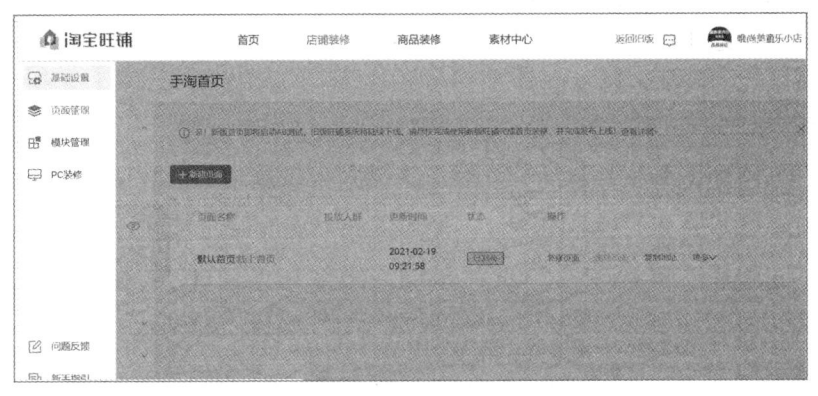

图 5.1 "旺铺管理"页面

从图 5.1 中可以看出，旺铺管理页面主要包括店铺装修、商品装修和素材中心三个功能。其中，店铺装修主要是对手机端页面和电脑端页面进行装修。由于目前手机端流量已经远远超过了电脑端，所以淘宝平台的装修也逐渐转为以手机端为重点。在页面左侧的导航区中，"基础设置"可以对手机店铺的基本信息、导航信息及分类信息进行设置；"页面管理"可以对手机端页面进行管理；"模块管理"可以对手机端模块进行管理；"PC 装修"可以对电脑端模块进行装修。商品装修主要是对店内商品的详情页进行装修以及在商品的详情页中批量投放店内活动或推荐信息。素材中心则是对店内的图片、音频及视频等素材进行管理。本章将重点对店铺装修和商品装修进行介绍。

5.1.3 网店装修的方法

网店目前主要有旺铺基础版和旺铺智能版等版本。智能版在基础版的基础上提供了更丰富的移动端装修功能和营销工具，能够提升网店的装修效率和数据化运营能力，一钻以下的卖家可以免费试用。下面主要介绍淘宝智能版的网店装修。

网店装修可以通过两种方式实现，一是购买服务市场的装修模板，二是利用系统提供的模块进行自主装修。这两种方式相比，通过模板进行装修比较简单，可以应用一些特定的样式和效果，但是需要付费，页面风格也相对固定，缺乏个性。自主装修自由灵活，可以设计个性化的页面风格，但对装修人员的要求较高，即需熟练掌握 HTML 语言和图片处理技术。

5.2 手机端页面装修

随着移动互联网的发展，淘宝网的业务逐渐向无线端倾斜，手机端作为无线端的主要载体，其网店浏览量与成交量已经远远超过了电脑端，可以说，手机端已经成为商家竞争的主要阵地。因此，手机端网店的装修比电脑端网店的装修更为重要。手机端页面的装修包括页面基础设置、页面装修和模块管理三方面的内容。

5.2.1 页面基础设置

在 5.1 所示页面中点击左侧的"基础设置"，进入店铺设置页面，如图 5.2 所示，可以对手机网店的基础信息、导航及分类进行设置。

图 5.2　店铺设置页面

"基本信息"包括店铺名称、店铺 Logo 及店铺地址，其中店铺 Logo 可在多个页面中使用，包括搜索页、店铺首页及详情页等，要求图片尺寸是 120 像素×120 像素，格式为 JPG。

"导航设置"可以对店铺商品页面的导航进行设置，默认包括"全部""新品"和"活动"三个导航，可以添加新的导航，如图 5.3 所示。

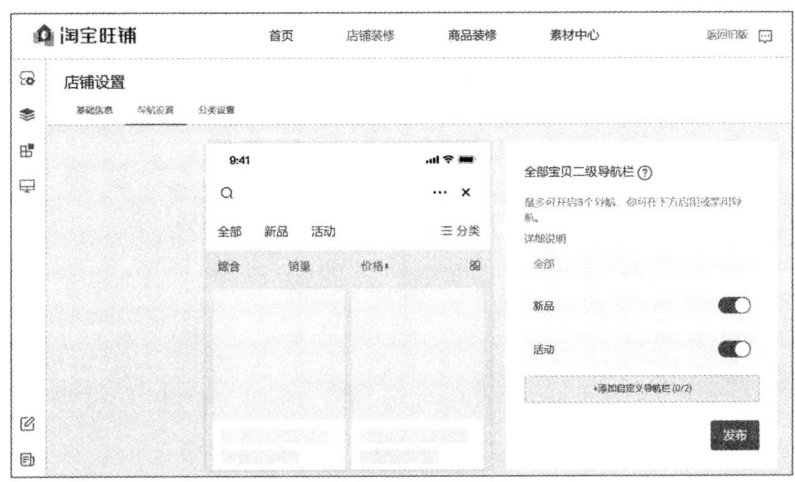

图 5.3　导航设置页面

"分类设置"可以对店铺的商品分类进行编辑，合理的商品分类有利于提升用户的浏览体验，使其快速找到需要的商品。点击"新宝贝分类页面"右侧的"装修页面"链接，即可对店铺宝贝分类页面进行设置，如图 5.4 所示。

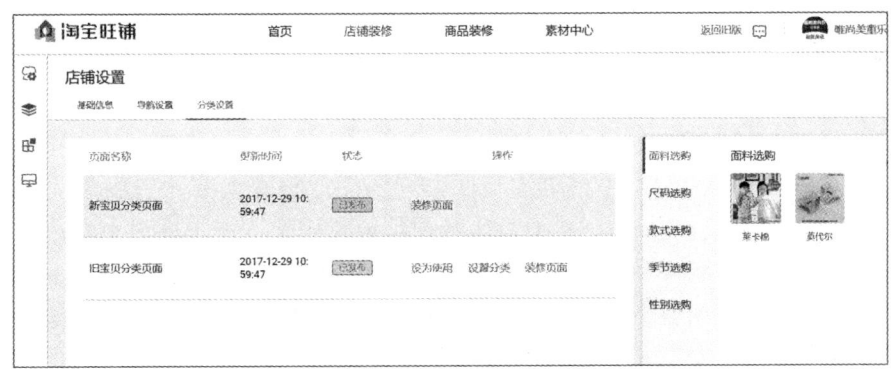

图 5.4　分类设置页面

5.2.2　页面装修

在 5.1 所示页面中点击左侧的"页面管理"，进入图 5.5 所示页面，可以对手机网店的首页、活动页、新品页、微淘页、大促承接页、店铺印象页、店铺搜索页及自定义页面进行装修。

选择要装修的页面，点击其右侧的"装修页面"即可链接到相应的装修页面。新旺铺增加了"容器"功能，页面布局（模块上下顺序）由容器来管理和控制，不同容器允许放置不同数量的模块，但具体展示哪个模块则由算法根据买家的行为偏好进行决定，从而达到对点击率、转化率的优化。

图 5.5　页面管理页面

> **小贴士**
>
> **容　器**
>
> 容器是介于模块与页面之间的一个布局管理器。在页面装修时可以将不同类型的模块分别放置到不同的容器中。比如某商家希望在主视觉位置利用千人千面技术来提升点击率，那么商家只需要在该位置放入单图海报容器，然后在容器内放置若干（目前单容器内模块数量限定在 1～10 个）单图海报模块即可，当单容器内模块数量超过 1 个，系统便会自动进行推荐和调优。

5.2.2.1　页面风格与布局

手机端页面需要注意风格统一，但是由于手机屏幕尺寸有限，网店呈现的内容一定要简洁明了，文字信息要尽量少，以图为主。此外，色彩要尽量采用相对鲜亮的颜色，否则显示不清晰会影响买家的浏览体验。

手机端的页面布局要注意整齐大方，一般布局结构可参考图 5.6。其中，店铺招牌位置固定，在页面最上方；海报图文用于展示店内热销、主推商品及店内促销信息；营销活动用于展示店内开展的营销活动，如送优惠券、满减、送红包等；宝贝分类导航一般用图片分类引导买家查看类目下的商品页面；宝贝分类展示则按不同类目展示商品。

图 5.6　手机端首页布局参考结构

5.2.2.2　容器与模块编辑

手机端页面装修是通过容器进行布局控制的，如图 5.7 所示。页面装修流程为：拖入容器→创建模块→放置模块→保存页面→发布页面。新版旺铺中主要有四类容器，分别是宝贝类、图文类、营销互动类和设计师，不同类别的容器内只能放置相应的模块，目前设计师容器暂未上线。

1. 宝贝类容器

宝贝类容器包括排行榜、智能宝贝推荐、系列主题宝贝和鹿班智能货架四种。

（1）排行榜，包括销量榜、收藏榜、新品榜，商品自动抓取展示并使用微详情展开榜单内全部商品。

图 5.7 手机端页面装修

（2）智能宝贝推荐，是较为常用的功能模块，方便任意组织商品集合并快速装修，支持 1~3 列不同样式并灵活组合；商品可实现个性化推荐排序。

（3）系列主题宝贝，具有主题化氛围感的宝贝展示模块，方便店铺组织商品系列及快速装修，支持横滑；主题间、商品间可实现个性化推荐排序。

（4）鹿班智能货架，利用模板自动生成模块图以展示店内指定数量的宝贝。

2. 图文类容器

图文类容器包括轮播图海报、单图海报、店铺热搜、文字标题和多热区切图五种。

（1）轮播图海报，用于图片轮播，每个图片最多允许 1 个淘宝站内自定义 URL 跳转。

（2）单图海报，即单张图片海报，允许 1 个淘宝站内自定义 URL 跳转。

（3）店铺热搜，固定样式的算法关键词模块，自动分析全网搜索关键词与店铺品类相关性并进行结果展示，快速引导用户到达关键词结果页，相比于部分店铺自行制作的关键词模块，其优势在于算法自动分析展示，结果更为准确。

（4）文字标题，用于添加文字信息。

（5）多热区切图，支持多热区链接，可以自由设计图片内容并添加链接。

3. 营销互动类容器

图文类容器包括店铺优惠券和裂变优惠券两种，能够展示商家设置的优惠券活动。

【例 5.1】对手机端店铺首页进行装修，添加"单图海报"容器和模块。

（1）将"单图海报"容器拖入首页，并选中该容器，如图 5.8 所示，点击右侧的"添加模块内容"。

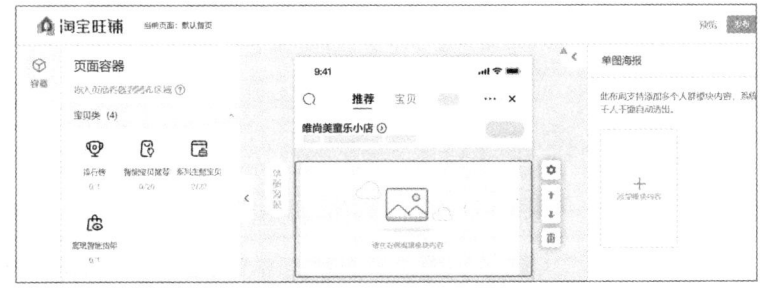

图 5.8 添加容器

（2）在弹出的窗口中（如图 5.9 所示）点击"编辑"，进入如图 5.10 所示的单图海报编辑页面。

图 5.9　单图海报选择页面

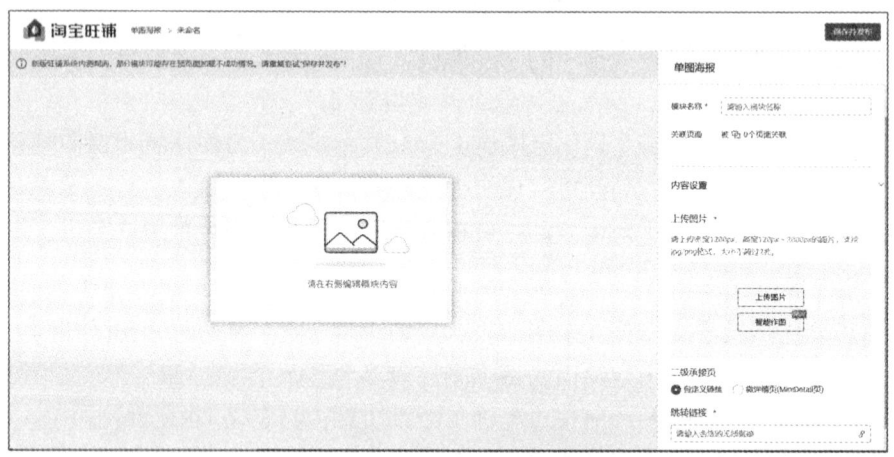

图 5.10　单图海报编辑页面

（3）输入模块名称，上传图片或利用系统提供的智能作图工具制作海报图，并且选择跳转链接，然后点击页面右上方的"保存并发布"按钮，如图 5.11 所示。

图 5.11　创建单图海报模块

（4）返回到 5.9 所示页面，勾选该单图海报模块，并确认，如图 5.12 所示。
（5）可以看到，手机端店铺首页能够展示出该单图海报，如图 5.13 所示。

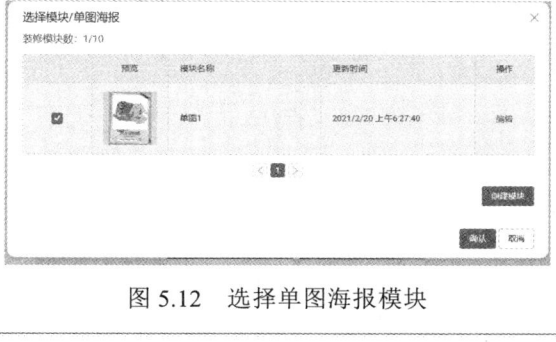

图 5.12 选择单图海报模块

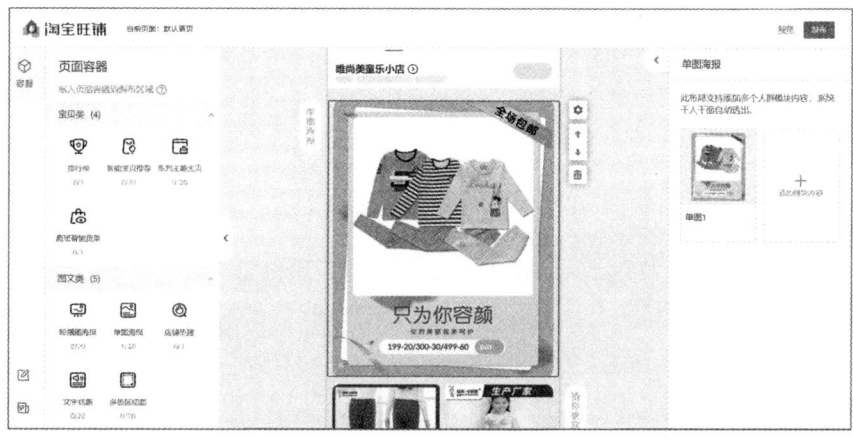

图 5.13 单图海报容器编辑页面

（6）此时单图海报容器内有一张单图海报，如果想在单图海报区域呈现千人千面的效果，可以在右侧编辑区继续添加单图海报，方法与前面相同。

5.2.3 模块管理

模块是用于实现功能、表达内容的具体载体，是构成页面的必备要素。页面装修也可以先在"模块管理"页面创建好所需要的模块，然后再在"页面管理"页面拖入容器，并选择相应模块放置在容器内，最后保存并发布页面。"模块管理"页面通过点击图 5.1 页面左侧导航栏中的第三个图标即可进入，如图 5.14 所示。

图 5.14 "模块管理"页面

在"模块管理"页面中,可以点击"创建模块"创建具体模块,也可以通过点击已创建模块上方的"预览""编辑"及"删除"按钮,对该模块进行管理。

【例 5.2】创建"多热区切图"模块,实现店铺商品的分类导航。

(1)点击"创建模块"按钮,点击"多热区切图"模块类型,并确认创建,如图 5.15 所示。

图 5.15　选择"多热区切图"模块类型

(2)进入如图 5.16 所示的模块编辑页面中,输入模块名称,在内容设置区域点击"上传图片",并在弹出的图片选择框中选择提前做好的商品分类导航图片,如图 5.17 所示。

图 5.16　模块编辑页面

(3)点击"添加热区",进入热区编辑器页面,如图 5.18 所示。

(4)改变热区大小,并移动到合适位置,将"婴童"图片及文字圈起来,如图 5.19 所示。

(5)利用链接小工具为热区添加链接,通过点击选择链接的对象为宝贝分类下的"婴童"类别,如图 5.20 所示。

(6)同样的方法为其他分类添加热区。设置好之后点击热区编辑器页面中的"完成"按钮。然后点击"保存及发布",则该模块创建完成。

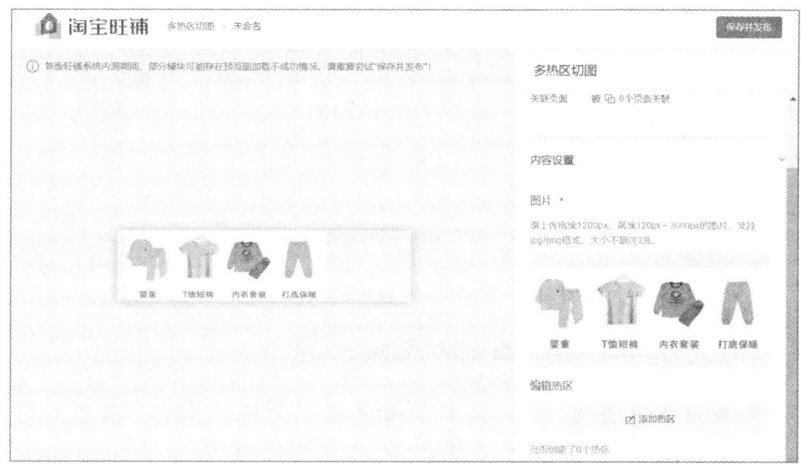

图 5.17 插入分类导航图片

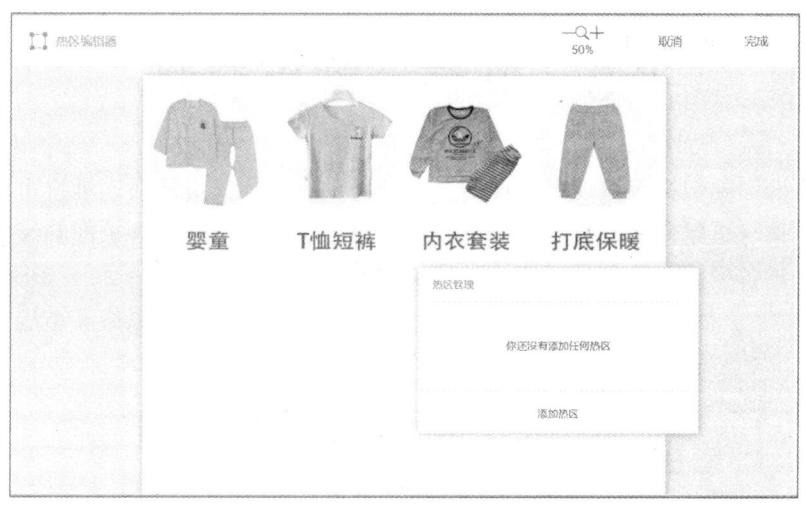

图 5.18 热区编辑器页面

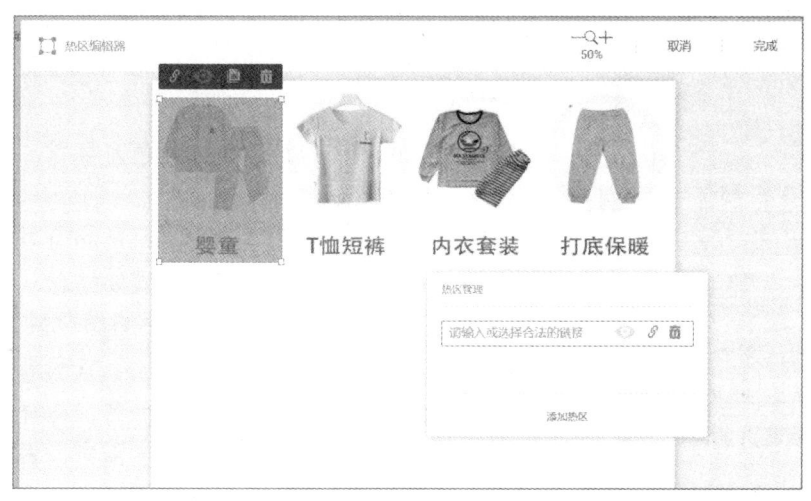

图 5.19 添加热区框

图 5.20　链接小工具

（7）若想在页面显示该模块。可以在"页面管理"页面，添加"多热区切图"容器，再将该模块置入即可。

5.3　电脑端首页装修

电脑端页面主要包括首页、商品详情页、列表页、自定义页及活动承接页等。各页面都是由页头、主体、页尾构成的，而且页头和页尾一般都是统一的。各页面的装修都是在布局的基础上，添加各模块，然后再对模块进行编辑的。

本节以首页为例，介绍页面的风格和布局设计以及主要模块区域设计。

5.3.1　首页的风格和布局设计

1. 首页的风格设计

淘宝智能版提供了丰富的网店风格，在页面装修页面左侧"配色"栏目下可以看到有 24 种风格，如图 5.21 所示。风格对于网店装修至关重要，适合的风格会强烈地影响买家的购买行为。

当为网店选择了系统默认的配色方案后，会在导航、各模块标题上应用该配色。

风格的设置和使用非常简单，但是能恰当地使用好风格需要有一定的色彩知识。风格的设置要注意以下几点：①要有统一的色彩基调；②页面上大块的颜色最好不要超过三种，作为主色调的大面积色彩要统一，其他颜色只是辅助和衬托；③色调要与自己的经营内容一致，每种色彩都有其情感特点，不同的色彩适合不同类型的网店，表 5.1 所示为色彩所代表的情感及适用网店类型。

图 5.21　电脑端页面配色方案

表 5.1　色彩所代表的情感及适用网店类型

色彩	情感	适用的网店类型
黑色	代表权威、高雅、低调、执着、冷漠、防御	高档男装、职业正装、游戏相关产品等
灰色	代表诚恳、沉稳、考究	男士用品、汽车用品、电子产品等
蓝色	代表冷静、客观、洁净	化妆品、电子产品、高科技产品等
绿色	代表青春、健康、自然、亲切、自由、平等	食品、鲜花、化妆品、儿童用品、保健品等
粉色	代表温柔、温馨、亲切	少女装、化妆品、母婴用品、家居用品等
紫色	代表神秘和尊贵	高品质的女装、工艺品、饰品等
红色	代表热情、权威、自信、古典	珠宝、化妆品、时尚用品、婚庆用品等
黄色	代表阳光、辉煌、轻快、纯净	儿童用品、装潢、家居用品等
橙色	代表明亮、华丽、健康、欢乐的情感	服装、饰品、家居用品、运动品、美食等
褐色	代表典雅、安定、沉静、平和、亲切	茶、咖啡等产品

2. 首页的布局设计

网店页面装修时，首先对网店的整体页面进行布局。页面布局首先要有条理，其次要有层次感。在页面的布局上应尽可能采取简单、层次分明的结构，以便于买家浏览商品。

首页的布局从上到下分为页头、主体和页尾三部分。页头由网店招牌和导航构成，位置在页面的最上方；主体主要由图片轮播、促销区、商品分类、搜索框、客服中心、商品展示等模块构成，其布局可以灵活调整；页尾由自定义内容模块实现，一般用于分类导航及售后服务等，位于页面底部。

在电脑端装修页面的上方可以看到"页面编辑"和"布局管理"两个按钮，如图 5.22 所示。选择要装修的页面，点击"布局管理"，可以对该页面的整体结构进行管理，也可以对现有的布局进行调整，如图 5.23 所示，从中还可以删除或者添加布局单元。可以添加的布局单元主要有三种（如图 5.24 所示），根据准备添加的功能模块的类型进行选择即可。

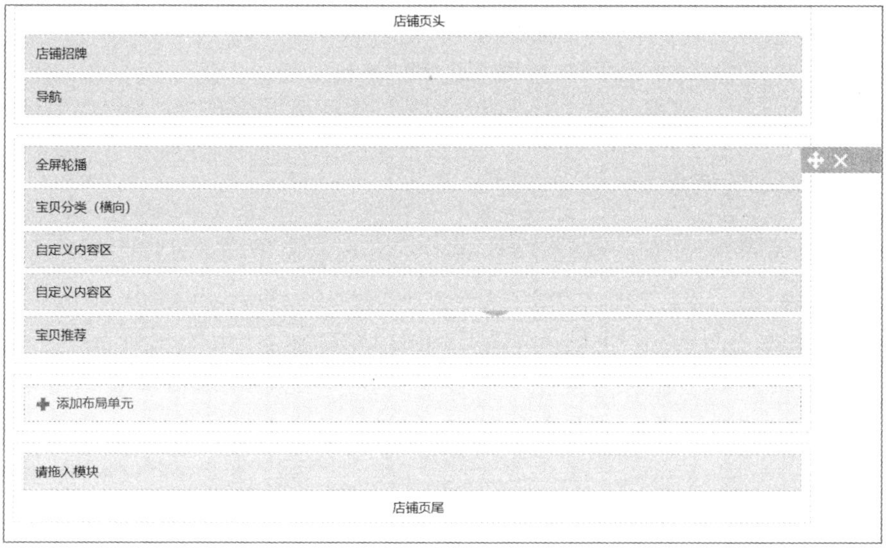

图 5.22　布局管理入口

图 5.23　布局管理界面

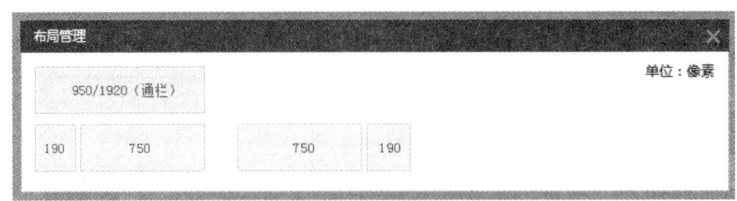

图 5.24　布局单元的类型

3. 合理安排模块的位置

页面的整体布局设计好之后，就可以将功能模块直接拖入相应的布局区域并进行编辑操作。

对于电脑端页面，装修系统提供的主要功能模块如表 5.2 所示。在实际设计中可根据需要选择具体的功能模块。

表 5.2　电脑端页面装修模块

宽度（像素）	模 块 名 称
190	宝贝推荐、宝贝排行、默认分类、个性分类、自定义区、图片轮播、友情链接、客服中心、生意参谋、无线二维码、充值中心、宝贝搜索、Flash 模块、公益广告
750	宝贝推荐、自定义区、图片轮播
950	宝贝推荐、自定义区、图片轮播、友情链接、宝贝搜索、满返、红包、购物券、小黄条、满减、Flash 模块、公益广告、网店招牌、特价专区、宝贝排行（个性化）、宝贝分类（横向）
1 920（智能版）	悬浮导航、全屏宽图、全屏轮播

一般来说，网店首页应包含以下基本模块。

（1）网店招牌。网店招牌是网店的门面，营销型的网店招牌可以在此呈现店内特色商品及热销商品的信息。

（2）导航。用于引导买家快速查看店内信息，一般作为分类展示商品的入口。

（3）图片轮播。给人以震撼的视觉效果，是促销活动的必备模块。

（4）宝贝分类。方便买家根据不同类目查看商品。

（5）宝贝搜索。为买家提供快速通道，使其搜到店内符合自己要求的商品。

（6）宝贝推荐。对店内的商品进行推荐展示。

利用系统默认装修模块制作网店首页，应用起来相对简单，但是视觉效果比较单一、呆板，在具体操作中还可以利用自定义内容区的模块，通过代码加图片的方式获得更好的效果。

5.3.2　主要模块区域设计

下面介绍店铺招牌、导航、图片轮播、促销活动区等区域的设计。

1. 店铺招牌

店铺招牌（简称"店招"）是网店首页的主要内容，用来展现网店的特色，打造网店品牌。店铺招牌应当能够让买家对网店的名称、经营范围以及商品特色一目了然。

（1）店铺招牌的尺寸。店铺页头高度为 150 像素（已包含导航），一般淘宝网店建议招牌尺寸为宽 950 像素、高 120 像素，如果招牌的高度加上导航高度刚好为 150 像素，可避免出现发布后导航被挤掉而不能显示的问题。

（2）店铺招牌编辑。店铺招牌有默认招牌、自定义招牌两种类型。默认招牌是一张背景图片，根据需要选择是否显示网店名称。背景图片可以通过选择淘宝网图片空间中的图片或本地上传图片的方式插入，最后保存即可。用这种方法添加的店铺招牌是静态的，不能添加热点实现链接引流。自定义招牌可以使用 HTML 语言编写，其中可以包含多张图片，并可以实现超链接功能等。如果自定义区内没有内容，就无法显示店铺招牌。

注意： 编辑好店铺招牌模块之后，需要发布才能在客户端显示，其他模块同样如此。

2．导航

网店导航是买家浏览网店的快捷通道，它可以帮买家从一个页面跳转到另一个页面。设置导航的目的是给买家提供清晰的指引，因此，导航内容应当保证店内商品、促销活动、优惠能被买家看到，从而提高浏览率和转化率。

导航模块可以采用系统提供的默认模块来编辑，打开导航编辑器，点击"添加"就可以添加导航内容了。导航内容一般包括"宝贝分类""页面"和"自定义链接"等，如图 5.25 所示。对设置好的内容可以进行位置调整或删除操作。

导航还可以通过层叠样式表（Cascading Style Sheets，CSS）设定样式以制作出具有丰富个性的导航条，具体方法为：在"显示设置"选项卡的输入框中输入 CSS 代码，然后点击"确定"按钮。

有些网店将导航设计在店铺招牌中，将店铺招牌高度设置为 150 像素，其中 120 像素属于店铺招牌区域，30 像素属于导航区域，之后可通过代码添加链接以实现导航功能。

导航模块默认宽度是 950 像素，如果想实现通栏效果，可以设置页头背景图片。背景图高度为 150 像素，下方高度为 30 像素的色块与导航条颜色一样，对话框的具体设置如图 5.26 所示。

图 5.25　导航设置

图 5.26　页头背景设置

3．图片轮播

图片轮播可以让网店在有限的空间内尽可能多地轮流展示商品的信息，如爆款、促销、特价等。如果没有"图片轮播"模块，可以在网店装修页面的布局管理中添加"图片轮播"或"全屏轮播"模块。图片轮播一般应当放置在首页重要的位置，如放在页面主体的顶部等。

图片轮播所用的图片一定要突出主题信息，买家更倾向于查看那些能够清楚地看到细节和获取信息的图片，要避免使用那些杂乱而没有明确主题的图片。

图片轮播除了可以通过系统自带模块来实现，也可以使用自定义内容添加代码来实现。

【例 5.3】为网店添加全屏轮播模块，展示店内主推商品的信息。

（1）从左侧拖动"全屏轮播"模块到页面中。

（2）点击"全屏轮播"模块右上角的"编辑"，打开编辑窗口，如图 5.27 所示，从中分别输入或选择图片的地址和链接地址。

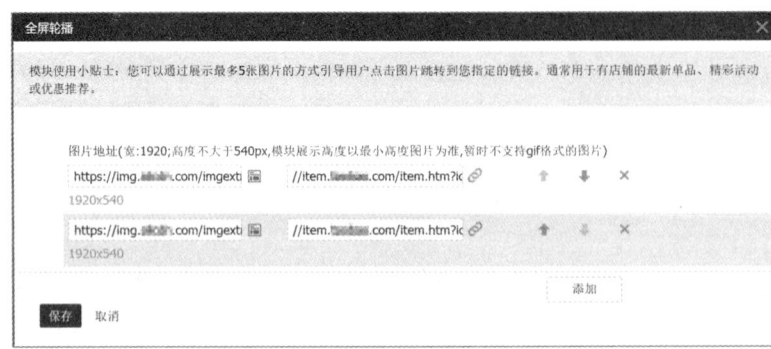

图 5.27　全屏轮播设置界面

（3）点击"保存"按钮。

4．促销活动区

店内促销活动区主要用于展示满减、包邮、红包、优惠券、抽奖等促销活动，对提升店铺流量有一定帮助。促销活动区一般放置在首页上方比较醒目的位置，能够有效地吸引浏览者的视线。

在促销活动区可以添加红包、满返、购物券等模块，这些模块必须先设置相关活动，才可以在客户端展示，否则会弹出如图 5.28 所示的提示。

图 5.28　促销活动模块

5．商品分类

商品分类也是店内指引买家浏览商品的重要途径。商品分类有竖向和横向两种形式，竖向模块尺寸为 150 像素（指宽度，下同），包括默认分类和个性化分类两种，其中，默认分类显示所有的商品分类，而个性化分类可以根据需要选择部分分类来显示。横向模块尺寸为 950 像素，如图 5.29 所示。

6．商品展示区

商品展示区主要用于展示商品，既可以通过系统自带的"宝贝推荐"等模块进行展示，也可以使用自定义内容展示。

"宝贝推荐"模块是展示商品的主要模块，将该模块拖到页面中，点击模块就可以设置推荐商品的方式。推荐方式有自动推荐和手工推荐两种方式，自动推荐可以按照排序、分类、价格、关键字等进行推荐，如图 5.30 所示。在"电脑端显示设置"选项卡中可以设置每一行展示的商品件数，一般设置为四件比较合适。

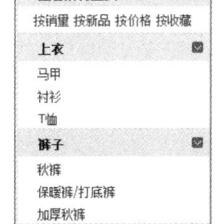

（a）竖向分类（默认分类）　　　（b）竖向分类（个性化分类）

上衣	裤子	连体衣/爬服/哈衣	儿童内衣套装	外套	内衣裤	特价区域	所有分类
马甲	秋裤	加厚款	纯棉	卫衣	背心	10—20	
衬衫	保暖裤/打底裤	薄款	莱卡	绒衫	内裤	20—50	
T恤	加厚秋裤		舒绒			50—80	

（c）横向分类

图 5.29　商品分类

通过自定义内容区也可以展示商品，其过程是利用专业网店装修工具选择商品展示模板，提供商品链接提取信息，然后生成代码，并将代码复制到自定义内容代码编辑窗口中。

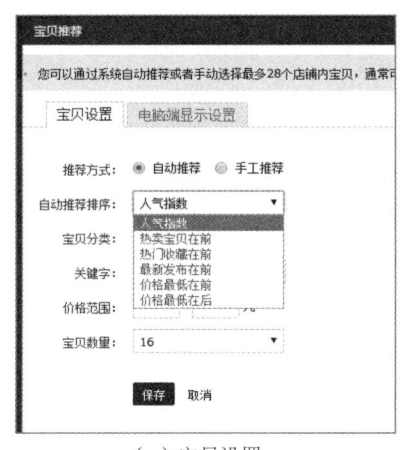

（a）宝贝设置　　　　　　　　　（b）显示设置

图 5.30　"宝贝推荐"模块的宝贝设置和显示设置

7. 页尾设计

一般要为页尾部分添加"自定义内容区"模块，卖家可以根据需要加入图片链接、公告信息、促销信息等。

5.4　商品详情装修

商品详情页是网店运营中非常重要的部分，它是买家进入网店后购买商品时一定要看的页面，商品详情页做得好不好，对商品的销售有着直接的影响。商品的详情装修主要包括单个商品详情装修、商品详情批量投放和智能详情装修三种。

5.4.1 单个商品详情装修

点击"商品装修"进入如图 5.31 所示页面,左侧导航"宝贝"所链接的页面可以对单个商品的详情进行装修,主要有商品内容管理、装修详情和上传主图视频的功能。

图 5.31　商品详情装修页面

1. 商品内容管理

商品内容管理主要包括短标题、推荐理由及图片素材管理,商品的内容主要适用于店铺内场景,包括模块的智能化装修填充、部分商品推荐流的智能透出等场景。

2. 装修详情

点击某个商品右侧的"装修详情"链接即可对当前商品的详情描述进行装修,如图 5.32 所示。装修方式可以根据商品类型选择基础模块、营销模块、行业模块和自定义模块进行添加,然后对各模块进行编辑,主要模块如图 5.33 所示。

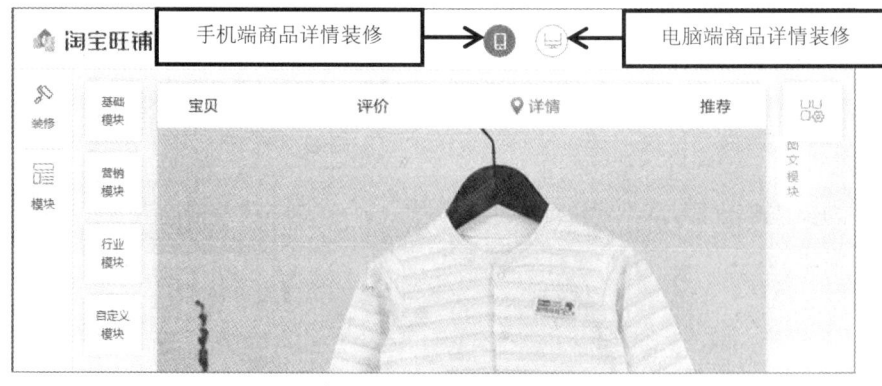

图 5.32　商品详情装修页面

这些模块的使用方法是:点击某一模块内系统自动提供的模板,该模板将出现在详情编辑区域,在右侧编辑器中可以进行替换文字或图片、增加链接等编辑操作。例如,按"行业模块"→"宝贝参数"的顺序点击(如图 5.34 所示),选择其中一款系统提供的商品参数模板,则该模板就会被添加到详情编辑区域,如图 5.35 所示。

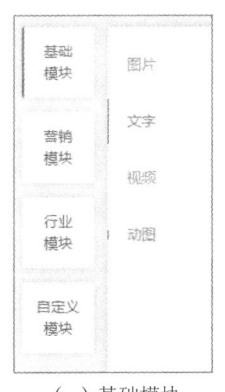
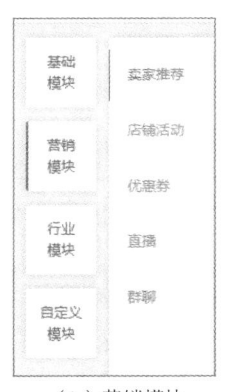
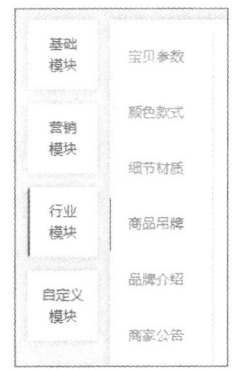

（a）基础模块　　　　　　（b）营销模块　　　　　　（c）行业模块

图 5.33　商品详情装修模块

在装修页面的中间区域为商品详情编辑区域，在该区域选中模块的某一元素会弹出相应的工具框，如选中文字会弹出文字操作工具框，可以将文字设置为粗体或斜体、修改字体及大小、复制和删除文字等；选中图片会弹出图片操作工具框，从中可以进行替换、裁剪、复制和删除图片操作；选中热链会弹出热链操作工具框，从中可以更改热链、预览热链内容、复制或删除热链。而右侧的模块设置工具可以添加链接、文字、图片等元素，也可以设置模块的高度和背景色等。

当商品详情编辑完成后，需要点击页面上方右侧的"发布"，商品详情才会更新显示。

图 5.34　宝贝参数模块

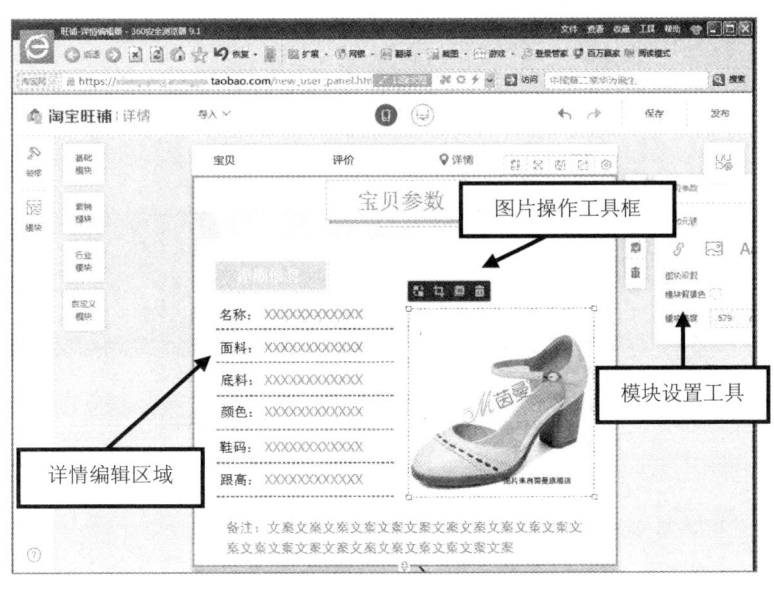

图 5.35　宝贝参数模块装修页面

3．上传主图视频

封面及视频的比例应当控制在 3∶4（画面上下不留黑），建议尺寸为 750 像素×1 000 像素及以上；视频时长为5～60秒（建议30秒左右，可优先被抓取）；视频大小为20～200M。

5.4.2 商品详情批量投放

店内许多商品详情都有共同的内容，如商家品牌、商家公告、商家营销活动等，如果每个商品都要单独制作的话，重复劳动太多，会影响工作效率，而批量投放功能就是用来解决这个问题的。其操作过程是先选择模块，然后进行投放设置，选择投放在哪些商品的详情，最后确认投放。该功能可以投放店铺活动、优惠券、店铺推荐、群聊、品牌介绍和商家公告等模块。

【例5.4】制作商品公告模块，利用批量投放功能投放在店内所有商品上。

（1）制作图片，以图片的形式描述商品的质量、色差、尺寸、退货等相关信息，并将图片上传至图片空间。

（2）在商品详情装修页面点击"批量投放"，进入相应页面，如图5.36所示，选择商家公告模块。

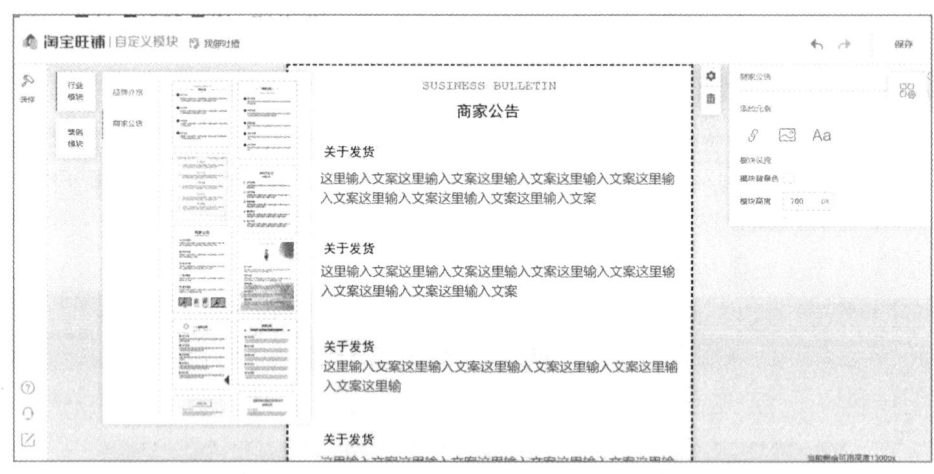

图5.36 创建商家公告模块

（3）对商家公告进行编辑，删掉文字，插入制作好的图片，如图5.37所示。

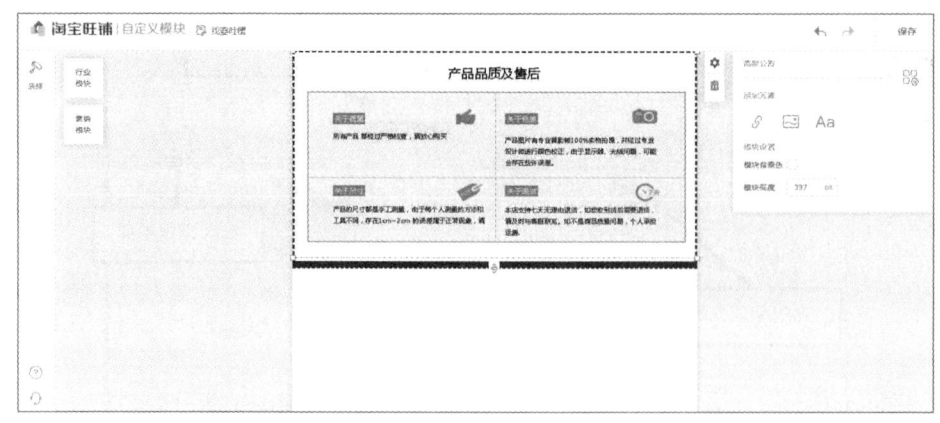

图5.37 编辑商家公告

（4）对编辑好的模块进行命名并保存，如图5.38所示。

（5）设置投放信息并选择要投放的商品，确定并投放，如图5.39所示。

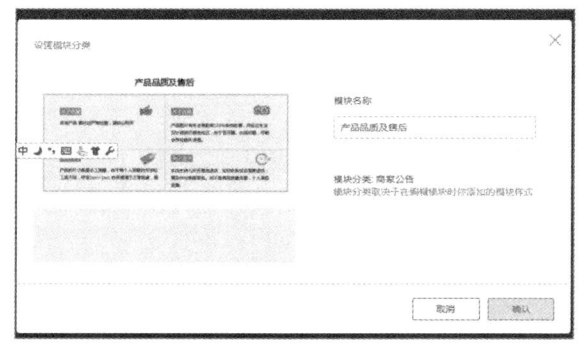

图 5.38 模块保存

图 5.39 选择要投放的商品

5.4.3 智能详情装修

智能详情装修是利用已有的详情模板和商品的图片素材自动生成商品详情图,能够快速地提高商品详情的制作效率,其基本操作过程是:点击"智能装修"→选择模板→勾选商品→上传每个商品的图片素材→预览并发布。

在选择模板时,有定制专属智能模板、空白模板和系统模板等三种类型,如图 5.40 所示。

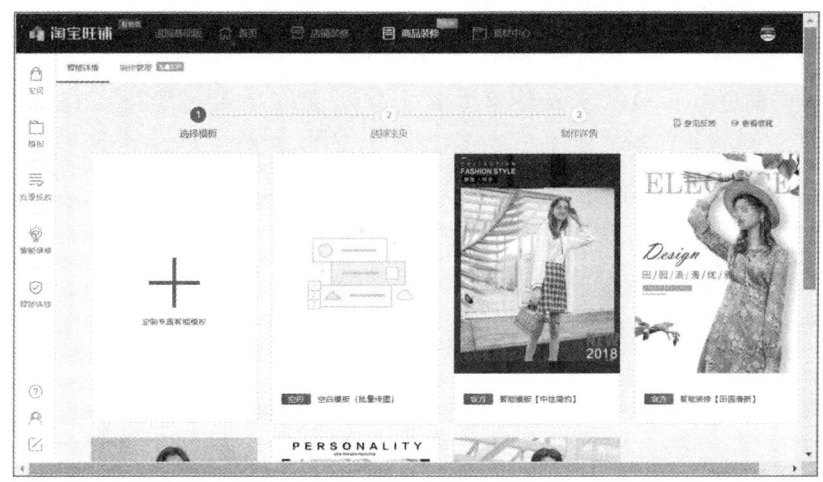

图 5.40 装修选择模板

（1）定制专属智能模板：需提前做好 PSD 格式的商品详情图，且大小控制在 60M 以内。系统会根据上传的 PSD 文件自动将其转换成系统模板。

（2）空白模板：提前准备好详情图素材图，并按照数字序号为素材图命名。系统会根据素材图序号按从小到大的顺序依次从上到下拼接成详情图。

（3）系统模板：按照系统提供的模板示例提前准备商品素材图，以获得最佳的排版效果。

本章小结

网店装修不仅是网店运营的基础，也是提升网店形象的关键。好的装修会让人赏心悦目，增加买家对网店的信任。

本章首先介绍了网店装修的基础知识，包括装修的目标、装修的内容及装修的方法等。网店装修的主要目标是体现网店风格，给买家带来良好的浏览体验，使买家对网店产生认同感和信任感，进而促进销售。网店装修主要包括手机端页面装修和电脑端页面装修，由于目前无线流量占据主要地位，所以本章着重讲解了手机端页面的装修。商品详情装修也是店铺运营的关键环节，当店内商品需要自己编辑详情时，可以通过店铺装修的"详情装修"功能来提高工作效率。

课后习题

一、名词解释

网店装修　店铺招牌　页面容器

二、单项选择题

1. 网店装修的目标不包括（　　）。
   A. 体现网店风格　　　　　　　　B. 方便买家浏览和购买
   C. 给买家带来良好的浏览体验　　D. 降低商品成本
2. 对电脑端默认商品详情页装修时，在描述信息中能够添加（　　）。
   A. 特价模块　　B. 商品推荐模块　　C. 图片轮播　　D. 自定义内容区
3. 淘宝网店电脑端页头装修可以通过（　　）实现通栏效果。
   A. 页头背景色　　B. 页头背景图片　　C. 页面背景色　　D. 页面背景图
4. 下面说法错误的是（　　）。
   A. 促销广告图不能形式大于内容
   B. 重要信息以第一主题的形式传递
   C. 促销广告图上可以放多重的主题信息，促销信息越多越吸引人
   D. 重点文字可以适当加粗，使用高对比度的色调来突出显示
5. 淘宝网店详情描述区域的宽度应为（　　）像素。
   A. 720　　　　B. 740　　　　C. 750　　　　D. 790

三、判断题

1. 电脑端网店招牌最多只能添加两个。（   ）
2. 电脑端网店招牌只能是一张图片。（   ）
3. 网店招牌和导航属于网店的页头。（   ）
4. 电脑端轮播图片尺寸必须是 950 像素×500 像素。（   ）
5. 默认商品详情页装修可以将所有商品共有的描述通过自定义内容区实现。（   ）
6. 手机端页面装修直接将模块拖入到页面进行编辑即可。（   ）

四、简答题

1. 在网店首页上如何展示商品才能够使买家的浏览体验更好？
2. 手机端页面装修的过程是怎样的？
3. 手机端页面容器的作用是什么？
4. 简述智能商品详情装修的过程。

 实训任务

实训任务一：电脑端网店装修

1. 对电脑端网店首页进行装修，添加基础模块，如店铺招牌、导航、图片轮播、营销活动、商品分类和商品推荐等，并利用"稿定设计"等辅助装修工具对其进行编辑。
2. 对各商品进行商品详情页装修。
3. 在商品详情页面批量投放店铺商品推荐。

实训任务二：手机端网店装修

1. 对手机端网店首页进行装修。
2. 在同一个容器内放置多个模块，实现千人千面。

 视野拓展

新版旺铺图片类模块尺寸要求

新版旺铺整体介绍和装修流程

页面装修：容器化的千人千面编辑器

Tab 导航升级及设置教程

第6章 网店搜索引擎优化

【知识框架】

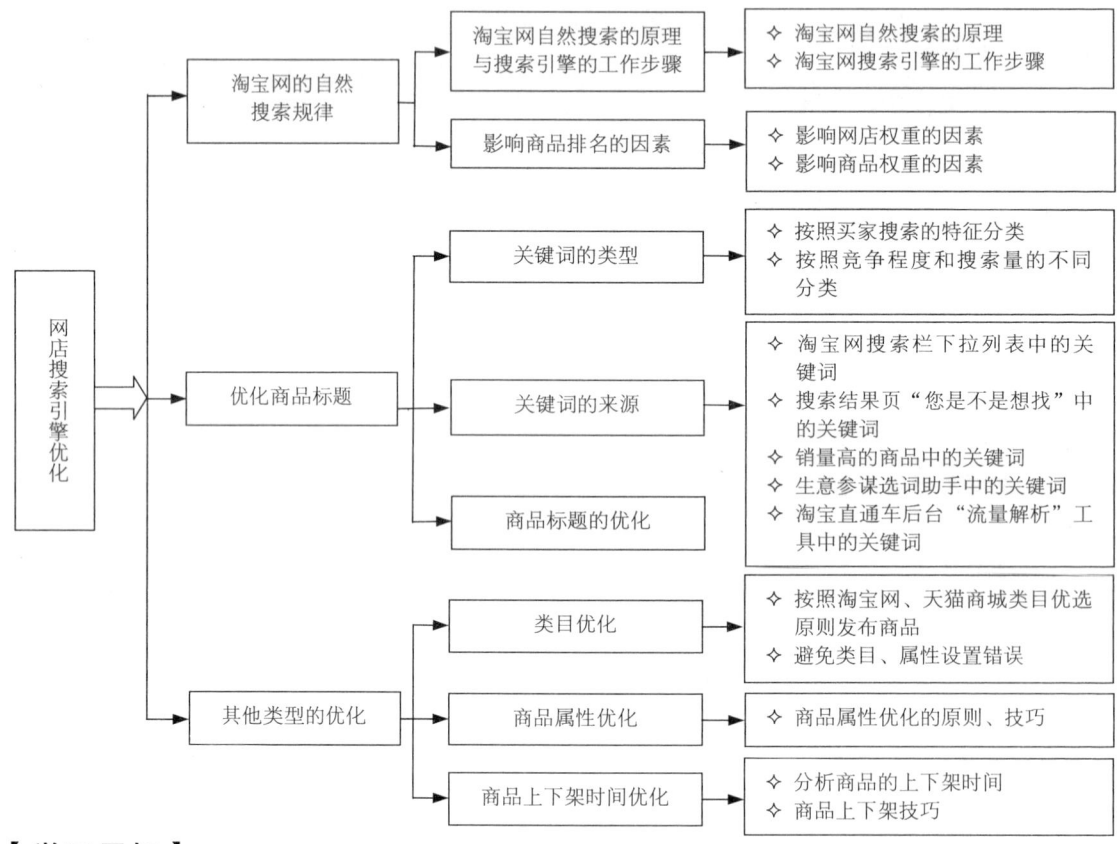

【学习目标】

1. 了解影响商品排名的因素。
2. 学会商品标题的设置与优化。
3. 学会淘宝网的类目优化、商品属性优化和商品上下架时间优化。

搜索引擎优化（Search Engine Optimization，SEO）是利用搜索引擎的搜索规则来提高网站或者网店在搜索引擎中的自然排名，以获得自然搜索流量。网站 SEO 主要是指通过站内优化（如网站结构调整、网站内容建设、网站代码优化等）及站外优化（如站外推广等），提高网站的自然搜索排名及企业产品曝光度的活动。网店 SEO 主要分为两种：第一种是网店在站外搜索引擎（如百度等）中的优化；第二种是提升网店在淘宝网内的自然搜索排名，通过优化网店商品标题、类目、属性、上下架时间等来获取较好的排名，从而获取淘宝网搜索流量。本章主要介绍第二种。搜索引擎优化对提升网店自然搜索流量起着至关重要的作用。

6.1 淘宝网的自然搜索规律

下面介绍淘宝网的自然搜索规律，影响商品排名的因素等内容。

6.1.1 淘宝网自然搜索的原理与搜索引擎的工作步骤

6.1.1.1 淘宝网自然搜索的原理

通常来说，自然搜索流量是指当买家在搜索商品时，卖家不用付费，其网店的商品自然获得的流量，其中，买家点击一次就算一次流量。一个网店能不能有长远的发展，自然搜索流量起着关键的作用，网店自然搜索流量稳定，对网店的转化率和人气会有积极的影响。淘宝网的自然搜索流量一般占据淘宝网店 30%～40%的流量入口。了解淘宝网的自然搜索原理可以帮助卖家更好地制定 SEO 策略，图 6.1 所示为淘宝网自然搜索的原理示意图，它反映了关键词自然搜索的整个流程。

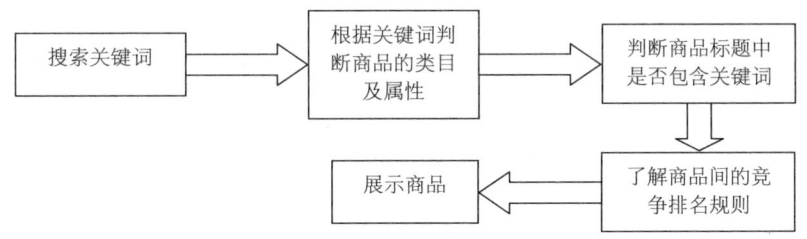

图 6.1 淘宝网自然搜索的原理示意图

从图 6.1 可以看出，商品的类目、属性和标题是最初的筛选环节，之后再进行竞争排名，从而得到最终的展现排名。

6.1.1.2 淘宝网搜索引擎的工作步骤

根据淘宝网自然搜索的原理，商品的类目、属性、标题、商品间的竞争排名规则是淘宝网自然搜索的关键，那么当买家在搜索栏中输入关键词时，淘宝网的搜索引擎是怎样工作的呢？

1. 提取关键词

当买家使用关键词进行搜索时，搜索引擎工作的第一步是"猜"，即"猜"买家到底想要搜索什么结果，然后把结果提取并推荐出来。例如，买家输入"牛仔裤"，搜索引擎会按照商品的排名等条件，罗列出与关键词"牛仔裤"相关的关键词，如牛仔外套、牛仔女、牛仔裙、牛仔外套女、牛仔连衣裙等，图 6.2 所示的"您是不是想找"后罗列的就是与"牛仔裤"有关的关键词。

我们可以发现，搜索引擎搜索出来的商品共有 100 页，每页展现 48 件商品，共 4 800 件商品，这些商品都是从淘宝网筛选出来的，其实买家搜索出的商品远远大于 4 800 件，而淘宝网买家一般只会翻看前几页，所以抢占一个好的排名非常重要。

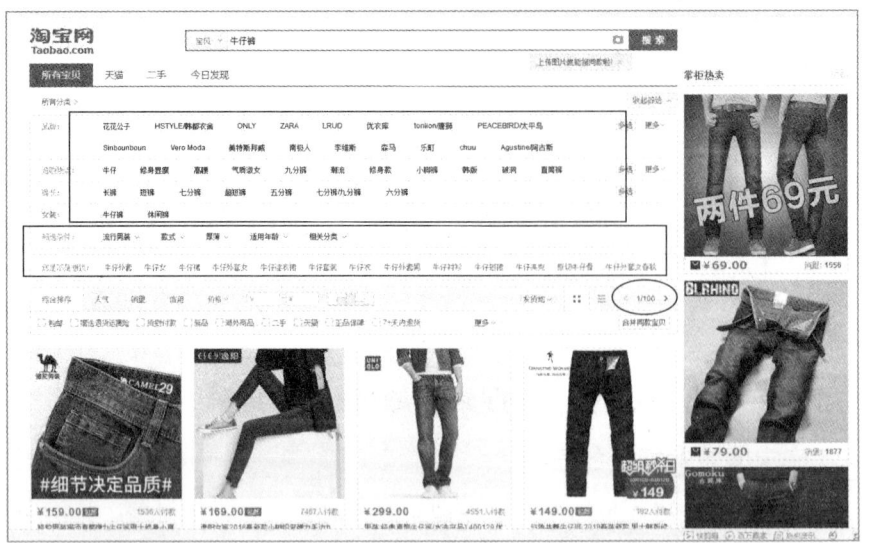

图 6.2 在淘宝网搜索关键词"牛仔裤"的结果

在这个过程中,淘宝网搜索引擎对买家输入关键词的"猜"可以分为三个阶段。

(1)匹配关键词。淘宝网搜索引擎"猜"买家输入的关键词并非毫无根据,而是对买家在某个时间段内搜索关键词的行为进行记录和概率统计的结果,从而"猜出"买家想要什么。比如,买家输入"小米",搜索引擎会猜出买家可能想要一部小米手机,而不是可食用的小米,从而将小米手机推荐给买家。

(2)匹配类目。淘宝网搜索引擎会对提取出来的商品进行类目匹配。比如,买家搜"牛仔裤"时,就会展现出"品牌""选购热点""裤长""女装"等分类,从而便于买家进一步根据类目筛选要找的商品,如图 6.2 所示。

(3)个性化推荐。淘宝网的个性化搜索一般是根据买家上网时留下的痕迹,从而去判断买家的本次搜索倾向于要找什么样商品的。例如,通过分析买家曾经买过哪些商品、把哪些商品放入了购物车、收藏过什么商品或网店等,去判断买家本次搜索会倾向于要什么样的商品。

可见,淘宝网上看到的商品标题在很大程度上是给搜索引擎"看"的,从而让系统"猜"出这就是搜索某关键词的买家真正需要的商品。

 小贴士

淘宝网 SEO 筛选的步骤

淘宝网筛选的过程分为六个步骤:①相关性筛选(类目相关、属性相关、标题相关和店铺相关,不相关的商品会被直接屏蔽);②违规过滤(虚假交易、重复铺货、SKU 违规等其他违规,有过违规行为的商品会被直接屏蔽);③优质网店筛选(优先选择权重高的网店);④优质商品筛选(优先展示权重高的商品);⑤下架筛选(当淘宝网将很多优质商品筛选出来之后,会按照下架时间来排序,越临近下架的宝贝权重越高);⑥个性化推荐(根据买家上网时留下的痕迹,判断其本次搜索会倾向于购买什么样的商品)。

---

2. 商品排序

淘宝网搜索排名越靠前的商品,获得的展示机会就越多,得到的流量也就越多。为了给众多商品排出顺序，搜索引擎就需要进行一番计算。一般来说，淘宝网搜索引擎主要考虑商品综合权重的分值，商品的综合权重又分为两个方面：一是网店权重，通常情况下，影响网店权重的因素有旺旺在线时长、店铺层级、店铺动态评分、信用、跳出率、动销率、滞销率、退款纠纷率、降权、回头客、消费者保障服务等；二是商品权重，一般影响商品权重的因素有关键词匹配、商品属性的完整度和准确率、商品主图和详情、点击率、转化率、销量、评价、收藏率、加购率、下架时间等。图 6.3 所示为商品的综合权重。

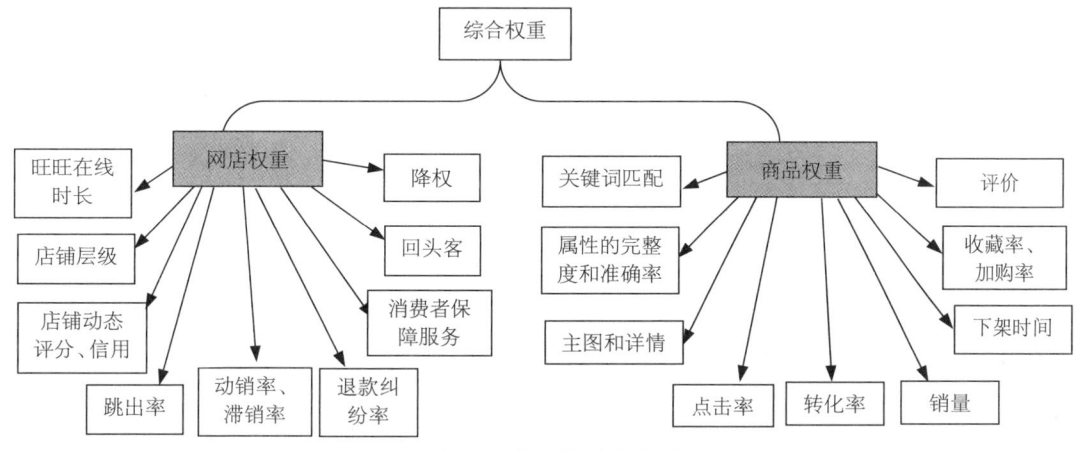

图 6.3　商品的综合权重

> **小贴士**
>
> **权　重**
>
> 权重是一个相对的概念，是针对某一指标而言的。某一指标的权重是指该指标在整体评价中的相对重要程度。权重是指要从若干评价指标中分出轻重来，一组评价指标体系相对应的权重就组成了权重体系。某淘宝网店的权重较高，说明淘宝网对该网店的评价较高，就有可能将该网店排到搜索页面的前面；某商品的权重较高，说明淘宝网对该商品的评价较高，就有可能将该商品排到搜索页面的前面。一般来说，淘宝网搜索引擎排序时主要考虑的是商品综合权重（网店权重与商品权重的综合）的分值。
>
> **影响搜索权重的因素**
>
> 搜索权重主要受三个因素的影响：停留时间的长短、有无跳出和有无上下浏览。简单来说，就是一个访客进来之后是否会把对商品的描述浏览完，然后点击这个页面上的任何一个链接，包括购买商品、收藏首页或者其他商品等。停留时间过短就关闭、没有上下浏览的行为、商品描述的图片未被打开、看了该页面就直接关闭，都会被淘宝视为该商品的页面不吸引人。

6.1.2　影响商品排名的因素

影响商品排名的因素主要有影响网店权重的因素和影响商品权重的因素两方面。

6.1.2.1　影响网店权重的因素

1. 旺旺在线时长

保持旺旺时时在线是非常重要的，在淘宝网搜索时，位于前几页

的网店其旺旺几乎始终保持在线。旺旺在线和旺旺的回复响应时间都是影响搜索排名的因素。当然，如果卖家实在太忙，可以给旺旺设置一个自动回复，作为一种快速响应。

2. 店铺层级

店铺层级是淘宝网根据卖家最近30天的支付宝成交金额计算的层级，从生意参谋首页可以看到店铺层级，如图6.4所示。可以看到下个层级需要多少金额才可以达到，比如该网店目前在第一层级，要达到到第二层级就必须月销售额达到3.2万元。店铺层级越高得到的流量就越多，店铺层级又分淘宝店铺层级和天猫店铺层级。

图 6.4　店铺层级

3. 店铺动态评分、信用

店铺动态评分主要包括宝贝与描述相符、卖家的服务态度和物流服务的质量三项指标。淘宝将店铺动态评分与同行业的平均水平相比较，超过平均水平权重就会高，低于平均水平权重就会低。

淘宝卖家店铺的等级是根据买家评价而得出的，每得到一个"好评"就能够积累信用分1分，中评不得分，差评扣1分。店铺信用等级越高，越有利于搜索排名。

4. 跳出率

跳出率是指买家浏览了首页就离开的访问量与总访问量的比率。淘宝网根据买家在网店的停留时间和跳出率来判断商品描述是否吸引人，买家停留时间越长、在网店中浏览的页面越多、跳出率就越低，就越有利于提高搜索排名。

5. 全店动销率、滞销率

全店动销率是指在一定周期内有销量的商品数量与全部上架销售的商品数量的比值。一般以30天为一个周期，比如卖家有10件商品，30天内有6件商品卖出，那么动销率就是60%。

滞销商品是指在最近90天之内，无编辑、无浏览、无成交的商品，滞销商品虽然一直显示为上架状态，但是永远不会被买家搜索到。滞销率为滞销商品与全部上架销售的商品数量的比值。滞销商品越多，滞销率就越高，网店的权重也就越低。登录淘宝千牛卖家中心，选择"宝贝管理"→"体检中心"→"滞销商品"（如图6.5所示），点击"立即查看"即能看到网店内哪些商品为滞销商品。

图 6.5　查看滞销商品

一般来说，卖家如果能够做到在7天之内每种商品都至少有一笔销量，网店的动销率就会提高，对增加网店的权重也越有利。通常情况下，对网店而言，动销率为80%是及格线，90%是优秀，100%为最好。建议卖家将滞销商品进行重新编辑或下架，以便提升网店的权重。

6. 退款纠纷率

退款率是指30天内成功退款笔数占支付宝成交笔数的比例。退款纠纷是指买卖双方未自行协商达成协议，由淘宝网介入并且判定为支持买家及维权成立的维权笔数总和。退款纠纷率是指30天内纠纷退款笔数占支付宝成交笔数的比例。

退款率和纠纷率是判断商品质量和服务质量的重要指标，退款率比同行高的网店，排名会降低，而有纠纷或纠纷率高的网店，会被淘宝网做降权处理。

  小贴士

卖家可以进入淘宝网的体验中心，对自己的网店和商品进行细致的检查，诊断网店存在的问题，包括商品是否被降权、被屏蔽，是否有待搜索优化的商品等。

7. 降权

当淘宝网判断网店出现违规行为时，会对网店进行降权处理，因此卖家要熟知淘宝网的规则，避免出现违规行为。被降权的主要原因有炒作信用、故意堆砌关键词、重复铺货、邮费做假等。目前最长的降权时间是从最后一次不规范的操作开始计算，30天左右结束降权。

 小贴士

淘宝网搜索引擎处罚的重点

网店违规就会被降权，一旦被降权，就意味着之前的努力付之东流，网店使用淘宝网搜索引擎时同样不能违规。淘宝网搜索引擎有12个处罚重点，分别是：商品超低价格、商品超高的邮费、网店偷换商品、商品标题滥用、商品描述不符、上架违规商品、重复铺货、广告商品、商品错放类目、同一商品放在不同的类目、虚假交易、SKU（属性类）作弊。

淘宝网搜索引擎的12个处罚重点详解

8. 回头客

回头客越多的网店，排名会越靠前。同理，商品复购率越高的网店，排名也会越靠前。

9. 消费者保障服务

淘宝网的消费者保障是指卖家通过淘宝网发布商品信息并向买家出售商品时，根据消费者保障协议约定的条款和条件及淘宝网其他公示规则的规定，应履行商品如实描述、7天无理由退货、其他保障义务等消费者保障服务义务。网店加入消费者保障服务要交纳一定的保证金，卖家支付宝账户上的这部分资金将被冻结。是否加入消费者保障服务会影响店铺商品的排名。登录千牛卖家中心，选择左侧的"淘宝服务"，点击"消费者保障服务"，按照提示的步骤进行操作即可加入；如果想加入更多的淘宝服务，可点击"加入服务"进行设置，如图6.6所示。

图6.6　加入消费者保障服务

6.1.2.2　影响商品权重的因素

1. 标题关键词的匹配性

一般来说，淘宝网中商品的标题关键词要使用该商品所在类目下的热搜关键词，同时，商品的详细描述中最好也包括热搜关键词，这样更有利于提升搜索排名，图 6.7 所示为商品详情描述中的热搜关键词。

图 6.7　商品详情描述中的热搜关键词

>
> **小贴士**
> **排名规则中的相关性**
> 淘宝网的商品排名规则中，相关性是最基本的规则，简单来说，相关性就是商品和搜索的关键词是否相关。相关性主要可以分为类目相关、属性相关和标题相关三个方面。相关性不仅影响"所有排名"，还会影响"人气排名"。

2. 属性的完整度和准确度

淘宝网卖家在填写商品属性时，必须尽量完整且定位准确。尽量完整是指尽量按照淘宝网中列举的条目填写完整；定位准确是指描述商品的类目和属性时必须准确，如平底鞋，必须填写为平底鞋，不能写成高跟鞋等，否则容易被淘宝网进行降权处理。

3. 主图和详情

商品主图应该真实反映商品最直观的部分，要避免让过多的文字、图片掩盖商品的真实面貌，要努力让买家通过商品主图了解商品的细节。为了更好地提升买家的搜索购物体验，淘宝网搜索引擎会将质量较差的主图进行流量限制。

如果商品主图能在第一时间吸引买家的注意力，商品详情又能给买家提供与商品本身密切相关的信息，就能提高商品的购买转化率。一般而言，商品详情对商品自然排名的影响主要体现在转化率、跳出率和访问时间等方面，如果这些指标均表现优秀，那么淘宝网搜索引擎会认为商品的主图和详情比较符合买家的需求，从而增大其权重。

4. 点击率

点击率是指商品被点击的次数与被显示次数之比。新品上架后的随机展示概率是相似的，在固有的展示次数里，如果点击率高，则表示该商品的标题和图片的搭配比较合理，能够获得不错的关注度，淘宝网则会继续增加该商品的展示机会，反之，商品的点击率过低可能会被降低排名。

小贴士
影响商品权重的因素

5. 转化率

转化率是指进店的所有访客中成功交易的人数所占的比例，也是商品能否得到买家认可的一种体现。一般来说，转化率高的商品，商品特点描述详细、商品展示图片清晰，并符合买家的实际需求，买家信任度也较高，淘宝网将对这类商品的排名进行提升。对于转化率过高的商品，为了鉴别真伪，将对其进行人工审核，审核合格则给予提升排名的处理，但如果被发现存在刷信誉、刷单等情形，则会被做降权处理。

6. 交易量

交易量分为商品总交易量和最近30天的交易量，搜索引擎会以最近30天的交易量作为参考。交易量越大，商品的权重越大。

7. 评价

买家对商品的评价对商品在淘宝网的排名有影响。淘宝评价的内容字数、淘宝评价有没有追评、追评的字数、淘宝评价有没有晒图等都会影响排名。

8. 收藏率、加购率

收藏量和加购量从侧面反映了网店或商品的受欢迎程度。收藏率是收藏人数与访客数的比值；加购率是将商品加入购物车的人数与访客数的比值。淘宝收藏率和加购率的提升，意味着网店转化率有提升的潜在动力，也会提升网店或商品的排名。

9. 上下架时间

在淘宝网，商品即将下架时会获得排名提升和更多的展示机会，这就是为什么要慎重设置商品上下架时间的原因。不同商品上架要分时段，这样才可以保证商品在一天的不同时段都有展示。在交易高峰时段，卖家最好能在线提供服务。一般情况下，一天中淘宝网的交易高峰有三个时间段：9：00—12：00，14：00—17：00，20：00—22：00。

 小贴士

淘宝网的"千人千面"

根据淘宝网的"千人千面"排名算法，不同的买家搜索同样的关键词展现的商品排名是不一样的，一般第一名的位置是不变的，其他的商品排名都会针对不同的人群进行匹配，卖家可以利用这个机制，找出商品的对应人群，进行商品优化。

6.2 优化商品标题

6.2.1 关键词的类型

商品标题一般是由若干关键词组合而成的，长度最多为30个汉字、60个字符。商品标题优化的目的是使之符合买家的搜索习惯，同时也是为了增加被搜索的概率，卖家可以尽可能地组合各种与商品相符的长尾关键词。根据不同的分类法，关键词可以分为不同类型。

6.2.1.1 按照买家搜索的特征分类

按照买家搜索的特征，淘宝网的关键词可以分为如下几类。

1. 核心关键词

核心关键词是指商品的名称或俗称。在商品有多种习惯称呼的情况下，可以多设几个核心关键词，以满足更多人的搜索需求。例如，马铃薯、土豆、洋芋、potato 指的是同一种食物,卖家就可以选择里面最常用的 1~2 个习惯称呼作为该商品的核心关键词。

核心关键词也可分为精准核心关键词和模糊核心关键词。比如,"牛肉干"就是一个精准核心关键词,而牛肉干属于零食,"零食"就属于一个模糊核心关键词。如果某商品的可选关键词比较少,那么商品标题就可以兼有精准核心关键词和模糊核心关键词;如果商品的可选关键词比较多,那么建议多采用精准核心关键词。

2. 属性关键词

属性关键词是指商品的风格、材质及颜色等与属性相关的词语。例如,对于服装来说,风格属性关键词包括"淑女""校园""韩版"等,材质属性关键词包括"纯棉""蚕丝"等。非标品行业会经常使用风格属性关键词,而标品行业则更多使用材质属性关键词。

 小贴士

标品与非标品

在淘宝网中,标品是指有明确规格和型号的产品。例如,某品牌手机有很多种型号,每个型号下又有根据内存容量划分的不同子型号。

非标品是指无法进行规格化分类的产品,即产品没有明确的型号区分。例如,女装有不同的风格和款式,根据季节还有不同的类型;又如,对于腊肉来说,无法界定其型号,也无法根据其口感是辣或不辣、产地是湘西或娄底等来分类,因此腊肉没有明确的分类,也就没有明确的型号。

3. 促销关键词

促销关键词是指关于清仓、折扣、甩卖、赠礼等活动信息的关键词,这类关键词往往最容易吸引买家购买。因此,卖家经常推出各种促销活动,并将"特价""清仓""打折""大降价"等关键词体现在商品标题中,从而能够有效地吸引更多人的关注,提高商品和网店的浏览量。

4. 品牌关键词

如果卖家自己的品牌或者代理的品牌有足够的影响力,那么可以在商品标题中加入品牌关键词。品牌分为商品品牌和网店品牌,增加商品品牌关键词可以为买家提供更精确的搜索信息,而增加网店品牌关键词可以为买家提供一个具体、可记忆、便于查找的网店品牌,对于提高网店知名度和打造品牌都有现实的意义和显著的效果。

5. 人群关键词

人群关键词是指商品销售中针对的目标人群,如"老人""小孩""青年""女性"等关键词。人群关键词经常在一些面向人群比较具体的商品中使用,如帽子、内衣等。

6. 功能(功效)关键词

功能(功效)关键词是指描述商品的实际用处或效果的关键词。这类关键词包括"美白""增高""显瘦""保温""保鲜"等,一般在化妆品类商品中使用较多。还有一些功能性比较强的标品也经常使用功能(功效)关键词,如保温杯、空调、保鲜饭盒等商品。功能(功效)关键词在这类商品中属于必加词。

6.2.1.2 按照竞争程度和搜索量的不同分类

按照竞争程度和搜索量的不同，淘宝网的关键词可以分为顶级关键词、二级关键词和长尾关键词。

1. 顶级关键词

顶级关键词是对商品的基本描述，如女装、男装、鞋靴、箱包、连衣裙、羽绒服、笔记本电脑等类目，其名称本身即为顶级关键词。这类关键词搜索量非常大，但是新手卖家很难通过顶级关键词获得较多的流量。

2. 二级关键词

二级关键词是对商品属性的介绍，商品材质、颜色、风格等都属于商品属性，一般由两三个词组成，搜索量大，相当于淘宝网的下拉框中的词语（业内称之为"下拉词"，指在搜索框内输入关键词后出现的联想词），如"旅行双肩包""落地电风扇""平跟凉鞋""碎花连衣裙"等都是二级关键词。新手卖家要尽量避免直接与大卖家在二级关键词上竞争。

3. 长尾关键词

长尾关键词是指能为网店带来搜索流量的非核心关键词，一般由三个或者多个关键词组成，搜索量不大，竞争商品数量少，但是可以给网店带来较大的流量，如"夏季平跟凉鞋""书包中学生男""女装夏装2021新款潮套装女"。长尾关键词主要通过品牌关键词、人群关键词、功能（功效）关键词、行业关键词及通用关键词进行组合。新手卖家可以采用这类关键词制作商品标题。

商品标题一般是"长尾关键词+二级关键词+顶级关键词"的组合。顶级关键词、二级关键词受销量、信用、动态评分、转化率、收藏量的影响最大。长尾关键词搜索精准度较高，卖家可以通过生意参谋等找词。小卖家在选择关键词的时候，不要一味地追求前几名高搜索量的词，可以找一些竞争小、搜索量较多的词，也就是卖家少、买家搜索较多的词，这样可以避开那些热款商品。

6.2.2 关键词的来源

关键词是描述网店商品及服务的词语，选择适当的关键词是提高网店访问量的第一步。可以通过以下途径来选择关键词。

1. 淘宝网搜索栏下拉列表中的关键词

选择关键词的一个重要技巧是选取买家在搜索时经常使用的关键词。在淘宝网首页输入商品关键词，搜索栏会自动匹配最近搜索量大的关键词，有时买家也会选择搜索下拉列表推荐的词语。例如，在搜索栏中输入"连衣裙"，会自动弹出一个下拉列表，如图6.8所示，"连衣裙"为核心关键词，"连衣裙女"为二级关键词，"连衣裙2020新款秋冬"为长尾关键词。

2. 搜索结果页"您是不是想找"中的关键词

如图6.9所示，矩形框所标记的"您是不是想找"中的选项为搜索热词，即二级关键词，卖家可以适当借鉴其中的词加以提炼，变为自己商品标题的关键词。

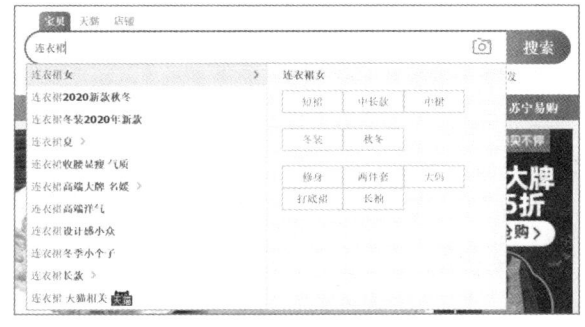

图6.8 淘宝网搜索下拉列表中的关键词

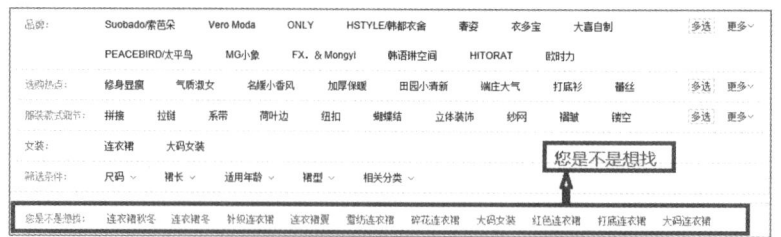

图6.9 搜索结果页"您是不是想找"中的关键词

3. 销量高的商品中的关键词

淘宝网搜索关键词时,默认是"综合"排序,可以选择"销量从高到低"排序,这样搜到的销量高的商品一般标题设置都做的比较好,可以从这些商品标题中获取关键词,如图6.10所示。

图6.10 从销量高的商品中获取关键词

4. 生意参谋选词助手中的关键词

生意参谋是卖家专用数据分析工具,可以免费订购。进入生意参谋首页后,依次点击"流量"→"选词助手"可以打开图6.11所示的页面。通过选词助手,可以帮助卖家快速查找关键词,验证和调整关键词投放策略;了解买家在店内的搜索行为,明确买家的需求;通过"行业相关搜索词",可以帮助卖家找到更多适合网店的可拓展关键词,用于调整广告投放、标题优化或品类规划。

5. 淘宝直通车后台"流量解析"工具中的关键词

进入淘宝网千牛卖家中心,点击"营销中心"→"我要推广",进入淘宝直通车,依次点击"工具"→"流量解析",在"关键词分析中"框中输入"黄小米"可以显示相关词推荐列表,如图6.12所示。

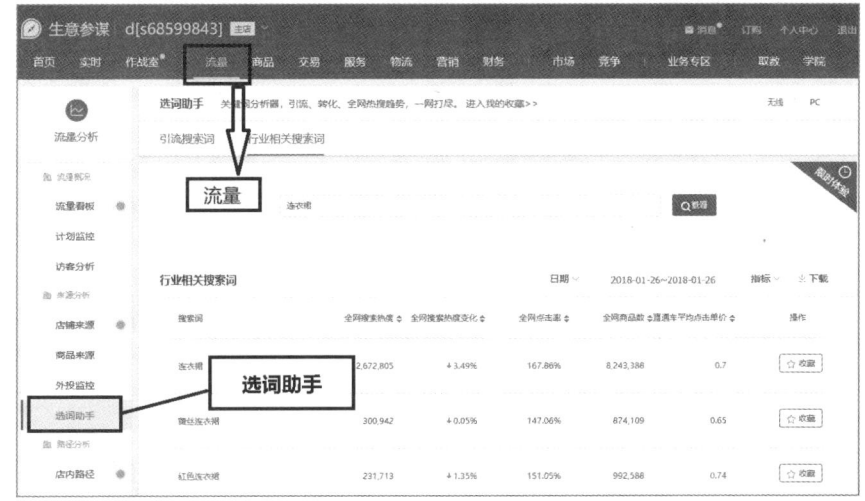

图 6.11　生意参谋选词助手中的关键词

图 6.12　淘宝直通车后台"流量解析"工具中的关键词

 小贴士

淘宝网使用关键词的相关规定

淘宝网使用关键词的相关规定为：①在标题中不能加入与商品无关的名字和功效陈述；②不能乱用与本商品无关的热推关键字；③不能使用非该商品制造或生产公司的品牌名称；④不得与其他商品和品牌相比较，不得出现贬低其他商品和品牌的词语；⑤不能在标题中使用"最高""最好"等词语进行陈述；⑥不允许任何商品在标题中添加对赠品、奖品的描述；⑦不能以任何理由在同一件商品中使用多种属性关键词；⑧不得在标题中添加未获得的授权及未提供的服务等。

6.2.3 商品标题的优化

1. 商品标题应挖掘高搜索、低竞争的长尾关键词

有时,在使用相关推荐词、系统推荐词进行搜索时,会发现有些商品的在售数量虽不多,但是搜索量却不小,这些高搜索、低竞争的关键词通常能为网店引来不少流量,所以卖家要经常主动挖掘这些长尾关键词并将其应用到商品标题优化中。

2. 商品标题应尽量突出商品的卖点

商品被买家搜索到后,如果标题中没有直观展示买家需要的信息,就无法吸引其点击,这就相当于商品虽然获得了展示的机会,却没有有效提高点击率,从而无法转化为销量。

3. 不宜频繁地修改标题

不宜频繁地修改标题,标题的变化幅度也不能太大,以每周对局部词做一次替换为宜。通过生意参谋来监控商品,重点关注的是标题中哪些关键词给网店带来了流量,哪些关键词连展现机会都没有带来,继续观察一到两周之后,就需要将没有带来展现机会的关键词删除,替换为新的关键词,将能给网店带来流量的关键词保留。对于热卖的商品,修改其标题时一定要慎重,最好不要轻易改动标题。

4. 商品标题中空格的处理和紧密排列

如果标题中要加的关键词本身带空格,那么这个空格就可以保留,如果是两个独立的关键词,我们需要将其组合到标题中,加不加空格都可以。一般情况下,一个标题中最多可以出现 2~3 个空格,这样能使标题显得紧密。

商品标题还应该注意紧密排列的原则。例如"无袖连衣裙"可以拆分为"无袖""连衣裙"两个关键词,而通常情况下,买家搜索"无袖连衣裙"时,系统会优先展现紧密排列的、关键词为"无袖连衣裙"的宝贝。

5. 要尽可能避免关键词内耗

一般来说,对于同一时间内的相同关键词,一个网店通常最多只能有两个商品排到展示的第一页,其他页面也有类似的约束。假如一家网店有 5 款连衣裙,销量接近,下架时间也比较接近,而且商品标题都包含"2021 夏季新款",那么就会出现关键词内耗,可能会有 3 件商品的展示机会被浪费。为此,卖家应挑出其中的 3 款商品,修改其标题中的关键词,不采用"2021 夏季新款",不与另外两款商品发生关键词内耗,这样会有助于获得更多的展示机会。因此,品类相同、下架时间接近、销售权重接近的多个商品,如果拥有相同的关键词,卖家应适当替换掉一些关键词,以获得更大的展示范围。

6. 制作商品标题时不可刻意追求"标准化"

制作商品标题时,应尽量让标题生动、自然一些,不可刻意追求"标准化",否则不利于为买家带来个性化的购物体验,会影响商品的转化率和复购率。

7. 标题优化应与属性优化、上下架时间优化相配合

为了达到更好的效果,标题优化应与属性优化、上下架时间优化相配合,且标题不能一成不变,应根据流量情况进行反复测试。

> **问与答**
>
> 问：商品标题中关键词位置的变动对搜索权重有影响吗？
> 答：商品标题中关键词位置的变动对搜索权重没有影响，修改标题时，可以变更关键词的位置。

6.3　其他类型的优化

6.3.1　类目优化

淘宝网、天猫商城的类目是指为适应消费人群有针对性地选购各种各样的商品而对商品作出的分类，同时也能对网店起到规范和引导作用。

淘宝网商品的搜索，大部分是通过输入关键词来进行的，还有很多买家根据商品的类目进行搜索，或者将关键词和类目两种搜索方式相结合，先用关键词找出相关商品，再通过类目做进一步的筛选。

1．按照淘宝网、天猫商城类目优选原则发布商品

淘宝网、天猫商城掌握着大量的数据，可以根据数据统计出人们在搜索某些关键词时侧重购买哪个类目下的商品；同时，淘宝网、天猫商城也能够清楚地统计出该关键词对应的商品每天在哪个类目下成交量最多，从而将该类目作为优选类目。

比如，在淘宝网、天猫商城搜索"连衣裙"关键词时，会发现搜出来的结果无论是自然搜索结果页面，还是右侧和底部的直通车商品展示，几乎都是女装，而不是童装或其他。实际上，"连衣裙"不仅属于"女装"类目，也可以属于"童装"类目，毕竟"童装"类目下也有"儿童连衣裙"。因为"女装"类目下的"连衣裙"成交量最大，所以搜索引擎会优先匹配"女装"类目，而且搜索出来的商品也全部是女装，如图6.13所示。

图 6.13　在淘宝网首页搜索"连衣裙"出现的页面

当然，如果买家希望购买"儿童连衣裙"，那么在搜索栏中搜索"儿童连衣裙"，出来的结果几乎都是"童装"类目下的商品。

再如，要发布一款孕妇连衣裙，选择类目时是应选择"孕妇装"还是"女装"呢？实际上，在淘宝网、天猫商城的搜索栏中搜索"孕妇连衣裙"时，系统推荐的第一类目是"孕妇装"下的"连衣裙"（见图6.14）。假如把"孕妇连衣裙"放在了"女装"类目下，即使商品很好，依然难以被展示。

一般而言，发布商品时，如果不确定商品属于哪个类目，可以用一个精准的关键词在搜索栏中进行搜索，然后选择系统推荐的排名第一的类目。另外，

图6.14 "孕妇连衣裙"类目的选择

商品所属的类目往往是分级的，为此，要从一级类目开始，一级一级地正确选择，确保类目层次准确、清晰。

2. 避免类目、属性设置错误

由于淘宝网的类目众多，新手卖家很可能因为搞不清楚而选错商品的类目和属性，也有部分卖家故意错放商品类目，希望以此来获取更多的流量。不管是出于哪种原因选错商品的类目或属性，都会给商品带来负面影响，甚至会被降权。

（1）类目与商品不相关。对于这种情况，最直接的影响就是在淘宝网通过商品的标题搜索时找不到该商品。

（2）属性设置有误。例如，一个卖家售卖手机，在进行商品编辑时，属性里面有多个内存选项，如设置有误，该商品就有可能被降权。

（3）类目划分不清晰。在为商品划分类目时，首先要明确商品是给谁用的，要考虑其使用的场景，以及对应的使用人群。此外，还建议卖家将商品有区别度的信息放在标题中，如商品名称、品牌号、型号等。一般来说，标题中包含的信息越多，越有利于买家进行选择。

很多卖家在选择类目的时候比较随意，没有从根本上认识到类目选择的重要性。实际上，卖家在后台上传商品的时候，类目准确度越高，商品属性填写越完善，排名就越靠前，越容易被买家精准搜索到，从而增加网店流量。

6.3.2 商品属性优化

商品属性的优化直接影响着其转化率。

6.3.2.1 属性优化的原则

（1）必须正确。写商品属性时，不能写错。

（2）必须齐全。淘宝网所给的属性栏要全部填写完整，不能空着。

（3）必须含有关键词。商品属性中一定要含有关键词，如"短裙女白色"，"短裙"和"白色"就是该属性的关键词。

> 📖 **小贴士**
>
> **正确填写商品属性的重要性**
>
> ①淘宝网、天猫商城搜索引擎调用的参数主要是标题，其次就是商品的属性；②从淘宝网首页的类目进去看到的商品，有的标题中并没有包含类目词，但同样也被展示出来，是因为商品属性中有该类目词；③淘宝网在搜索时会选取相应类目中具备某些属性的商品，然后进行排序，如果商品属性填写不完整或者填写错误，就会在按类目调用商品时被遗漏，这样就失去了按类目展示的机会。

6.3.2.2 属性优化的技巧

1. 充分了解商品特性

卖家在开始销售商品前，必须清楚地了解应该从哪些方面去分析商品的属性，在确定了自己应该发布的类目后，点击"下一步完善商品信息"（见图 6.14）进入商品发布界面，列举出对应的属性，如图 6.15 所示。卖家可根据自己对商品的了解列举属性，属性要尽量填全。

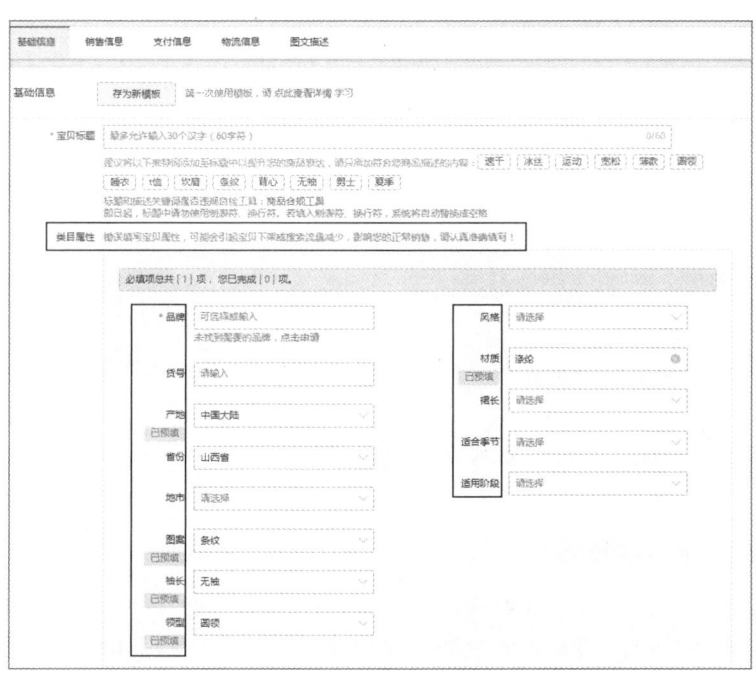

图 6.15 填写商品属性

2. 填写商品属性的技巧

（1）商品属性填写的准确程度，以及与市场的匹配程度，会影响其搜索排名的权重，从而影响访问流量。因此，淘宝网、天猫商城的卖家要努力优化商品属性。下面举例说明属性优化的技巧。

比如，发布一款孕妇连衣裙时，在其属性栏中可加入"韩版、欧美、休闲、原创设计"等风格，卖家要根据实际情况分析并选择。如果网店整体风格强调的是韩版，那么服装属性一栏可以侧重于填写韩版；如果网店没有明显的风格，只是想知道填写什么样的属性对搜索才有利，能够带来更多的流量，那么就需要进行数据分析了。比如，可以分析在淘宝网、天猫商城上搜索"孕妇连衣裙"的买家喜欢哪种服装风格。通常情况下，哪种风格被搜索得越多，就意味着在其他条件不变的情况下，哪种风格获得的流量更多。

（2）填写商品属性时，不必一味追求搜索量大的属性关键词，而是要选择适合自己商品的属性关键词。这是因为，搜索量越大的属性关键词，竞争越激烈，所以如果卖家要选择热门关键词，就要有足够的条件争取到较大的权重。相对而言，有些关键词搜索量小，竞争也不那么激烈。选用哪种属性关键词，卖家应根据市场及自己的情况来决定。

6.3.3 商品上下架时间优化

商品上下架时间是影响商品排名的因素之一，越接近下架的商品，排名越有可能靠前。对于小卖家或者新开设的网店而言，受成本和网店等级的影响，很多推广活动都无法参加，此时设置商品上下架时间就成了获取商品流量非常有效的手段。针对新品，淘宝网有流量扶持政策，新品更有可能排在前面。卖家一定要抓住上下架时间点做好网店的营销活动，提高网店的流量和转化率。

6.3.3.1 分析商品的上下架时间

1. 根据不同的消费群体分析最佳的商品上下架时间

买家在进行网络购物时，不同的消费群体会有不同的消费习惯和消费时间。通过分析某行业商品每天和每周的访问高峰，可以基本确定消费人群的主要购物时间段，从而有针对性地设置商品的上下架时间，以引入更多的有效流量。如目标消费人群为上班族的商品，其销售高峰一般是上班休息时间和下班后的时间，在这两个时间段里，商品的有效流量最多。淘宝网提供了很多经营数据分析工具，均可对买家年龄、性别、消费时间等进行分析，从这些分析工具中提取的数据即可作为商品上下架时间的依据。

2. 分析行业上下架情况与网店上下架情况

分析行业上下架情况主要是为了避开实力强劲的竞争对手，有针对性地规划商品的上下架时间。热门行业中的中小卖家在市场中的竞争力比大卖家弱，如果商品上下架时间的设置与大卖家一致，则很可能在商品下架时无法获取靠前的排名，因此通过分析大卖家的商品上下架时间，小卖家可以避开与其正面竞争。如果是竞争力较强的卖家，则可参与流量高峰期的竞争，以实现流量的最大化。

6.3.3.2 商品上下架技巧

卖家为了更多地引入流量，需要将商品的上下架时间设置为目标买家的主要消费时间段，同时要避开流量极少的时间段，除此之外，还可通过一些小技巧来优化商品的上下架时间，更好地带来流量并留住有效流量。

1. 商品上下架周期

淘宝网的商品下架周期为 7 天，即从商品上架开始计算，7 天后即为商品下架的时间，如果商品的销售情况正常，淘宝网会继续自动上架该商品。由于淘宝网卖家的数量非常庞大，同一时段下架商品数量众多，或者下架时间设置不合理，导致部分卖家就算设置了下架时间，也无法获得良好的展示机会，此时就需要优化商品的上下架时间。

例如，某卖家在周五上午 11∶30 发布了一件商品，那么到下周五的 11∶30 即为一个周期。假如自发布之日起，自然搜索每天能带来 60 个访客，那么临近下架时间时，在不考虑其他因素的情况下，该商品会优先展示在其他商品前面。当然，在实际的商品排名中，搜索引擎会综合参考各种因素，但是上下架时间因素是其中重要的一个方面。

2. 将商品上下架时间设置在流量高峰时段

一般来说，淘宝网周一、周五两天的流量最大，因此很多卖家都把商品设置在周一或周五上下架。另外，还需要了解每天目标买家上网的主要时间段，如8：00—12：00、14：00—17：00、20：00—22：00均为访问量较大的时段。当然，具体时间安排应以本行业目标消费人群的活动时间依据。

3. 商品上下架时间分布

在设置商品上下架时间时，一般以主要的引流商品为主，然后合理分配其他商品的上下架时间。注意，网店商品不要在相同或者较短的时间段内全部上下架，最好合理分布在一周中分批上下架，以使网店在一周中能保持稳定的搜索排名。

4. 将上下架时间与竞争对手错开

高峰时段的流量多，但是众多的卖家一窝蜂地选择在高峰时段上下架商品，也就意味着每家网店平均获得的流量不会很多。按照淘宝网展现规则，当关键词被搜索时，最多可以展现两个同店商品。为了让同类商品获得更多展现机会，同类商品也应进一步分开，上下架时间不要过于集中，从而获得更多的流量。同时，卖家还要分析竞争对手，比如，若本店的爆款跟竞争对手的爆款存在差距，就要主动把上下架时间和竞争对手错开，以免受到影响；若本店爆款已经是行业内的爆款，那么就要将其调整到流量最大的时间段上下架，从而获得尽可能多的流量和转化率。

一般来说，选择整点上下架商品的网店较多，如果同类商品的卖家数量众多，可能会降低商品的展示机会，因此建议避开整点上架。

注意：商品上下架时间不要轻易改动，否则会影响下架时间的权重，并会对排名有影响。因为很多类目的商品其下架时间是影响排名的重要因素，所以对下架时间的优化，也一定要在上架之前完成。

本章小结

网店的搜索引擎优化对提升网店自然搜索流量起着至关重要的作用。本章从淘宝网的自然搜索规律、优化商品标题、类目优化、属性优化、商品上下架时间优化等方面介绍了网店搜索引擎优化的相关知识，旨在让读者掌握网店搜索引擎优化的方法和技巧，有效提升网店的流量和转化率。希望读者通过本章的学习，可以有效地为网店引入流量，提升转化率，最终提升网店的销售额。

课后习题

一、名词解释

网店 SEO　跳出率　动销率　滞销率　商品权重　点击率　转化率　退款纠纷率

二、单项选择题

1. 淘宝网店的 SEO 主要是（　　　）。

　　A．淘宝网站的站内优化　　　　　　　　B．淘宝网站的站外优化

C. 网店在淘宝站内的搜索排名　　　　　D. 网店在淘宝站外搜索引擎的排名
2. 计算淘宝网店的动销率，一般是以（　　）为一个周期。
　　A. 30 天　　　　B. 90 天　　　　C. 10 天　　　　D. 60 天
3. 计算淘宝网店的滞销率，一般以（　　）为一个周期。
　　A. 30 天　　　　B. 90 天　　　　C. 10 天　　　　D. 60 天
4. 新手卖家最好选择（　　）关键词。
　　A. 顶级关键词　　B. 二级关键词　　C. 长尾关键词　　D. 类目关键词
5. 一般来说，对于相同时间内相同的关键词，一个网店通常最多有（　　）商品能被搜索到。
　　A. 不固定　　　　B. 1 件　　　　C. 2 件　　　　D. 3 件
6. 退款纠纷率是指（　　）内退款纠纷笔数占支付宝成交笔数的比例。
　　A. 30 天　　　　B. 90 天　　　　C. 10 天　　　　D. 60 天
7. 商品下架周期为（　　）。
　　A. 7 天　　　　B. 14 天　　　　C. 30 天　　　　D. 90 天
8. 下面的关键词中，属于"二级关键词"的为（　　）。
　　A. 凉鞋　　　　　　　　　　　　　B. 平跟凉鞋
　　C. 平跟凉鞋女夏季新款　　　　　　D. 平跟凉鞋女夏 2018 新款

三、多项选择题

1. 淘宝网的 SEO 应主要优化（　　）。
　　A. 类目　　　B. 商品上下架时间　　C. 标题　　　D. 属性
2. 淘宝排名规则中的"相关性"主要包括（　　）三个方面。
　　A. 类目相关　　B. 属性相关　　C. 标题相关　　D. 图片相关
3. （　　）对搜索权重是有帮助的。
　　A. 停留时间长　　B. 无跳出　　C. 上下浏览　　D. 快速浏览
4. 影响网店权重的因素有（　　）
　　A. 跳出率　　B. 买家保障　　C. 回头客　　D. 店铺动态评分
5. 下面的关键词中，属于"长尾关键词"的为（　　）。
　　A. 凉鞋　　　　　　　　　　　　　B. 平跟凉鞋
　　C. 平跟凉鞋女夏季新款　　　　　　D. 平跟凉鞋女夏 2018 新款

四、判断题

1. 优化商品标题时，不宜频繁地修改标题，变化幅度也不能太大。（　　）
2. 商品标题中关键词位置的变动对搜索权重有影响。（　　）
3. 新手卖家可以通过顶级关键词获得较多的流量。（　　）
4. 动销率 60% 就是及格线。（　　）
5. 编写商品标题时，要尽量追求"标准化"。（　　）
6. 商品标题中某一个关键词带空格和用文字隔开的效果是一样的。（　　）
7. 淘宝网店做促销时，可以在商品标题中添加对赠品、奖品的描述。（　　）
8. 很多卖家在选择类目时，如果不知道该放在哪个类目，可选择"其他"类目凑合使用。（　　）

9. 填写商品属性时,不必一味追求搜索量大的属性关键词,卖家要选择适合自己商品的属性关键词。(   )

10. 越接近下架时间的商品,排名越有可能靠前。(   )

11. 网店的多种商品可以在相同或者较短的时间段内上架。(   )

12. 商品上下架时间不能轻易改动。(   )

五、简答题

1. 简述淘宝搜索引擎的工作原理。
2. 影响网店权重和商品权重的因素分别有哪些?
3. 你如何理解上下架时间对商品排名的影响?简述优化商品上下架时间的技巧。
4. 淘宝网 SEO 的筛选共分为哪几步?分别是什么?
5. 淘宝网搜索引擎包括哪些处罚重点?请对其进行简要分析。

实训任务

实训任务一: 分析影响商品排名的因素

在淘宝网搜索自己网店中的商品,然后回答下面的问题。

1. 如果有的商品搜不到,请分析其原因。
2. 如果有的商品能搜到,但排名靠后,请分析其原因。

实训任务二: 商品标题的优化

1. 为自己淘宝网店的某一商品编写有利于在淘宝网搜索的标题,并能灵活组合三种级别的关键词,并说明标题中每一个关键词的类型。
2. 用生意参谋或其他查找关键词的工具或方法,查找上面编写的商品标题中的每一个关键词,说明关键词选择是否合理,如果不合理应该如何优化。

实训任务三: 类目优化与属性优化

1. 查找自己的淘宝网店中的某一款商品,分析类目放置是否合理,如果不合理应该如何优化。
2. 在淘宝网发布"孕妇连衣裙"商品,分析为什么不能选择"连衣裙"类目发布,应该选择怎样的类目发布。用截图的方法来分析说明。
3. 如果要发布"孕妇连衣裙",应该如何选择属性(用截图的方式表示)?请说明为什么这样选择。

视野拓展

如何提高淘宝搜索排名

如何用内容营销来驱动长尾词 SEO 优化

标题优化的超级法则

第7章 网店推广和营销

【知识框架】

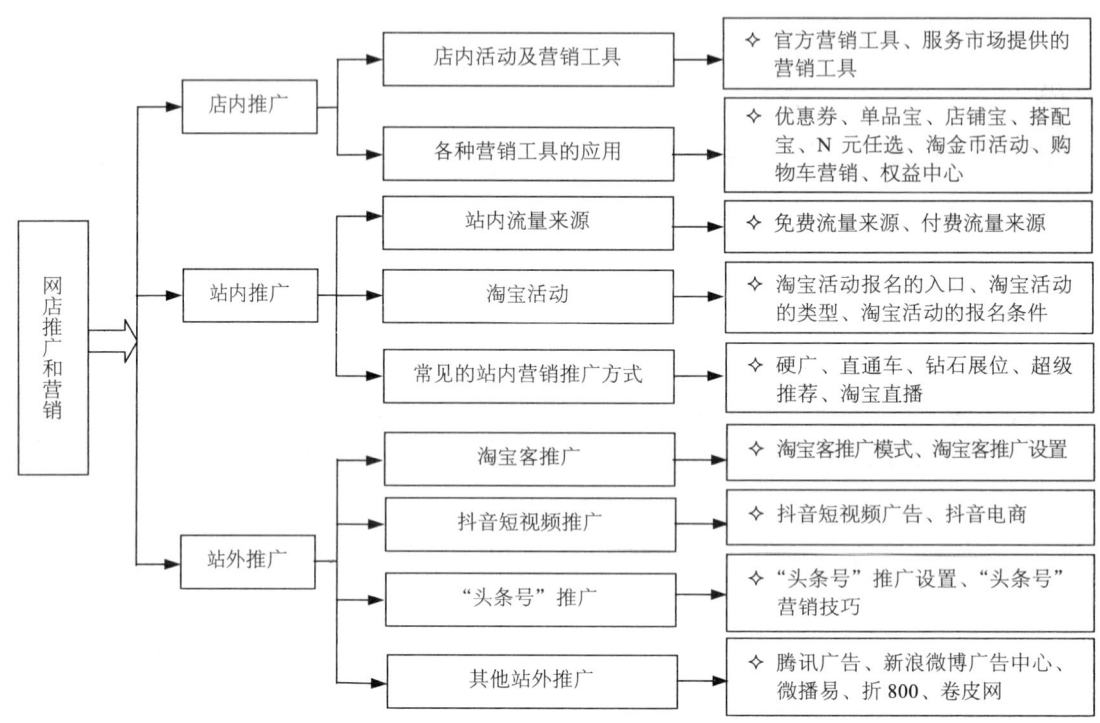

【学习目标】

1. 学会在淘宝网店内设置推广的商品。
2. 学会在淘宝网推广淘宝网店和商品。
3. 学会利用其他网站推广淘宝网店和商品。

网店的推广是指通过一定的媒介有计划地进行网店传播的活动,简单来说就是要让买家"知道我们"。网店的营销是指买家上门后,利用有效的促销宣传手段促成交易,简单来说就是要让买家"选择我们"。网店推广与营销首先面临的就是流量问题,网店的流量即网店的访问量,它直接影响着网店的销量。

对于网店而言,其流量主要有站内流量和站外流量。有了流量以后就是提升网店转化率的问题了,提升网店转化率的途径主要是做网店推广与营销。一般来说,网店推广分为店内推广、站内推广、站外推广等。

7.1　店内推广

店内推广主要用于提升网店订单转化率、网店销量、客单价和网店复购率等。店内活动是运营网店时不可缺少的营销活动。店内活动按时间长短可分为三种，即短期活动（常见的为1~3天，最多不超过1周）、中期活动（一般为15~30天，最多不超过90天）、长期活动（常年进行的一些活动，如VIP活动等）。

7.1.1　店内活动及营销工具

店内活动就是以品牌推广、新品预售、清仓处理、积累买家为目的，以节日、事件为载体，通过限时打折、满就送、赠送优惠券、包邮等手段有计划实施的一系列促销活动。店内活动通过营销工具来实现，常用的营销工具如下。

1. 官方营销工具

淘宝网的千牛卖家中心提供了一些营销工具，如优惠券、单品宝、店铺宝、搭配宝等。按"千牛卖家中心"→"营销中心"→"店铺营销工具"的顺序点击，即可看到这些营销工具，如图7.1所示，点击右上角的"全部工具"会出现图7.2所示的页面。

图7.1　官方营销工具（一）

图7.2　官方营销工具（二）

2. 服务市场提供的营销工具

进入淘宝网服务市场，依次点击"流量/运营/管理工具"→"营销管理"→"促销打折"，在出现的页面中可以选择适当的促销工具进行店内营销，如促销专家、全民促销、冰点营销、

> **小贴士**
>
> **B 店和 C 店**
>
> B 店是指 B2C 类的网店，天猫商城上开设的网店一般属于 B 店。C 店是指 C2C 类的网店，是消费者对消费者的模式，淘宝网上的普通店都叫 C 店或集市店。

美折促销、火牛、宝贝团、百宝箱、掌柜帮、欢乐逛等。图 7.3 所示为淘宝的服务市场页面。

在服务市场搜索栏中输入"促销工具"进行搜索，出现图 7.4 所示的页面。在这些促销工具的使用上，B 店和 C 店是有明显差别的，一般淘宝网官方提供给 B 店卖家的促销工具是免费的，而提供给 C 店卖家的大部分工具是收费的，购买之前可以选择试用版进行体验。

图 7.3　淘宝的服务市场

图 7.4　服务市场促销工具

7.1.2　各种营销工具的应用

登录淘宝网网店后台，依次点击"千牛卖家中心"→"营销中心"→"店铺营销工具"，通过图 7.2 中的优惠券、单品宝、店铺宝、搭配宝、N 元任选、淘金币活动、购物车营销、权益中心等，即可创建商品的各种促销活动。

1. 优惠券

优惠券是一种虚拟的电子券，卖家可以在不用现金充值的前提下针对新买家或者不同等级的会员发放不同面额的优惠券。卖家还可以通过优惠券向买家提供一些优惠措施，如包邮等。所有的优惠券创建及设置都是通过官方营销工具"优惠券"来实现的。

优惠券包括商品优惠券、店铺优惠券两种类型。

（1）商品优惠券。定向优惠，买家购买特定商品可凭券抵扣现金。

（2）店铺优惠券。全店通用，买家购买全店商品可凭券抵扣现金。图 7.5 为某店铺优惠券的页面截图。

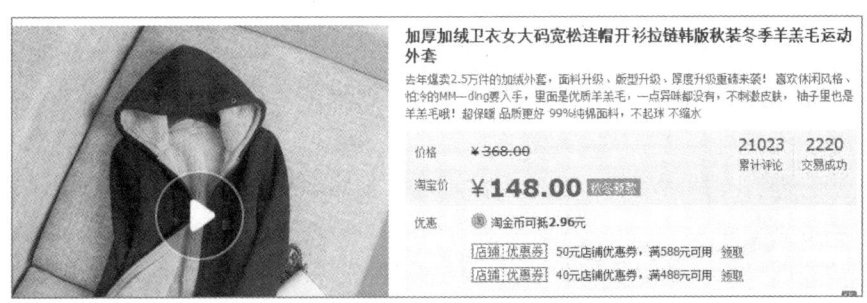

图 7.5　店铺优惠券

  小贴士

裂变优惠券

裂变优惠券是以"邀请领券"的形式来吸引网店新粉丝和新买家的。例如，买家抽中裂变优惠券的大额父券后，被告知只有分享给 3~5 个好友才能领取，于是分享给好友，被分享的好友看到分享的优惠券链接或淘口令后，打开淘宝，进入店铺，获得子券，并发现"分享得大额券"活动，再次发起共享，继续裂变触达 3~5 位好友。裂变优惠券建议设置为店铺优惠券，分享范围和使用范围会更广；如果设置为商品优惠券，则一定要选择爆款商品。

2. 单品宝

"单品宝"即原"限时打折"，可支持最小存货单位（SKU）级打折、减现、促销价。针对已结束的活动，可以实现一键重启等。单品宝是淘宝网提供给卖家的一种网店促销工具，订购了此工具的卖家可以在自己网店中选择一定数量的商品，在一定时间内以低于日常价的价格进行促销活动。

单品宝具有如下功能。

（1）活动创建。可以设置促销时间段，精确到秒；优惠方式包括打折、减现、促销价等，图 7.6 为单品宝促销活动。

（2）活动管理。可以设置未开始、进行中、已结束三种活动状态，还可以一键重启已结束的活动。

（3）商品管理。可以修改商品的优惠信息。

3. 店铺宝

店铺宝即原"满就减（送）"，为网店级优惠工具。它支持创建部分商品或全店商品的满减、满折、满包邮、满送权益、满送赠品等营销活动。

图7.6　单品宝促销活动

店铺宝具有如下功能。

（1）活动创建。满减活动精确到秒，优惠内容包括满送优惠券、打折、减钱、包邮、赠品、送权益等，优惠对象支持定向人群等。

（2）活动管理。支持活动状态筛选、活动名称搜索，可一键重启已结束的活动以及暂停进行中的活动等。

（3）活动数据分析。支持参加活动商品的基础数据分析。图7.7所示为店铺宝"满就送"活动的页面截图。

图7.7　店铺宝"满就送"活动

4．搭配宝

搭配宝即原"搭配套餐"，为商品关联搭配工具。"搭配宝"加入了智能算法，用以推荐适合的搭配商品，提升客单价和转化率。"搭配套餐"是将几种商品组合设置成套餐来销售，通过促销套餐让买家一次性购买更多商品。搭配套餐可以提升网店销售业绩，提高购买转化率，提升销售笔数，增加商品曝光率，节约人力成本。此工具目前不支持虚拟类商品。图7.8所示为某网店搭配套餐活动的页面截图。

图7.8　搭配套餐活动

搭配销售的注意事项如下。

（1）一个套餐最多可以同时搭配五件商品，套餐中每个商品都可以由买家评价。

（2）搭配套餐的总价要低于单个商品原价的总和。如果搭配总价高于单个商品原价的总和，系统将自动按原价总和销售。

（3）搭配套餐的商品关联性要强。搭配商品时要注意商品结构的搭配，关联性一定要强，否则强制搭配套餐不仅不会带来有利的结果，反而可能会降低买家的购物热情。

5．N 元任选

N 元任选是一种凑单型的新营销方法，将单价相近的商品加入活动商品池，组成固定优惠价，如 99 元任选 3 件，提升人均购买件数及金额。N 元任选对买家来说，可以固定价格购买一组商品，灵活性强，更好凑单；对卖家来说，可提升人均购买件数和人均购买单价。图 7.9 所示为某网店 N 元任选活动的页面截图。

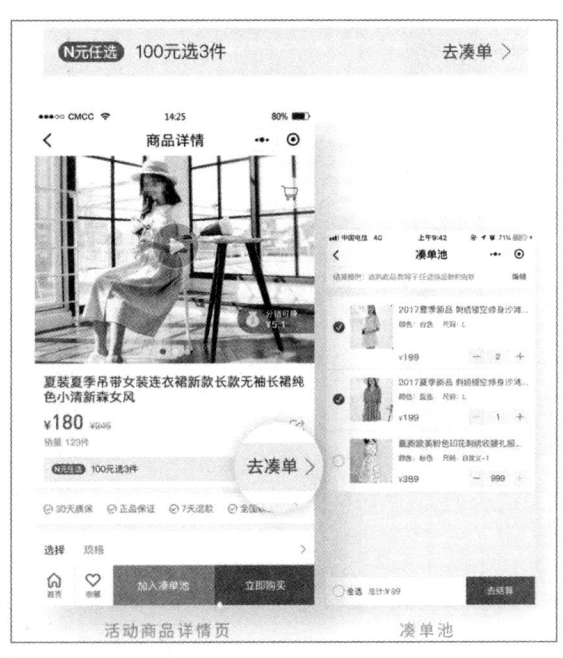

图 7.9　N 元任选活动

6．淘金币活动

淘金币是淘宝网的虚拟积分。买家可以在淘宝体系内赚取淘金币，然后在淘金币平台抽奖、兑换商品，并在购买商品时抵扣。买家对淘金币的热情会给淘金币平台带来巨大的流量，基于此，在卖家参加淘金币活动后，对其商品销售、网店品牌的提升都会产生长期的影响。进入"淘金币卖家中心"如图 7.10 所示，点击"报名活动"按钮可以查看相应的活动要求。

图 7.10　淘金币卖家中心报名入口

7．购物车营销

与其他营销工具不一样，购物车营销的推出旨在调动对某些商品感兴趣的买家的购买欲，这部分买家可以是已经把这些商品加入购物车但尚未付款的买家，也可以是已购买过网店商品的买家。卖家可以设置购物车营销活动，在买家将商品加入购物车一段时间后（未付款），可以向其自动发送卖家设置的折扣信息，以提高付款转化率（对虚拟类商品暂时不能使用该方式）。

在卖家网店中，只要某种商品被加入购物车且未成交人数超过 100 人，则这种商品就有机会使用购物车营销活动，淘宝网每天仅限 10 000 个活动，每天上午 10 点准时开抢。

8. 权益中心

权益中心主要用于淘宝网店卖家针对买家会员设置权益。淘宝网卖家登录后台，进入权益中心，选择"权益投放"，可以看到有"店铺宝活动""权益直发""淘宝直播间""淘宝短视频""支付成功和订单详情页""支付宝花呗频道活动"，选择其中一种活动并点击"一键投放"即可按照提示的流程进行活动投放。如图 7.11 所示为淘金权益中心"权益投放"入口。

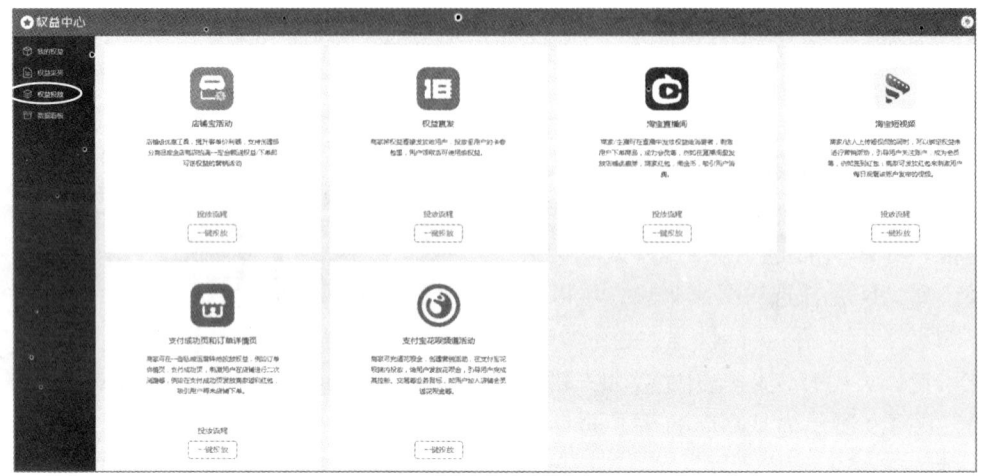

图 7.11　淘金权益中心"权益投放"入口

7.2　站内推广

站内推广包括站内流量来源、淘宝活动、常见的站内营销推广方式等内容。

7.2.1　站内流量来源

网店流量主要分为站内流量和站外流量两大类。站内流量指由淘宝网本身带来的流量，是卖家主要的流量渠道，主要分为免费流量和付费流量。站外流量是指从淘宝网以外的其他互联网平台获取的流量，如在微博、微信、论坛等站外媒体获取的流量。

淘宝站内的主要流量来源如下。

1. 免费流量来源

（1）淘宝搜索。买家在淘宝网直接搜索商品进入卖家网店的流量（卖家需要做好淘宝网店关键词的搜索引擎优化）。

（2）淘宝收藏。从买家的收藏进入卖家网店的流量。

（3）淘宝管理后台。从淘宝官方管理后台进入的流量，如已完成订单或者已将商品加入购物车未完成订单的买家等，都有可能是回头客。

（4）类目流量。类目流量是指点击淘宝首页类目入口进入店铺的流量。例如，某买家在淘宝首页的类目列表中选择"女装→毛衣"，然后在"毛衣"的类目搜索结果中点击进入一家没有做付费宣传的店铺，这就是免费的类目流量。

（5）微淘。微淘是基于移动消费领域的入口，在生活细分领域，为买家提供方便、快捷、经济的手机购物服务。微淘的核心是回归以买家为中心的淘宝活动，而不是小二推荐、流量分配，每个买家都有自己关注的账号、感兴趣的领域，他们通过订阅的方式获取相关信息和服务，而且在此过程中，运营者与粉丝之间可以进行互动。

（6）淘宝其他网店。从淘宝网其他网店如友情链接的网店进入的流量。

2. 付费流量来源

（1）淘宝首页广告。如首页轮播广告及推荐等位置所带来的流量。

（2）淘宝直通车。淘宝直通车是按点击付费的效果营销工具，可以实现商品的精准推广。淘宝直通车推广在给商品带来曝光量的同时，精准的搜索匹配也会给商品带来潜在买家。

（3）淘宝专题。卖家参加专题促销活动（如"双十一"、年终大促等）所带来的流量。

（4）聚划算。参加聚划算的商品所带来的流量。

（5）有好货、必买清单、每日好店、淘宝直播、哇哦视频、淘抢购。这些推广渠道都需要卖家去找一些淘宝达人合作，或是自己开通一个淘宝达人账号来进行推广，个性化标签越强，带来的流量越精确匹配。

（6）其他付费流量。钻展主要通过图片做定向推广，淘宝客是最适合中小卖家的付费推广渠道，超级推荐主要是"猜你喜欢"栏目的定向推广。

7.2.2 淘宝活动

淘宝活动是卖家网店流量的重要来源之一，无论是收费还是免费，网店一旦参加，都将获得巨大的流量。

7.2.2.1 淘宝活动报名的入口

目前，淘宝活动报名主要通过淘宝商家营销活动中心来报名。进入我的淘宝，依次点击"千牛卖家中心"→"营销中心"→"活动报名"，进入淘宝商家营销活动中心，从中选择适合的活动报名即可，如图 7.12 所示。

图 7.12 淘宝商家营销活动中心

7.2.2.2 淘宝活动的类型

淘宝网的活动可分为官方大促、营销活动和行业活动三种类型。

1. 官方大促

淘宝网（淘宝集市、天猫商城、聚划算及其无线端）官方大促最重要的有"两新一促一节"四大活动。"两新"指每年 4 月春夏服饰新品发布、8 月秋冬服饰新风尚，"一促"指每年 6 月年中大促，"一节"指"双十一"狂欢购物节。除了这些活动之外，还有一些大的活动，如淘宝创业节、制造好货、淘宝年货节、岁末折扣季、淘宝嘉年华、淘宝 99 划算节等。还有在传统节日，如元旦、春节、中秋节、国庆节等开展的促销活动。

进入"淘宝商家营销活动中心"，点击左侧的"官方大促"，然后选择合适的促销方式，点击"去报名"，符合报名条件即可参加淘宝网的促销活动，如图 7.13 所示。

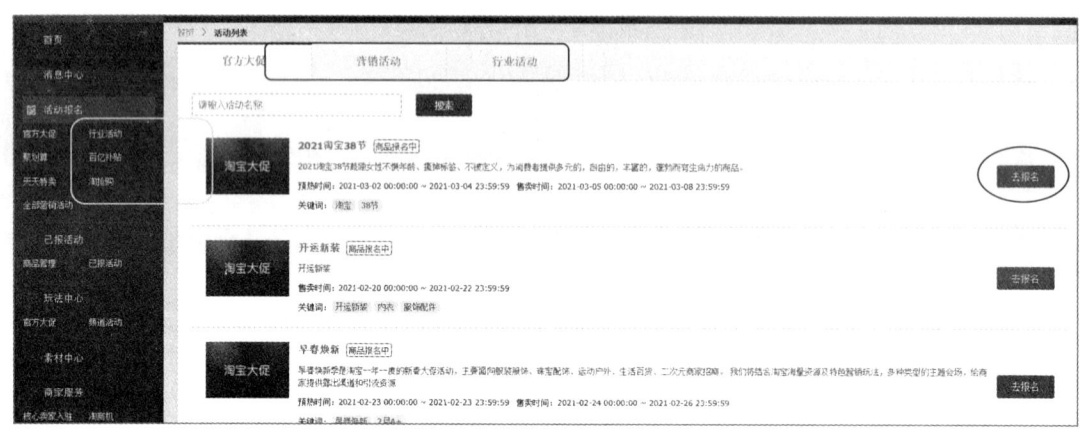

图 7.13　淘宝商家营销活动中心—官方大促页面

2. 营销活动

营销活动主要有聚划算、天天特卖、百亿补贴、淘抢购等。点击图 7.13 中的"营销活动"即可进入图 7.14 所示页面，点击进入相应的营销活动，选择频道类型，查看报名条件，符合条件的淘宝网店均可报名参加。

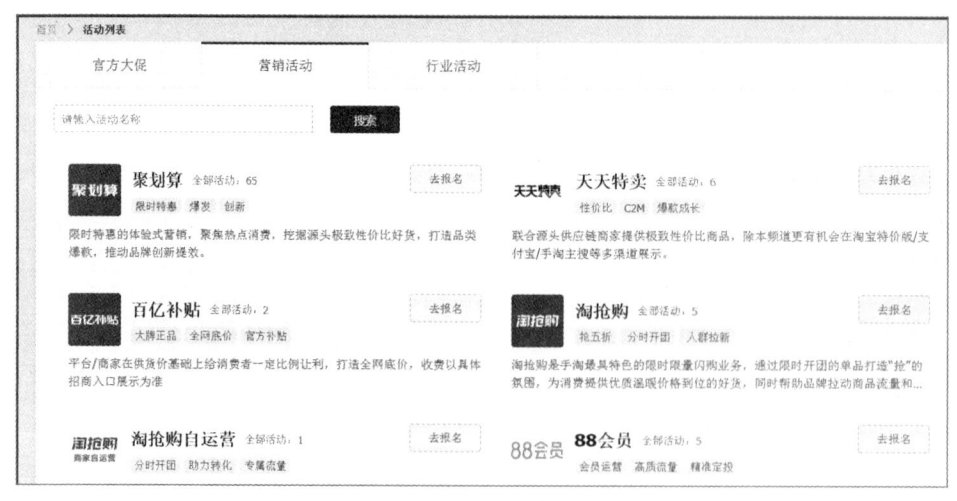

图 7.14　淘宝商家营销活动中心—营销活动

（1）聚划算。聚划算是淘宝网的团购频道。一般来说，聚划算的活动包括商品团、品牌团、聚名品、聚新品、品牌清仓等，参与的商品类别有美容类、彩妆类、女装类、男装类、男鞋女鞋类、配饰类、箱包类、金银珠宝类、母婴类、保健品类、食品类、大型运动器械类、家居家纺类、汽车用品类，几乎所有淘宝商品都囊括其中。

> **小贴士**
>
> C2M（Customer to Manufacturer：用户直连制造厂商），从消费者个性化需求出发，通过消费行为数据指导上游选品、设计、"按需生产"，先订单后生产实现"零库存"。

（2）天天特卖。天天特卖联合源头供应链商提供高性价比商品，参加活动的宝贝除在天天特卖频道展示外还有机会在淘宝特价版、支付宝、手淘主搜等多渠道展示。天天特卖意图打造一个"C2M 智能中台""天天特卖定制工厂"，其目标是要成为新制造的生态服务平台。一方面，根据阿里巴巴所积累的数据对产品销量进行预测，从而对工厂产能作出判断，以减少产能过剩；另一方面结合菜鸟、阿里云、1688、蚂蚁金服等阿里系业务，为中小工厂提供仓储配送、云计算、小微贷款等服务。天天特卖主要包括日常单品、店铺团两种开团形式，日常单品是以单个商品参团的活动形式，店铺团是商家通过店铺参团的活动形式。

（3）百亿补贴。百亿补贴是指平台或卖家在供货价基础上给买家一定的让利以打造全网低价。2019 年"双十二"，淘宝上线了聚划算"百亿补贴"，当天，"百亿补贴"就吸引了超过 500 万人次的访问。"百亿补贴"现已成为手机淘宝的一级入口，如图 7.15 所示。点击"百亿补贴"入口进入"百亿补贴"界面，如图 7.16 所示。

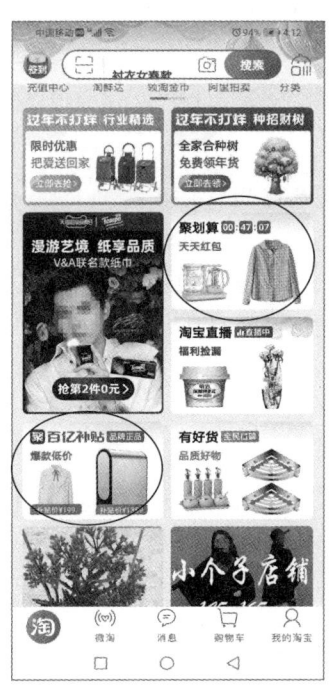
图 7.15　手机淘宝"百亿补贴"的一级入口

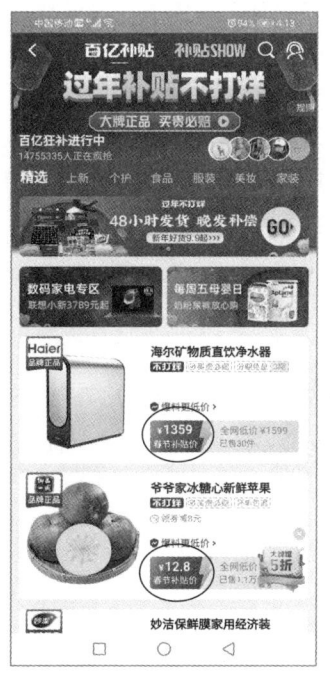
图 7.16　手机淘宝"百亿补贴"界面

（4）淘抢购。淘抢购是淘宝网最具特色的限时限量闪购业务，通过限时开团的单品打造"抢"的氛围，为买家提供质优价廉的好货，同时帮助品牌拉动商品流量和成交额，形成店铺日销小高峰。点击图 7.15 的聚划算，进入下一界面即可看到"淘抢购"的商品。

3．行业活动

一般卖家参加的活动都是有层级的，卖家可以根据网店实际情况参加相应的活动。刚开始，卖家可以积极参与类目活动，提升网店基础销量。因为类目活动主题和引入人群相对精准匹配，前期参与类目活动可以带来较好的流量转化，网店基础销量、店铺动态评分都可以得到很大的提升。然后，卖家可以关注渠道活动，渠道活动流量比类目活动带来的流量大，可以使网店流量稳定增长。最后，如果类目活动和渠道活动都做过且效果良好，网店也有基础销量，并且基础销量权重已优化到一定程度，卖家就可以整合全年运营规划，争取参与大型平台活动了。点击图7.14的"行业活动"即可进入图7.17所示页面。

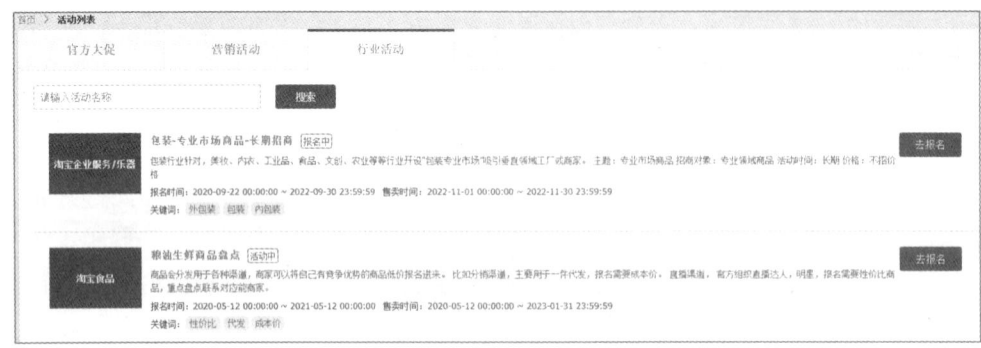

图7.17 淘宝商家营销活动中心—行业活动

7.2.2.3 淘宝活动的报名条件

淘宝官方和第三方平台为卖家提供了一系列的活动，以帮助卖家提升流量、促进销售，但这些活动基本上都是有条件的。一般而言，这些活动对卖家的要求主要体现在以下几个方面。

1. 网店资质要求

网店资质包括开店的时间，B店、C店级别，参加买家保障计划，实物交易占比，店铺动态评分，违规级别要求等。由于B店是淘宝网重点扶持的对象，因此，绝大部分活动都对B店开放。对于C店，根据其级别不同，能参加的活动也有差别。为了体现淘宝网对不同级别网店的照顾，一些活动仅限B店参加，而另一些活动仅限C店参加。一般网店加入淘宝营销活动，需满足以下几个条件。

（1）淘宝网店须支持淘宝消费者保障服务。

（2）近半年网店DSR评分三项指标均值不得低于4.6（开店不足半年的自开店之日起算），主营一级类目为保险、特价酒店/特色客栈/公寓旅馆的网店除外。

（3）除特殊类型网店外，网店实物交易占比须在95%及以上。

（4）除特殊主营类目外，网店的近30天纠纷退款率必须小于0.1%。

2. 商品要求

一般来说，淘宝官方对商品近30天的销售数量、好评数量、参加活动商品数量、价格折扣及佣金等都有要求。

3. 无违规要求及发货时限要求

淘宝网的活动对网店或商品都有无违规要求和发货时限要求等。

7.2.3 常见的站内营销推广方式

目前，在淘宝网最常用的营销推广方式有硬广、直通车、钻石展位、超级推荐和淘宝直播等。

7.2.3.1 硬广

硬广即淘宝网的常规广告。常规广告分布在淘宝网首页、天猫商城首页及各大频道页面，具有超高流量及点击率，是整体营销与主题活动推广的基础性资源。硬广包括淘宝网首页焦点图、横幅、通栏、画中画、富媒体等。

硬广的推广付费形式主要有两种。第一种是按时间计费，可以以小时、天、月等为单位来购买广告位；第二种是按每千人印象成本计费。硬广的首页展示位置如图7.18所示。

图7.18 首页轮播硬广展示

 小贴士

网络广告常见的收费模式

每千人印象成本（Cost Per Mile 或 Cost Per Impression，CPM），也称为按展现次数收费：是以网络广告送达1 000人的成本为单位计费的模式。以 CPM 计费的广告，按展现量计费，不管是否点击、下载、注册等都要对商家收费。

每时间段成本（Cost Per Time，CPT）：是按广告主在网站投放广告的时长来计费的模式。可以以小时、天、月等为单位来购买广告位，国内很多网站都是按月计费的。

每次点击成本（Cost Per Click，CPC）：是按点击次数计费的模式。

每销售成本（Cost Per Sale，CPS）：是以实际销售的商品数量或销售额来计费的模式。简单来讲就是帮助卖家销售商品所收取的一定比例的佣金。

7.2.3.2 直通车

直通车是为淘宝网卖家量身定制的一种推广方式，是按点击次数付费的营销工具，可以实现商品的精准推广。

如果卖家想推广某一件商品，就要为该商品设置相应的关键词、类目出价及商品推广标题，参加直通车的卖家可以针对每个竞价词自由定价。每件商品最多可以设置200个关键词，卖家可以针对每个竞价词自由定价，按实际被点击次数付费。

1. 直通车的推广形式

淘宝直通车的推广形式根据匹配技术和展现内容的不同，可以分为搜索推广、定向推广和活动推广等。

（1）搜索推广。卖家设置与推广商品相关的关键词和出价，在买家搜索相应关键词时，所推广的商品即可获得展示和流量，实现精准营销，卖家按点击次数付费。当卖家加入直通车时，即默认开通搜索推广。

> 卖家要开通直通车须满足如下三个条件：开通消费者保障服务，交纳保证金；信用等级大于或等于2颗心；店铺动态评分（描述、服务、物流）大于或等于4.4分。

在淘宝网的搜索栏中输入关键词，点击"搜索"按钮，带有"掌柜热卖"的商品为直通车商品，手机淘宝搜索结果中带有"HOT"标志的商品为直通车商品。图7.19所示为电脑端搜索页面右侧和底部的直通车展示位。图7.20所示为手机端直通车展示位。

图7.19 电脑端搜索页面右侧和底部的直通车展示位

图7.20 手机端直通车展示位

小贴士

直通车搜索推广展示相关知识

展示形式：在电脑端显著的位置展示创意图、创意标题、价格、销量，并在搜索结果展示位置打上"掌柜热卖"标志。手机端搜索结果中带有"HOT"标志的商品为直通车商品。

展示位置：搜索推广直通车展示位在电脑端主要包括关键词搜索结果页左侧带有"掌柜热卖"标志的商品（一般在第一页左侧第一位，第二页左侧前三位……），关键词搜索结果页右侧"掌柜热卖"的16个位置，关键词搜索结果页底部掌柜热卖的5个位置，第一页、第二页等会依次展示直通车商品。在手机端搜索结果页一般每隔5或10个商品有1个带"HOT"标的展示位。

> "直通车的定向推广""钻展的单品推广"会逐渐合并到"超级推荐"。

（2）定向推广。定向推广是依据淘宝网庞大的数据库进行的一种通过网页内容定向、人群行为习惯定向、人群基本属性定向等创新的多维度人群定向技术。定向推广通过分析不同买家在各种浏览路径下的兴趣和需求，帮助卖家锁定潜在目标买家，并将卖家的推广信息展现在目标买家浏览的网页上。

定向推广准入要求：要开通定向推广，网店的信用级别须达到一钻及以上。

展现位置：淘宝首页热卖单品（适用于精品商品）、我的淘宝（已买到商品的底部、购物车底部、物流详情页底部）、我的宝贝（收藏列表页底部）、旺旺发货提醒页、我要买首页底部，以及站外一些页面（如网易、新浪、搜狐、环球网、爱奇艺等大型媒体网站的优质位置）。

（3）活动推广。活动推广采取直通车买家自主报名的方式，将一部分符合淘宝网特别运营要求的商品，于某一时间在特定位置上集中展示。

2. 直通车扣费原理和商品排名规则

（1）开户预存。第一次开户预存500元起，加入时是预付款方式，预付款全部是未来可使用的推广费用。

（2）按点击次数计费。只有当潜在的买家点击推广信息后才进行扣费，单次点击扣费不会超过卖家所设置的出价。

（3）直通车扣费公式：单次点击扣费=下一名出价×下一名质量得分/自己的质量得分+0.01元。因此，质量分越高，单次点击的费用就越低。

（4）投入产出比（Return On Investment，ROI）是指卖家的某项商业活动的投资与得到的经济回报的比值。ROI（直通车的投入产出比）=总成交额/直通车广告的花费。投入产出比越高，说明直通车推广效果越好。

（5）直通车商品排名规则。直通车根据关键词质量分和关键词出价的综合得分确定商品排名。综合得分=出价×质量分。在同等出价的情况下，质量分越高，综合排名越靠前；在排名一致的情况下，质量分越高，单次点击价格越低。卖家都希望以较低的费用获得较靠前的排名，这时就需要提高质量分。

> **小贴士**
>
> **直通车质量分**
>
> 质量分是系统估算的一种相对值，主要用于衡量卖家关键词与商品推广信息和买家搜索意向之间的相关性，其计算依据有很多，如基础分、相关性、创意质量、买家体验等。
>
> 1. 基础分：根据直通车账户近期的关键词推广效果给出的动态得分。
> 2. 相关性：关键词与商品标题、类目、属性等信息的相符程度。
> 3. 创意质量：推广创意是呈现推广商品特色的核心内容，如创意图片的清晰度、背景色、尺寸大小都会影响创意效果。
> 4. 买家体验：根据买家在店铺的购买体验给出的动态反馈，如商品点击率的高低、买家对于商品的收藏量、是否加入购物车等都对关键词的质量分有一定的影响。

3. 直通车推广设置

登录淘宝网的千牛卖家中心，依次点击"营销中心"→"我要推广"→"淘宝/天猫直通车"，如图7.21所示，进入直通车后台。或者进入阿里妈妈平台→"营销产品"→"直通车"，登录淘宝账号后，也可进入直通车后台，如图7.22所示。

图 7.21 直通车入口（一）

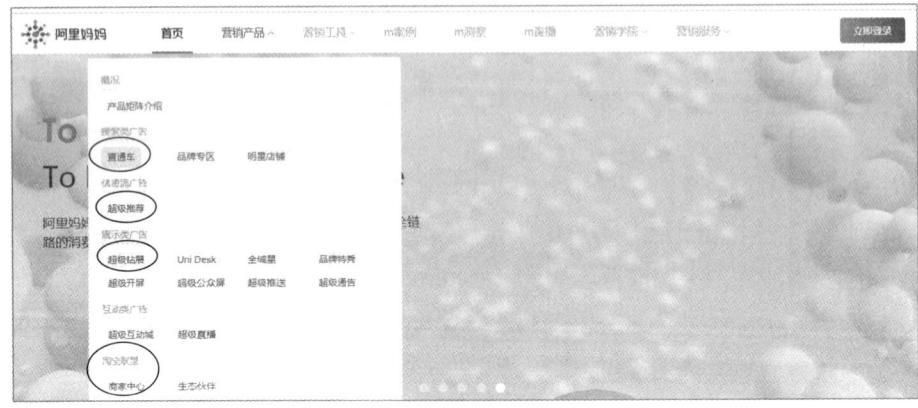

图 7.22 直通车入口（二）

进入直通车后台后可以看到智能推广、标准推广、趋势明星、周期精准投、直播推广等直通车推广产品，如选择"标准推广"的"新建计划"，如图 7.23 所示。

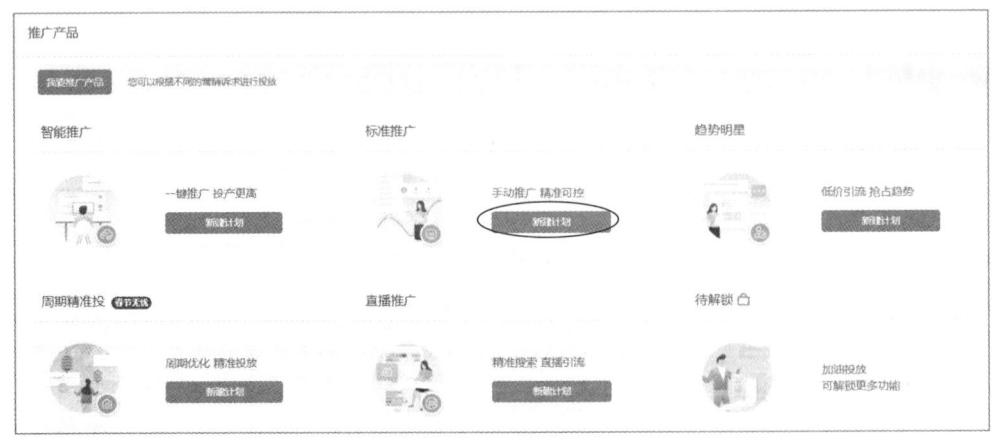

图 7.23 直通车推广产品

点击图 7.23 的"新建计划"按钮，打开如图 7.24 所示的页面，在"计划名称"中输入计划的名称，点击"添加宝贝"按钮，选择推荐的商品，设置关键词和出价，即可完成淘宝直通车推广的设置。

> **思考与讨论**
>
> 商品做了直通车推广，是否还需要优化标题、图片和商品详情页？

图 7.24　新建标准推广计划

7.2.3.3　钻石展位

钻石展位（简称钻展）现升级为超级钻展，是图片类广告位与竞价投放广告位，依靠图片创意吸引买家点击，结合智能 AI 实现精准定向，针对定向人群进行实时竞价。加入钻展的卖家可以获取全网精准流量，包括淘宝网首页、天猫首页、频道页、门户、画报等多个淘宝站内广告位，手机淘宝焦点图的广告位等。钻展每天拥有相当大的展现量，还可以帮助卖家把广告投向站外，涵盖大型门户、垂直媒体、视频网站、搜索引擎、中小媒体等各类媒体展位。钻展卖家可以根据地域、访客、兴趣点三个维度设置定向展现。

> 淘宝卖家要开通钻石展位需具备的条件为：网店信用等级一钻及以上；网店每项卖家服务评级（描述、服务、物流）在 4.4 分及以上等。

1. 钻展的推广形式

钻展不仅支持静态图片格式，还支持 GIF 等动态图片格式。卖家将展示图片做得美观，同时借助钻石展位较大的广告面积，可以形成较强的冲击力，最大限度地吸引买家进入网店。钻展分为展示广告、移动广告、视频广告、明星网店等。如图 7.25 为淘宝手机端钻展的展示广告、明星网店。

2. 钻展的扣费原理

钻石展位支持按展现次数收费（CPM）和按点击次数收费（CPC）两种扣费的模式。

（1）按展现次数收费（CPM）。按照广告每 1 000 次展现收费，点击不收费。按照钻展广告的 CPM 竞价高低进行排名，价高者优先展现。实际扣费=下一名 CPM 结算价格+0.1 元。实际上卖家的钻展扣费永远小于或等于卖家的出价。如钻展展位的 CPM 出价 6 元，那么广告被访客浏览 1 000 次收取 6 元。钻展系统会自动统计展现次数，并在钻展后台报表中给予反馈，不满 1 000 次的展现，系统会自动折算收费。

 **小贴士**

CTR（Click Through Rate，点击率），即广告的实际点击次数与广告的展现次数之比。

（2）按点击次数收费（CPC）。按照每次点击出价竞价收费，即展现免费，点击收费。按点击次数收费投放模式下须把"每次点击出价"折算成"1 000 次展现的价格"，折算后的 CPM 出价与其他商家的出价进行竞争，

价格高的优先展示，公式为

$$CPM = CPC \times CTR \times 1\,000$$

图 7.25　淘宝手机端钻展的展示广告、明星网店

CPC 是卖家在后台的设置出价，系统会参考卖方历史投放的数据来计算预估 CTR。如果没有历史 CTR，则会先参考同行在相同资源位上的平均 CTR 作为初始 CTR。假如卖家设置的"点击出价"是 0.8 元，预估 CTR 是 5%，那么参与竞价的 $CPM = CPC \times CTR \times 1\,000 = 0.8 \times 5\% \times 1\,000 = 40$ 元。也就是说，用点击付费模式设置的出价 0.8 元，实际上是以 40 元的 CPM 参与竞价，再根据 CPM 高低进行钻展展现排序的。

钻展的扣费原理

3. 钻展的推广设置

进入阿里妈妈平台→"营销产品"→"超级钻展"，点击"进入后台"，即可登录超级钻展后台。

（1）新建计划。登录超级钻展平台，选择新建计划组，进行人群分割，即针对不同的人群，进行不同的投放设置。

（2）设置定向人群。定向方式可选 AI 优选或自定义人群，建议使用 AI 优选。

小贴士

AI 优选

AI（Artificial Intelligence，人工智能）优选为系统智能算法，未知人群和泛兴趣人群均可投放。在对店铺针对的人群没有把握时推荐使用 AI 优选；自定义人群可以更加精准限定人群（如老年人、儿童、女性等）。

问与答

问：硬广和钻展主要是按照 CPM 收费的，二者的收费模式有区别吗？

答：两者的最大区别是硬广的 CPM 是定价，而钻展的 CPM 是可以竞价的。

（3）设置资源位。添加"首页猜你喜欢"资源位，如图7.26所示。

（4）出价。出价的方式主要有成本控制、预算控制、出价控制三种出价方式，建议选择成本控制出价。

成本控制：系统为优化卖家选定的营销目标进行智能出价，控制平均投放成本使其尽量小于卖家设置的期望控制金额。

预算控制：在计划预算的范围内，系统根据卖家选定的营销目标进行智能出价。

出价控制：系统为优化卖家选定的营销目标进行智能出价，控制出价使其尽量不大于卖家设置的期望控制金额。

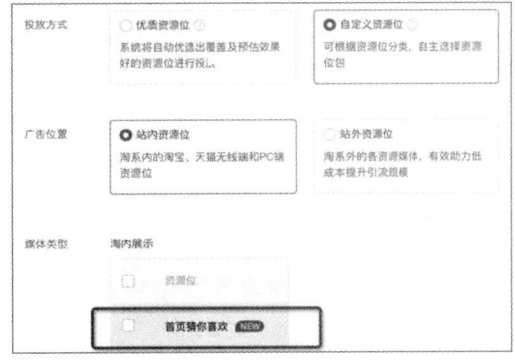

图7.26 添加钻展"首页猜你喜欢"资源位

（5）添加创意，完成计划。创意是指通过图片的制作，带给访问者良好的视觉印象，传达网店理念、产品及品牌信息。添加创意完成后，一个计划即创建完成。

7.2.3.4 超级推荐

超级推荐于2019年4月上线,淘宝卖家从原来搜索的被动营销变成可以利用超级推荐推广的主动营销。通过手机淘宝"猜你喜欢"等推荐场景可以把商品展现给感兴趣的消费者，推荐场景中穿插原生形式信息的推广，从而实现了"货找人"的主动营销。商品推广包含新品获客、爆款拉新等多个智能营销场景，按展现收费或点击收费。超级推荐有商品推广、直播推广、图文/短视频推广、活动推广。

> "猜你喜欢"一般每5个位置就会有1个付费广告位，而第十个位置则是图文直播位置。

1. 超级推荐场景资源位

手机淘宝超级推荐场景资源位主要有首页、购物车、支付页、微淘、待评价页、交易成功、直播广场、有好货等。如图7.27为购物车"超级推荐"、图7.28为待评价页"超级推荐"。

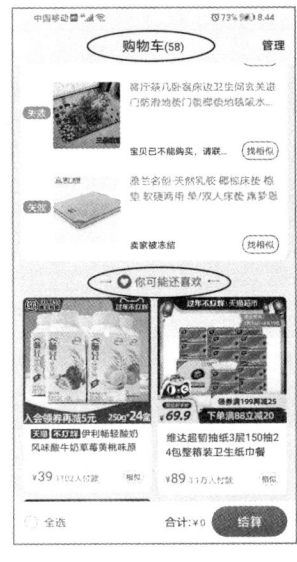

图7.27 淘宝手机端购物车"超级推荐"

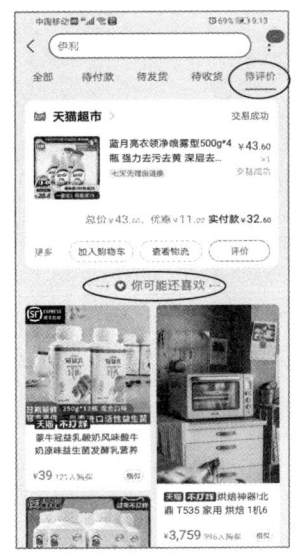

图7.28 淘宝手机端待评价页"超级推荐"

问与答

问：超级推荐与直通车相比在展现上有何不同？

答：超级推荐在展现上突破了直通车推荐场景，直通车只有商品推荐的单一形式，超级推荐则可以支持商品、图文、短视频、直播间等多种创意形式，更多地展示了推广场景，大大丰富了卖家内容化运营的场景，并增强了与买家的互动。

2. 超级推荐的推广设置

（1）登录淘宝网的千牛卖家中心，依次点击"营销中心"→"我要推广"→"超级推荐"，或进入阿里妈妈平台→"营销产品"→"超级推荐"，点击"进入后台"，即可登录超级推荐。

（2）在超级推荐后台选择"计划"→"新建推广计划"如图7.29所示，在高级设置中，可以设置计划的分时折扣以及地域。"新建推广计划"→"商品推广"→"新品推广"，进入图7.30所示的页面。

图7.29 新建推广计划

（3）添加推广宝贝，如图7.30所示。添加要推广的宝贝后，选择定向人群→出价和预算→添加创意，完成淘宝超级推荐的推广设置。

如果网店人群标签精准，可优先选择智能定向，开启智能定向后，系统会实时根据卖家访客标签、宝贝标题、属性等自动匹配对卖家商品感兴趣的人群。

图7.30 "超级推荐"的推广设置

7.2.3.5 淘宝直播

网络直播营销使观众（买家）能实时接收到卖家信息并可与卖家进行即时对话，买家与卖家有零距离接触的感觉，这是一种对卖家非常有帮助的营销方式。

淘宝直播是阿里巴巴推出的直播平台，定位于"消费类直播"，用户可边看边买，涵盖的范畴包括母婴、美妆、潮搭、美食、运动健身类产品等。淘宝直播观众中女性占比非常高，每晚 8 点至 10 点不仅仅是收看直播人数最多的时段，同时也是买家最愿意下单的时段。淘宝直播在电脑端首页和手机端首页都有观众观看的入口。买家收看淘宝直播有专用的 App——"点淘"。

（1）卖家利用淘宝直播做营销活动，需进入电脑端的淘宝卖家中心，点击左侧"自运营中心"的"淘宝直播"，进入淘宝直播页面，点击"发布直播&预告"，按照要求下载"淘宝主播 App"（或者进入手机端应用市场下载），之后再进行直播营销。如图 7.31 所示为淘宝直播入口、直播频道、主播 App。

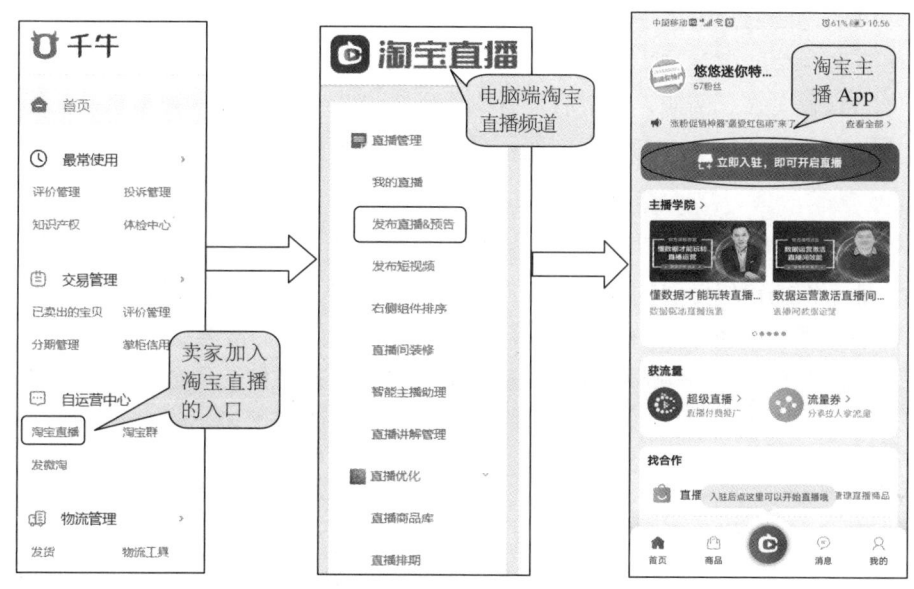

图 7.31　淘宝直播入口、直播频道、主播 App

（2）点击图 7.31 中淘宝主播 App 的"立即入驻，即可开启直播"，然后按照提示进行"实人认证"，再根据系统提示，查看各项资质是否符合要求，如果符合要求则予以开通权限。

（3）权限开通后，登录电脑端淘宝直播频道或淘宝主播 App 就可以进行直播了。

（4）买家进入淘宝网（或使用"点淘"App）就可以看到商品的直播了。

 小贴士

直播入驻条件

淘宝/天猫网店入驻直播需符合类目要求，限制推广商品类目无法入驻。

淘宝/天猫网店入驻直播需符合基础营销规则和综合竞争力的要求，会对店铺的综合数据进行校验，包括但不仅限于以下方面：店铺品牌影响力，店铺动态评分，品质退款，退款纠纷率，消费者评价情况，虚假交易，店铺违规等。

7.3 站外推广

站外推广是指利用淘宝网以外的其他互联网平台获取流量,如淘宝联盟、微博、微信、第三方平台等。

7.3.1 淘宝客推广

淘宝客是淘宝联盟的核心"商品"之一。淘宝联盟(alimama,即阿里妈妈)隶属于阿里巴巴集团,可通过搜索营销、展示营销、佣金推广及实时竞价等模式,依托大数据实现精准投放和优化方案,帮助淘宝网卖家实现高效率的网络推广。同时,淘宝联盟也可为合作伙伴提供多元化的赢利模式。例如,淘宝联盟首次引入了"广告是商品"的概念,让广告第一次作为商品呈现在交易市场中。淘宝联盟还可以使买家(广告主)和卖家(网站主)轻松找到对方。

1. 淘宝客推广模式

淘宝客是一种按销售付费的推广模式(CPS),淘宝客只要从淘宝联盟的淘宝客推广专区获取商品代码,任何买家通过淘宝客的推广渠道(个人网站、博客或者社区发的帖子中的链接)进入淘宝卖家网店并完成购买后,就可以得到由卖家支付的佣金。图 7.32 所示为淘宝客推广模式。

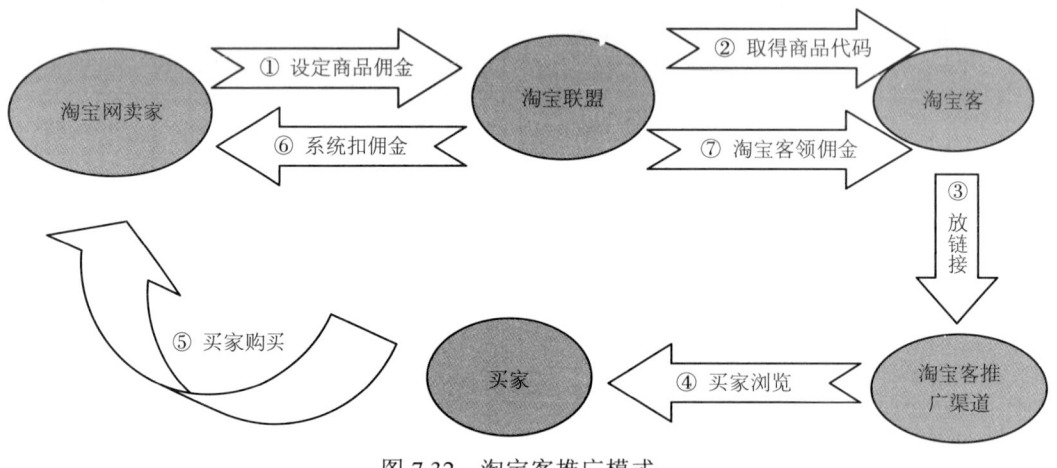

图 7.32 淘宝客推广模式

2. 淘宝客推广设置

登录淘宝网的千牛卖家中心,依次点击"营销中心"→"我要推广"→"淘宝客",或者进入阿里妈妈平台→"营销产品"→"淘宝联盟"→"商家中心"进入淘宝客后台。

登录淘宝账号后,进入淘宝客后台,如图 7.33 所示。选择"计划管理"→"添加主推商品"→"设置佣金比例",完成创建。

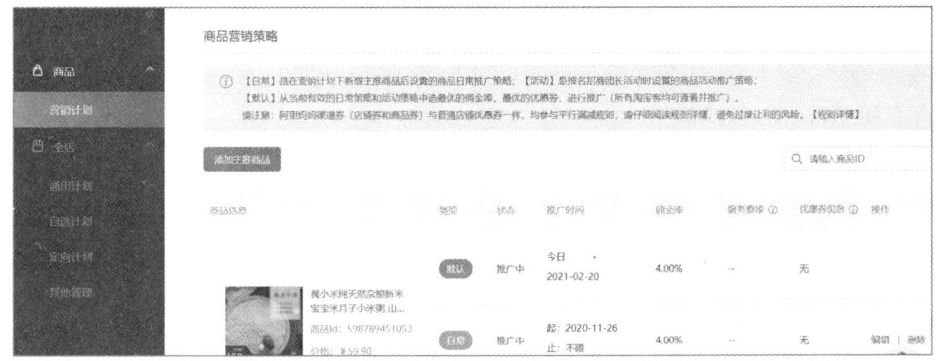

图 7.33　淘宝客推广设置

7.3.2　抖音短视频推广

在抖音 App 中，基本上采用的是视频方式传递信息，用户主要是为了娱乐，商家则利用抖音短视频植入商品的推广，让用户在娱乐的同时点击感兴趣的内容，就可能会接着点击商品的推广内容。抖音短视频可以缩短品牌推广与用户之间的传播路径，提高广告点击率。

1．抖音短视频广告

目前抖音官方的推广方式主要有信息流广告、开屏广告、TopView 广告等几种形式。

（1）信息流广告。抖音信息流广告是在抖音 App "推荐"页面内出现的广告，即在用户日常刷的最多的页面内穿插广告。这种广告是将广告融入用户浏览的内容中，在用户上滑观看视频时，不定期插入视频广告。在广告页面底部有非常明显的广告标识和操作选项，如 "查看详情""抢先报名"等。此时，用户如果对产品感兴趣，就会点击广告去进一步了解该产品，进入"立即购买"或"参团"页面即可购买该产品。信息流广告支持竖屏全新视觉体验，支持分享传播方式，如图 7.34 所示。

（2）开屏广告。抖音开屏广告即在抖音 App 启动时展现的广告，广告播放完毕后进入"推荐"页面。这种广告形式视觉冲击力强，支持静态、动态、视频三种形式，可以帮助品牌实现较强冲击力曝光，但是其广告费用高，如图 7.35 所示。

图 7.34　抖音信息流广告　　　　　　图 7.35　抖音开屏广告

（3）TopView 广告。抖音 TopView 广告以"开屏+首条信息流视频"的形式在前 3 秒视频全屏展示，10～60 秒品牌视频曝光时间，可多样化展示品牌信息，打造品牌的引爆式传播力。如图 7.36 所示为 TopView 广告设计的产品路径和跳转逻辑。

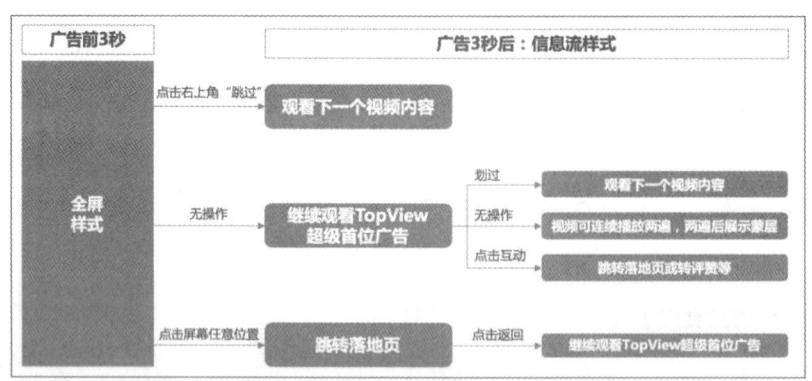

图 7.36　TopView 广告设计的产品路径和跳转逻辑

（4）其他广告形式。抖音另外还有抖音挑战赛、固定位广告、搜索广告、贴纸等创意、互动类的广告形式，将内容分发与商业营销相结合以助力企业在抖音内形成完整营销闭环。

2. 抖音电商

用户在抖音上花费的碎片时间和整块时间可以转化为强大的购买力。用户在观看的过程中呈现最放松的状态，在这种状态下非常容易产生购买行为。

（1）开通商品橱窗。打开抖音，进入我的个人主页，点击右上角的"三个横"的功能键，依次点击创作者服务中心→商品橱窗→开通小店，如图 7.37 所示。选择认证类型"个体工商户"或"企业/公司"，根据提示填写个人认证资料，审核通过后，即可开通商品橱窗。

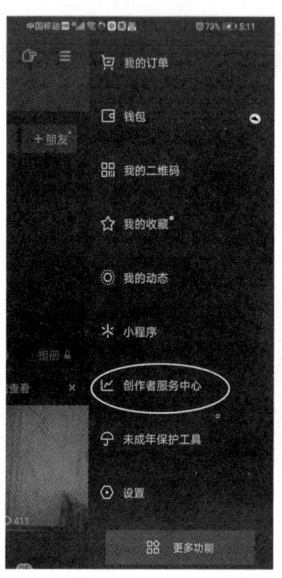
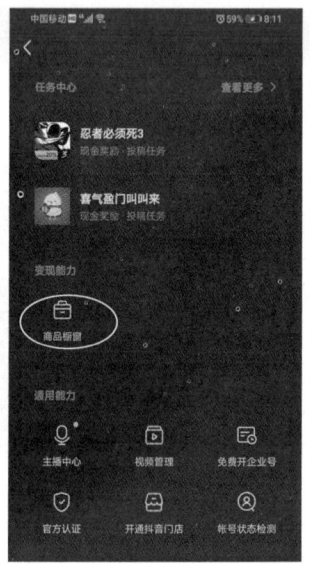

图 7.37　开通抖音商品橱窗

（2）开通商品橱窗后，商品分享权限也随之开通，接下来就可以通过抖音的视频或直播间进行商品带货了。

（3）卖家进入抖音，选择直播商品，点击"直播"标志，如图7.38（a）所示。买家进入图7.38（b）点击"购买"可以直接购买商品；或者点击下面的"小黄车"，进入图7.38（c），可以选择商品购买。

图 7.38　抖音直播带货

7.3.3 "头条号"推广

"头条号"是主要的信息流投放媒体之一，致力于帮助企业、机构、媒体和自媒体在手机端获得更多推荐和关注的机会，实现品牌传播和内容变现。"头条号"可为今日头条提供优质原创内容，今日头条则通过智能推荐引擎对这些优质内容进行精准分发，使其获得更多曝光。

1. "头条号"推广设置

（1）登录电脑端"头条号"，进行身份验证后，即可撰写文章、微头条、问答，发视频、音频等，如图7.39所示。

图 7.39　电脑端"头条号"创作者后台

（2）登录手机端"今日头条 App"，点击右上角的"发布"，即可选择微头条、文章、问答、视频、直播发布内容。如图 7.40 所示。

> **小贴士**
>
> **头条号、今日头条、今日头条极速版 App**
>
> 头条号作者，可以通过发布文章、视频、问答等方式来获取阅读量，然后赚取收益。
>
> "今日头条 App"（普通版）面向的是创作者，界面右上角有"发布"按钮，主要面向头条号、问答、微头条作者以及长期有个人阅读习惯的忠实用户。
>
> "今日头条极速版 App"主要面向新闻资讯用户群，重在阅读与奖励，功能精简。

（3）选择撰写"文章"。登录电脑端"头条号"后台完成文章编辑，在发文设置区勾选"投放广告赚收益"，如图 7.41 所示，然后再进行收益设置，如图 7.42 所示。

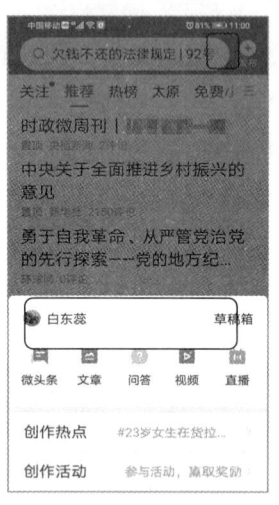

图 7.40　手机端"今日头条"创作者后台　　图 7.41　在电脑端"头条号"后台完成文章编辑

登录手机端"今日头条"，在手机端完成文章编辑，点击编辑页面右下角的"设置"按钮，进行广告设置选择。只有选择"头条广告"才有机会获得收益，选择"不投放广告"或"自营广告"则无法获得收益，如图 7.43 所示。

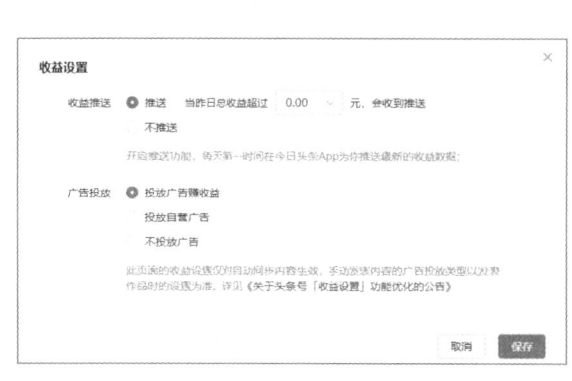

图 7.42　"头条号"收益设置　　　　　图 7.43　"今日头条"App 广告设置

（4）通过电脑端头条号后台→数据→收益数据→创作收益，或通过手机端今日头条 App→我的→创作中心→收益提现，可查看文章创作收益数据。

2. "头条号"营销技巧

（1）优化关键词。系统需要通过识别标题关键词和正文关键词等来对文章特征进行分析，好的标题可以使系统识别更多关键词，并且识别更精准，从而实现更好的个性化精准推荐。例如，一篇育儿类文章，如果标题和正文看上去都像旅游类文章，那么系统就会将其推送给对旅游类内容感兴趣的用户，文章的点开率和读完率就都不会太高，如果文章的点开率和读完率很低，有效推荐量也就比较低。

（2）撰写有吸引力的标题。标题应该体现一篇文章最核心的点，是最吸引人的地方。在今日头条，如果其他因素恒定，点开率越高，则推荐量越大。影响推送的因素中，除点开率之外，系统对账号的综合判定也很重要。如果一个账号为了吸引用户的眼球而使用名不副实的标题，会严重影响用户体验，系统识别后会对账号内容自动过滤，该账号的推送量会受到很大影响。因此，文章作者应该恰如其分地拟定文章的标题。

7.3.4　其他站外推广

1. 腾讯广告

腾讯广告（e.qq）是基于腾讯社交网络体系的效果广告平台。通过腾讯广告，买家可以在微信广告、QQ 广告、腾讯视频广告、腾讯新闻广告、腾讯看点广告、优量广告、腾讯音乐广告等诸多平台投放广告，进行商品推广。作为主动型的效果广告，腾讯广告能够智能地进行广告匹配，并高效地利用广告资源。

登录腾讯广告后，点击"广告资源"菜单进入图 7.44 所示的页面。点击"登录"按钮，企业广告主和个人广告主在此可投放相应的广告。

图 7.44　腾讯广告资源

2. 新浪微博广告中心

新浪微博广告中心是基于新浪微博的海量粉丝，把企业信息广泛传递给粉丝和潜在粉丝的营销渠道，它会根据买家属性和社交关系将信息精准地投向目标人群，同时，它也具有普通微博的全部功能，如转发、评论、收藏、点赞等。新浪微博广告中心可以通过置顶商品推荐信息推荐商品，是一种付费的广告形式。

3. 微播易

微播易（weiboyi）是数据驱动的短视频 KOL（Key Opinion Leader，关键意见领袖）交易平台（见图 7.45）。微播易以"科技让新媒体传播更简易"为使命，依托平台社交大数据、订单交易数据和 AI 智能营销技术，为广告主解决社交媒体、短视频投放触达难、精准难、效率难、ROI 难等问题，提供一站式 KOL 资源采买服务、社交大数据服务、社媒传播策略服务。

小贴士

SNBT

SNBT 是"微播易"独有的专利技术，可根据 57 项数据指标实时分析平台旗下各类账号数据，确定各类账号的隐形属性，帮助广告主找到最精准的广告投放路径。

该平台云集了优质短视频自媒体、直播网红账号及社交媒体，其资源横跨微信、微博、美拍、秒拍、快手、B 站、抖音、一直播等多个社交平台，致力于通过社交网络行为目标（Social Network Behavioral Targeting，SNBT）专利技术和精细化媒体运营，帮助广告主找到并找对买家，用好自媒体资源。淘宝网卖家可以借助这些社交平台对网店进行推广。

图 7.45 微播易首页

4. 折 800

折 800（zhe800）是一家商品限时特卖网站，淘宝网、天猫商城中的网店都可以选择通过参加折 800 的活动来推广宣传自己的商品。进入折 800 网站，点击右上方的卖家中心，注册后，进入卖家中心后台（见图 7.46），点击"淘宝天猫合作"按钮，将淘宝网店绑定后，参与活动的商品即可获得在折 800 网站中进行展示和出售的机会。

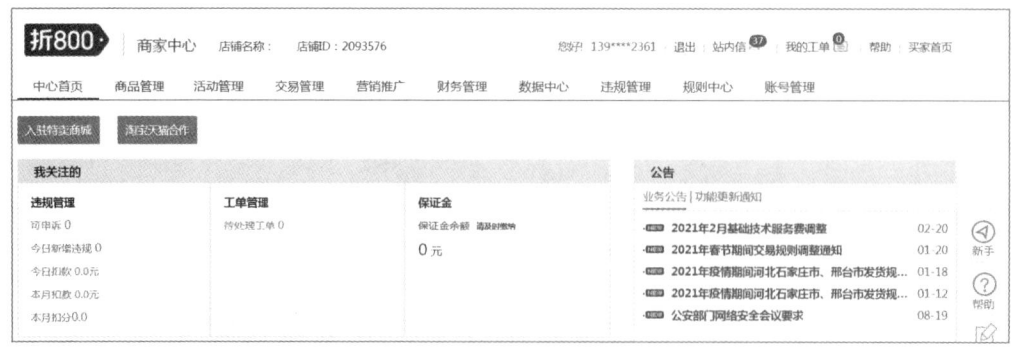

图 7.46 折 800 卖家中心后台

5. 卷皮网

卷皮网（juanpi）是一家服务于买家日常生活的平价电子商务平台，专注于为买家提供平价的商品和更好的购物体验，以创新"平价零售"模式为买家提供服饰、居家、母婴等优质商品。淘宝网的卖家可以通过卷皮网首页的"商家入驻"入驻卷皮网，在卷皮网上展示出售商品或参加卷皮网的活动。

本章小结

网店推广和营销首先面临的就是流量问题，网店的流量即网店的访问量。对于网店而言，其流量来源主要分为站内流量和站外流量，有了流量之后就需要提升网店的转化率了。本章从店内推广、站内推广、站外推广三个方面介绍了网店推广的内容，旨在让读者掌握网店推广的各种方法和技巧，有效提升网店的流量和转化率。

课后习题

一、名词解释

店内活动　站内流量　站外流量　淘金币　　CPM　CPT　直通车　淘宝客

二、单项选择题

1. 营销活动促销的本质是（　　）。
   A. 免单　　　　　　B. 秒杀　　　　　　C. 折扣　　　　　　D. 销售
2. 直通车的扣费原理是（　　）。
   A. 按照每千人印象成本计费（CPM）　　B. 按照每时间段成本计费（CPT）
   C. 按照每销售成本计费（CPS）　　　　D. 按照每次点击成本计费（CPC）
3. 在直通车里，ROI的含义是（　　）。
   A. 投入产出比　　B. 转化率　　　C. 关键词被搜索次数　D. 点击率
4. 超级钻展通常是按照（　　）和CPC方式来计费的。
   A. CPT　　　　　B. CPM　　　　　C. CPA　　　　　　D. CPS
5. 推广工具中按成交付费的工具是（　　）。
   A. 直通车　　　　B. 淘宝客　　　　C. 钻石展位　　　　D. 微淘
6. 下面流量中，不属于免费流量的是（　　）。
   A. 淘宝收藏　　　B. 淘宝客　　　　C. 淘宝搜索　　　　D. 淘宝论坛

三、简答题

1. 从网店流量来源和网店转化率角度考虑，一般来说，网店推广分为哪几种类型？请简单介绍网店的主要流量来源。
2. 淘宝网官方营销工具主要有哪些？在淘宝网上找出使用优惠券的网店，并总结优惠券的类型。
3. 淘宝网的活动分为哪几种类型？请具体分析每一种类型。
4. 淘宝网活动报名的入口主要有哪些？一般而言，淘宝网活动对卖家的要求主要体现在哪些方面？

5. 淘宝网卖家开通直通车需要满足怎样的条件？根据匹配技术和展现内容的不同，直通车可以分为哪几种类型？请在淘宝网上找出相应的展现位置。

实训任务

实训任务一：淘宝网店内推广活动的设置

从淘宝网店内推广工具单品宝、优惠券、店铺宝、搭配宝、N元任选、购物车营销、淘金币抵扣等方式中至少选择五种对自己的淘宝网店进行营销推广。

实训任务二：淘宝网站内推广

1. 进入淘宝商家营销活动中心，进行"淘宝活动"报名，每个网店最少报名参加两个活动。
2. 从淘宝网上找出一些使用直通车、超级钻展、超级推荐、百亿补贴、淘抢购等营销方式的商品，并讨论使用这些营销方式的条件和技巧。
3. 进入淘宝卖家服务市场，选择几种店内推广和站外推广的方式应用于自己的淘宝网店中。

实训任务三：淘宝网站外推广

1. 试着为自己的淘宝网店报名参加"淘宝客"活动。
2. 试着利用抖音、今日头条推广自己的淘宝网店。
3. 进入腾讯广告资源、新浪微博广告中心、微播易、折800、卷皮网等网站，总结每个网站的报名规则和运营机制，至少注册其中的一个网站，并对自己的淘宝网店进行推广。

视野拓展

淘宝内容营销怎么做　　成功打造爆款的技巧　　淘宝直播如何做粉丝营销

第8章 网店客服与客户关系管理

【知识框架】

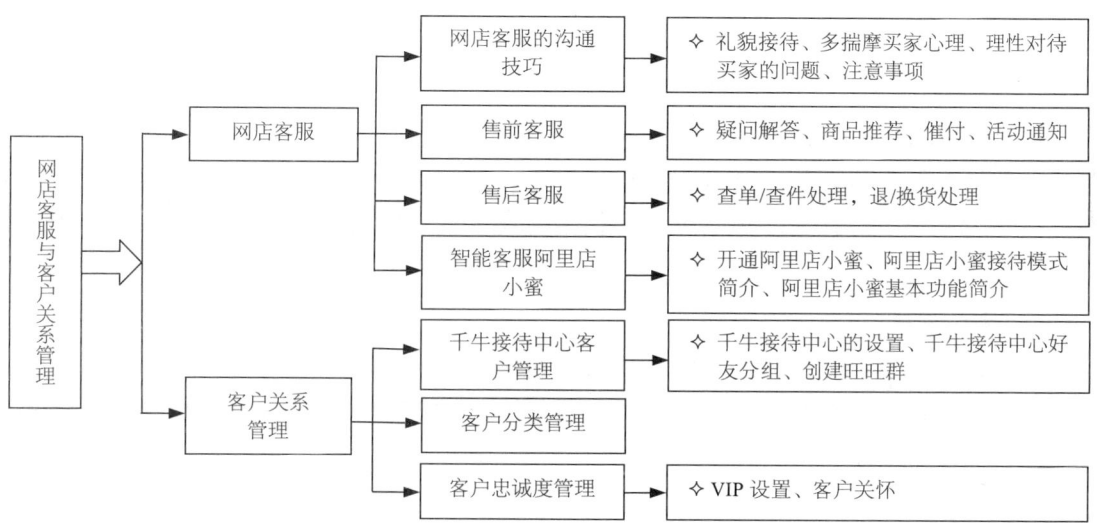

【学习目标】

1. 了解网店客服的沟通技巧。
2. 熟悉售前客服和售后客服的工作内容。
3. 熟悉阿里店小蜜的基本功能。
4. 掌握客户列表的操作、客户群组工具的使用及 VIP 设置。

8.1 网店客服

电子商务客服人员是指在电子商务平台负责销售商品和提供服务的工作人员。这里所说的客服人员是指淘宝网店或天猫商城的在线接待工作人员,其主要工作内容是在线提供销售及售前、售后问题处理服务。一名优秀的客服人员应能够从买家的角度出发进行服务,可以使买家按他的推荐购买商品。

8.1.1 网店客服的沟通技巧

1. 礼貌接待

对于网店客服来说,要善用"您好""请"等常见礼貌用语,必要时可使用表情与图片,拉近与买家的距离。

2. 多揣摩买家心理

客服人员在与买家交流时,要通过分析买家的心理活动来调整自己的沟通和营销方式,以便最大化地满足买家的需求并售出商品。例如,议价是当前客服工作中最常见、最头疼的问题,这时客服就需要揣摩买家的心理:很多买家并非买不起,而是讨价还价成了习惯,买家只是心理需要得到慰藉,以讨价还价的成功来获得成就感。对于这种买家,客服人员需要声明店内的商品是优质的,销售价格是公司制定的(已经是最低了),价格无法变动,这是原则。此时,大部分买家便不会再在价格上纠缠,对于那些仍然要讨价还价的买家,可以告知其当前网店有什么优惠活动,或者适当地在运费上给予一些优惠。

3. 理性对待买家的问题

客服人员要善于控制自己的情绪,切忌与买家争执,应平和地解决问题;另外,不要草率地作出决定,在交流的过程中如果对方情绪比较激动,不要采取强硬态度和手段,以免加剧彼此的矛盾。

4. 注意事项

在销售中,在线客服人员还需要尽量杜绝如下问题发生。

(1)直接拒绝买家的所有要求。直接或反复拒绝买家后,买家会觉得自己所有的要求都无法得到满足,也就不会在店里购物了。

(2)批评、讽刺买家。个别在线客服人员在遇到买家提出的问题存在错误时,会利用自己的专业知识对买家进行批评、嘲讽。在销售的过程中,在线客服人员需要做的是提供更多人性化的服务,而不是只为彰显自己的专业能力而打压他人,因为并不是所有的买家都非常了解自己所要购买的商品,所以在想法和说法上存在一定的错误是可以理解的。

(3)表示或暗示买家不重要。有些网店的商品为耐用消费品,在线客服人员会认为买家复购的概率不高,在与已购买家沟通的过程中,会对买家提出的一些质疑或要求表现得不耐烦,在言语间会透露出一丝"有你没你网店一样存活"的态度,这种做法是万万不可取的。

(4)出现变故不及时告知买家。因库存、物流等原因出现变故时,如果无法做到及时告知买家,等到买家上门询问时才说出实情,就会让买家在这段时间里除了无辜等待外,还会增加不满和焦虑,买家会认为这是网店的借口,最终导致买家产生不满或退货。为了杜绝此类事件发生,在线客服人员在发现异常情况时,应当第一时间与买家进行沟通。

8.1.2 售前客服

售前客服人员负责买家下单付款前的疑问解答、商品推荐、催付和活动通知。

8.1.2.1 疑问解答

无论实体销售还是网络销售,买家都会对商品及服务提出一些疑问。客服人员应做到有问必答,在解答买家提出的疑问时,可以引导买家,并在买家提出的疑问中了解买家的更多想法。

在如图 8.1 所示的案例中，可以看到买家进行了两次提问，其中一次针对的是物流时间的问题，另一次是针对商品规格的问题。作为在线客服人员，可以把这两个问题看作买家的正常询问，但如果深入一些，不难看出买家可能的两个需求点：一是买家急需使用这个商品；二是买家对更大规格的包装有需求。通过这两点，可以制定两个解决方案：①如果买家真的着急，是否可以更换掉默认的快递，选择速度更快的快递？②买家对更大规格的包装有需求，可实际情况是没有，那么如何让买家愿意选择现有的规格呢？当班的在线客服人员可选择从用量、保质期及新鲜程度上来使买家消除疑虑，选择现有的商品。如果在服务过程中只是单纯、机械地回答买家的问题，而不能感受到买家的真实需求，就往往会使订单白白地流失。

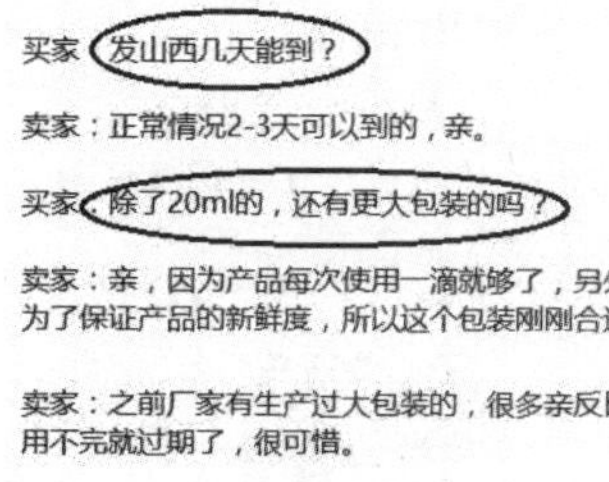

图 8.1 解答疑问案例

网络购物受限于见不到实物，除了上述简单的疑问外，在购物前期，买家还会对商品提出较多的疑问，所属不同品类的网店，在线客服人员遇到的问题也会不同，这就要求在线客服人员要对商品非常熟悉，才能保证在解答商品及物流的疑问时，做到正确无误、快速、有效。

8.1.2.2 商品推荐

当客服人员顺利完成商品答疑后，在线客服会进入一个新的工作流程——商品推荐。

一个优秀的在线客服人员，一定是善于做商品推荐的，这一点更有利于提升交易转化率和快速提高客单价。在网络交易中，了解需求不是等待买家明确告知其需求，因为在交易过程中买家可能不愿意说出需求或者需求不明确。针对这样的情况，在线客服人员的处理方式就是获取和明确需求，便于日后更好地利用销售技巧进行商品推荐。在询问过程中应尽量使用封闭式问题进行询问，以便可以更加快速、有效地获取到答案和了解买家的真正需求。

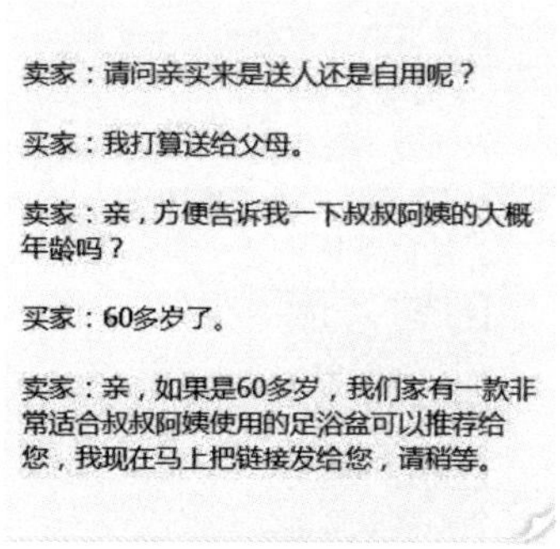

在图 8.2 所示的案例中，在线客服人员通过封闭式问题进行提问，确认买家购买商品准备自用还是送人，当得到的答案是送给父母后，结合网店实际情况，快速锁定店内哪些商品更适合推荐给买家，哪些商品次之或不适合推荐，保证买家不会因为所推荐的商品与其想法差异过大而流失。

图 8.2 了解需求案例

在图 8.3 所示的案例中，因为在线客服人员对买家需求不了解，推荐时没有太多的考虑，推荐结果无法得到买家的认可。通过买家对商品观察后的回答，在线客服人员发现买家对功能和可操作性有更大的需求，及时调整思路，推荐另外一款更能够满足买家需求的商品。再次推荐前，对需求进行了进一步确认，第二次推荐的商品得到了买家的认可，使交易得以顺利进行。而在实际工作中，因为某些原因，买家的需求表达得不够明确，在线客服人员未进行深入挖掘，便顺势放弃了再次推荐，也是订单大量流失的原因。

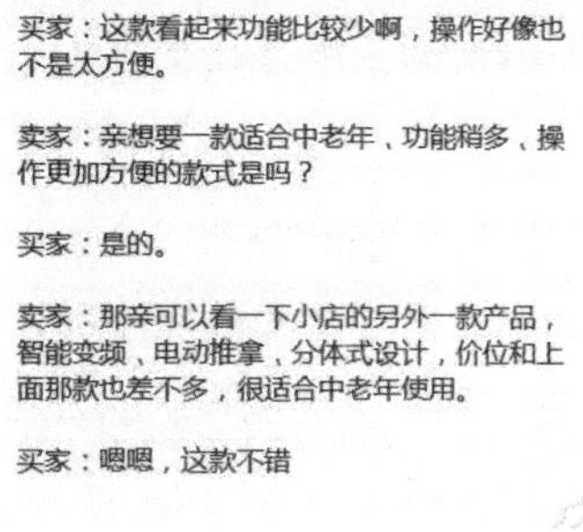

图 8.3 再次推荐案例

> **小贴士**
>
> 如果遇到买家议价怎么办？推荐扫描二维码观看视频，学习客服议价技巧。
>
> 议价技巧
>
>

8.1.2.3 催付

催付是指买家拍下商品后没有付款，在线客服人员引导买家付款的行为。在常规交易中，当买家拍下商品后，如果72小时内没有付款，那么这笔订单将被淘宝网自动关闭。订单关闭也就意味着卖家没有成功卖出商品，对于网店来说就是销售额上的损失。

当在线客服人员和买家沟通了解原因时，或者知道原因后联系买家进行付款时，都需要选择好催付方式，一般有如下四种方式可以选择。

1. 千牛工作台"接待中心"催付

千牛工作台"接待中心"是原阿里旺旺卖家版的升级，这种催付方式是对买家一对一的催付，是目前催付成功率最高的。客服人员可以通过"接待中心"聊天工具，了解买家未付款的原因，给出解决方案，引导买家完成支付。这种方式的缺点是如果店铺的订单量比较大，就会使客服人员的工作量过大；买家如果不在线，就无法及时收到消息。

2. 自动催付

自动催付是千牛工作台中的第三方插件，如图8.4所示。在网店设置成功后，会自动对未付款的订单发起催付，这样可以大大减少客服人员的劳动强度，目前自动催付无法提供个性化催付，只能设置网店统一的催付话术提示。

图8.4 自动催付

> **小贴士**
>
> 客服人员在催付环节应该怎么做？又要注意些什么呢？推荐观看《催付环节》视频。
>
> 售前话术可以有效地帮助客服人员缩短平均响应时间，提高询单转化率。读者可以观看《售前客服话术》，作进一步了解。
>
> 催付环节
>
> 售前客服话术
>
>

3. 电话催付

电话沟通的效果比较好，但时间成本较高，一般只对大额订单及老客户订单使用。电话催付需要注意几点：首先要自我介绍，用语要礼貌，口齿要清晰，最好提前准备好文本。电话交流有时候会被人拒绝，毕竟现在的广告信息太多，所以确定合适的人选和沟通文本很重要。

4. 短信催付

短信催付一般只针对活动期间大批量没付款的订单，发送短信的到达率会比较高。短信内容应该包含网店名称、买家所购买的商品名称、买家购买商品的时间等，现在使用短信的最大阻碍就是大多数短信都被手机拦截了，只能沉睡在垃圾信箱中。

客服人员可以根据情况合理使用四种常用催付方式，当买家在线时，应首先使用阿里旺旺来进行催付，当买家不在线时，可使用自动催付、电话或短信催付。

8.1.2.4 活动通知

在活动以及活动预热期间，虽然活动在网店页面都会呈现，但并不是所有买家都会看到。为了使活动能达到最好效果，在线客服人员应将活动主动告知买家。这里主要以使用千牛工作台通知（见图8.5）的方式为例介绍。

在线客服人员在与买家沟通过程中，要第一时间把活动通知买家，这样既可提高询单转化率及客单价，又可避免买家抱怨因没有及时收到通知而错过了优惠活动。

除了在与买家沟通时要及时通知其活动外，平时在线客服人员可以将活动通知曾经聊过的买家，也可以邀请买家加入网店群或者自己创建的群，于活动预热期间，在群里将活动通知买家。在好友分组界面中，右击分组名，选择"发群消息"（如图8.6所示），在群发即时消息对话框中，编辑通知内容，点击"发送"按钮即可。

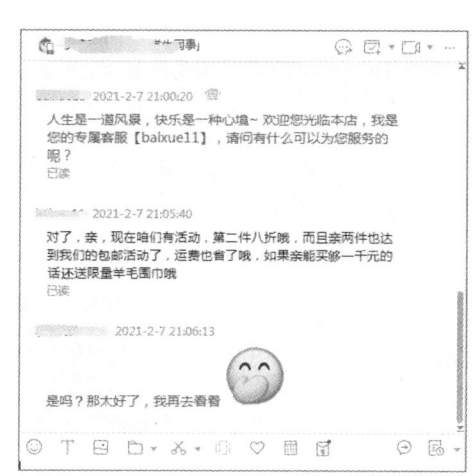

图 8.5　千牛工作台通知

图 8.6　千牛工作台群组通知

8.1.3 售后客服

传统意义上的售后客服是指商品出售后卖家能为买家所提供的各种服务。从电子商务层面来讲，售后客服除了具有一定的功能以外，售后客服本身也是一种促销。好的售后客服，不但可以提升整个交易过程中客户的满意度，还可能是下一次交易的开始。网店售后客服所包含的内容非常多，如查单/查件处理、退/换货处理等，其中涉及退/换货处理的问题比较多。

8.1.3.1 查单/查件处理

在卖家发货后，快递在运送途中或者已经抵达买家手中时，经常会出现各种与物流相关的问题，导致买家必须向在线售后客服人员咨询。常见的查单/查件的售后问题如下。

1. 系统显示已经签收，但并非本人签收

在整个线上交易过程中，这种情况出现频率较高，有可能是由于将快递送到了代收点，也有可能是由于收件人在快递派送的时间无法签收而由其他人代签了。遇到这种情况，当买家向在线售后客服人员咨询时，客服人员应积极联系快递公司，查询实际收件人，并反馈给买家。

2. 疑难件无法派送

在快递派送过程中，由于联系不到买家、地址错误等原因，造成快递无法派送，而买家由于长时间收不到商品或查看物流状态时显示为疑难件，便会向客服人员咨询。遇到这种情况，在线售后客服人员需要马上确认收件人手机号码或核对收货地址，并及时反馈给快递公司，督促其及时送件。

小贴士

在千牛工作台中，有查看异常物流提醒的栏目。为减少因物流而产生的售后问题，在线售后客服应多关注千牛工作台，及时关注物流信息。

3. 不可抗拒的自然灾害

由于洪水、暴雪等气候原因造成的特殊情况，属于不可抗力情况。当遇到这种非人力因素造成不能及时派送快递的情况时，在线售后客服应该及时跟买家联系，说明原因，努力寻求买家谅解，并跟进最终解决方案的落实。

4. 节假日或特殊节日派件时间延长

在"双十一""双十二"等规模较大的促销活动期间，短时间内会产生大量的商品交易，经常有快递爆仓现象发生，买家有可能对预期晚到的快递进行咨询。遇到这种情况，在线售后客服人员应如实说明原因，最好是在售前就做好提醒工作。

5. 快递丢失或破损

当买家因出现快递丢失或破损的情况而进行咨询时，在线售后客服人员先要安抚买家情绪，及时和快递公司联系确认情况，如果情况属实，应及时回复买家，并做好后续的补救工作。

8.1.3.2 退/换货处理

一般来说，在退/换货环节需要注意的问题有以下几点。

1. 了解退/换货原因

（1）物流原因。主要有逾期不达、货品丢失、物流服务差等问题。

（2）商品原因。主要有商品质量和商品使用方法等问题。商品质量问题包括商品过保质期、商品材质与描述不符或有色差、商品有污损等问题。与商品使用方法相关的问题包括买家对使用方法不了解、对商品特殊使用注意事项不清楚等。

（3）买家主观原因。这方面的问题主要包括买家对客服人员的服务态度不满、对收到的商品不喜欢、错拍号码和颜色等。针对以上问题，在线售后客服人员能做的就是向买家讲清事实，引导买家换货或者转让商品，从而降低退/换货率。

小贴士

在整个退/换货过程中，卖家需要注意以下两点。
（1）提醒买家选择快递的注意事项，尤其要避免因快递到付导致运费增加。
（2）提醒买家保留退货底单。

2. 确认细节

在退货前要和买家确认需要退回的物品是否影响二次销

售，在收到退货后，需要检查商品的完整性。

3. 后台操作执行

对于商品、服务及买家喜好等原因造成退/换货的，在了解了退/换货的原因及确认退/换货的细节后，售后客服人员就需要在网店后台做退/换货处理。退/换货处理的流程如图 8.7 所示。

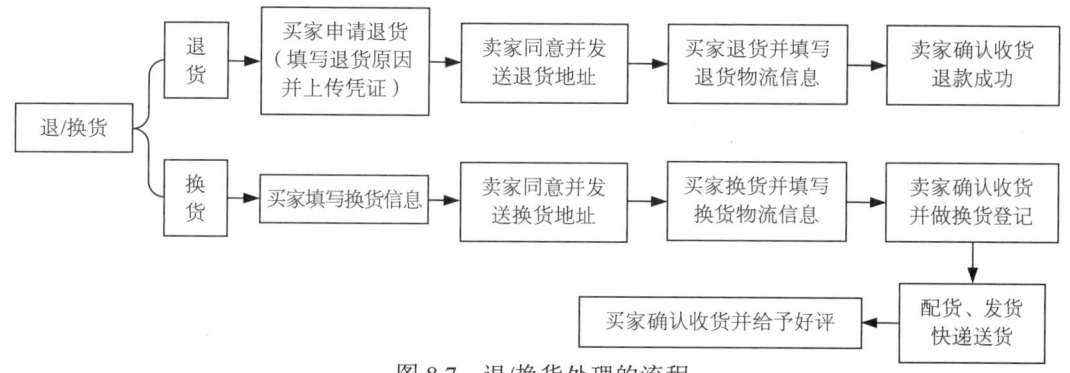

图 8.7　退/换货处理的流程

8.1.4　智能客服阿里店小蜜

在电商快速发展中，客服工作逐渐暴露出了很多短板，无法满足电商企业的需求，它更需要自由度高、人员能够灵活切换、回复及时且精准的客服团队，简单来说，就是易管理、低成本、高产出。在这种大形势下，智能客服应运而生，智能客服可以帮助企业提升电商团队的服务能力，提高买家的购物体验。

阿里店小蜜是阿里巴巴推出的商家版智能客服机器人，2016 年 8 月 1 日第一版上线，2016 年 12 月 27 日开启公测，2018 年 8 月 13 日 1.0 正式版上线。

8.1.4.1　开通阿里店小蜜

阿里店小蜜的开通很便捷，通过店小蜜官网及千牛工作台，所有淘宝、天猫商家都可以提交使用申请，如图 8.8 所示。一键授权激活后，阿里店小蜜就可以投入使用。

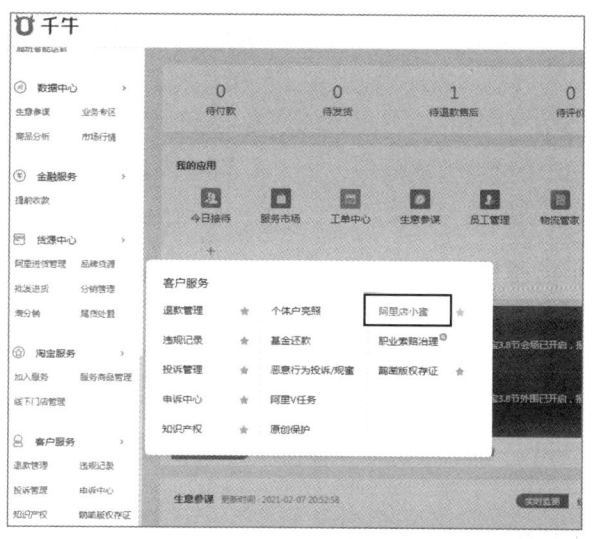

图 8.8　开通店小蜜

8.1.4.2　阿里店小蜜接待模式简介

阿里店小蜜主要的智能接待模式包括全自动接待模式和智能辅助（半自动）接待模式。

1. 全自动接待模式

全自动接待模式是阿里店小蜜主要的接待模式之一，由阿里店小蜜独立接待买家。具体后台运作过程为：千牛把客户分流给全自动机器人，机器人自动发送欢迎语及快捷卡片，识别并回复买家问题，在此过程中，如果无法识别买家问题，就会进入全自动设置的直连人工场景，可无缝转接人工，如果转接人工失败，则可通过查看接待记录找到转人工失败的买家，手动分配客服人员。

目前，全自动接待模式有人工优先、助手优先、混合接待三种接待方式。如图8.9所示。

人工优先指的是只有当参与分流的账号全部下线或全部挂起时才会由店小蜜开始自动接待。助手优先指的是客户开始咨询后将优先由店小蜜接待，当店小蜜无法解决时转人工处理。混合接待指的是千牛按照自动化分流分配设置比例的买家由店小蜜优先接待，其余的客户由人工正常接待。

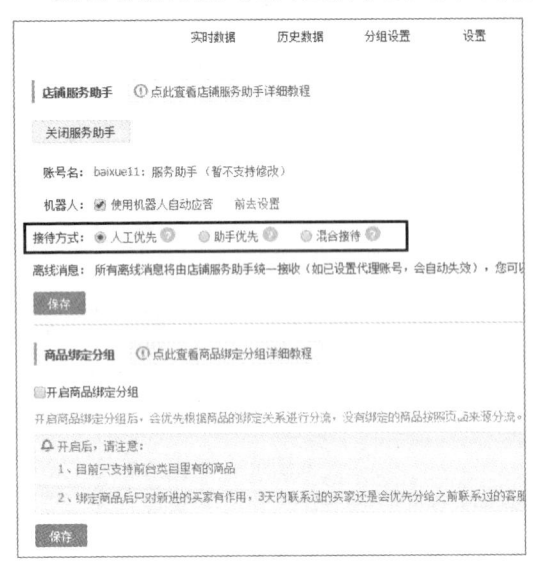

图8.9　全自动接待模式

2. 智能辅助（半自动）接待模式

智能辅助依附于客服账号和客服人员一起接待买家，它可以代替客服人员自动回复，也可推荐回复内容供客服人员选择，相当于客服人员的智能助手，也称为半自动机器人。

我们可以在以下场景中使用阿里店小蜜智能接待模式：

（1）客服人员下班后。这种情况下可开启全自动接待模式，选择人工优先接待方式，可及时响应买家，提高询单转化率。

（2）同时接待多人。如果需要同时接待5~10人，可开启智能辅助接待模式，无须关闭全自动接待模式，选择人工优先接待方式即可。如果需要同时接待10人以上，可开启全自动模式，选择助手优先方式，同时开启智能辅助接待模式，这样可以降低店铺人力成本，把重复、简单的问题交由全自动接待模式处理，把疑难问题转人工接待，人工接待过程中的简单问题交由智能辅助模式自动或推荐回复。

8.1.4.3　阿里店小蜜基本功能简介

1. 常见问题配置

常用的回复问题和答案在此区域编辑，常用问题主要分为行业通用问题、自定义问题等两种类型，根据问题的方向又分为聊天互动、商品问题、活动优惠、购买操作、物流问题、售后问题、更多问题等七个类型，如图8.10所示。

我们在添加行业通用问题以及自定义问题的答案时，店小蜜除了能给我们提供文字回复外，对于买家提出的相同问题，还能提供多种不同回复，对于一些复杂问题可在答案后附加图片。

图 8.10 常用问题配置

2．商品知识库

在商品知识库功能页面中，卖家可新增自定义知识，回复方式可选择图文回复或直连人工客服，如图 8.11、图 8.12 所示。

图 8.11 商品知识库功能页面

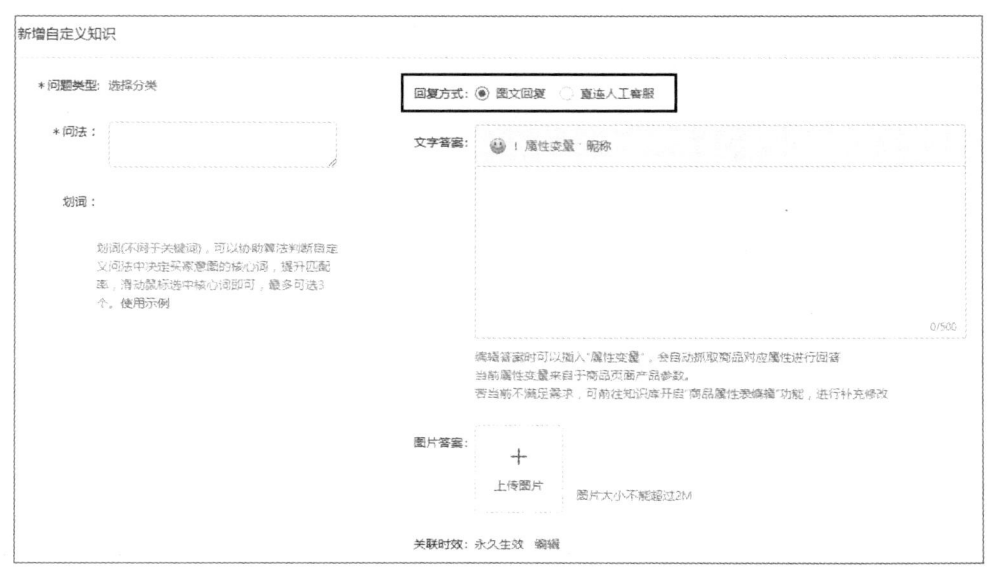

图 8.12 新增自定义知识页面

选择直连人工客服方式，当客户咨询的问题无法在商品知识库中识别，则直接由人工接待。

3. 店铺问答诊断

店铺问答诊断功能可根据卖家店铺的客服接待数据，给出知识优化建议，卖家无须再逐一浏览客服聊天记录即可获取知识库的配置提示，如图 8.13 所示。该功能包括：按照智能诊断结果优化知识库内容；客服人员可以参考店铺客服人员以往的回复话术作为回复依据，来维护自己专属的回复话术；参与优化自动识别模型等。

图 8.13　店铺问答诊断

4. 跟单助手

跟单助手包括配置面板、任务列表和数据看板三个模块，如图 8.14 所示。

图 8.14　跟单助手

（1）配置面板。配置面板包含促进增收、直接增收和售后服务。其中，促进增收用于在咨询过程中进行营销促进，可提升转化率 10%～20%；直接增收用于对历史未成交和已成交用户进行营销，利用店铺私域流量增收；售后服务可为买家提供主动售后服务，提升买家购物体验。

（2）任务列表。任务列表展示了任务名称、任务场景、发送渠道、任务有限期、任务状态及操作等信息。

（3）数据看板。数据看板展示了下单未支付、预售尾款未付、咨询未下单、意向用户唤醒、复购营销、智能私域营销、签收未确认、确认收货后邀评及发送使用说明等信息。

5. 智能商品推荐

智能商品推荐是基于店小蜜"千人千面"的智能推荐算法，在不同场景下，给买家推荐最有可能成交的商品，最终提高客单价，在该页面可设置欢迎语推荐、求购推荐、搭配推荐及其他推荐，如图8.15所示。

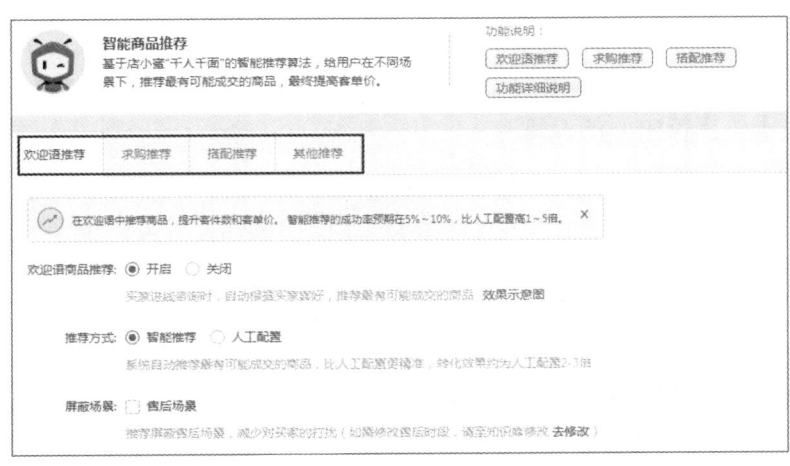

图 8.15　智能商品推荐页面

欢迎语推荐：在欢迎语中推荐商品，可提升客件数和客单价。

求购推荐：当买家发起求购需求时，可通过智能导购进行商品推荐。

搭配推荐：当买家表达出明确的购买意图时，可智能搭配推荐商品，提升客单价。

其他推荐：店小蜜可识别无货推荐、凑单推荐、爆款推荐等多种特殊推荐的场景，可一键开启。此功能需要卖家配置两件爆款商品和对应推荐话术，店小蜜将随机选择一个发送给符合条件的买家。

8.2　客户关系管理

客户关系管理是一个不断与客户交流，了解客户的需求，从而提供更合适的商品和更优质服务的过程。客户关系管理可以提高买家的满意度与忠诚度，从而实现买家价值的最大化。

8.2.1　千牛接待中心客户管理

为了能更好地与买家保持长期稳定的关系，卖家需要和买家随时进行互动，这就需要建立与买家沟通的通道。目前，淘宝网常用的即时沟通工具是千牛工作平台的"接待中心"。

> **小贴士**
>
> **千牛工作台的运行模式**
>
> 　　千牛工作台一般有两种运行模式：旺旺模式与工作台模式。旺旺模式以沟通为主，工作台模式以管理为主。工作台模式已与卖家中心合并，利用卖家中心管理网店的相关内容前面章节已做介绍。淘宝网店接待买家、与买家沟通常用的是旺旺模式。
>
> 　　旺旺模式由阿里旺旺卖家版升级而来，也称千牛接待中心。阿里旺旺是淘宝的即时交流工具，可以轻松实现在线沟通。淘宝网的用户之所以习惯使用阿里旺旺来沟通和交流，并不仅仅是因为可以即时看到对方的淘宝会员名和相关资料、直接显示网址链接的安全性，更重要的是如果使用外部聊天工具，一旦出现交易争议或纠纷，淘宝网管理方就无法核实会员的真实身份和对话记录的真实性，外部聊天工具上的对话记录无法作为证据用来举证，而使用阿里旺旺则能避免这一问题。

8.2.1.1 千牛接待中心的设置

1. 编辑基本资料

（1）编辑卖家基本资料。在使用千牛工作台之前，首先需要对头像等基本资料进行设置。这样不但能让买家对卖家印象深刻，还能体现网店的"个性"。①登录千牛工作台后，可直接点击页面右上角的"接待中心"按钮，如图 8.16 所示；或者直接点击千牛悬浮条中的"接待中心"按钮，如图 8.17 所示。②进入"接待中心"页面，点击"接待中心"页面左上角的用户名，即可打开"我的资料"页面，点击"修改"按钮可进入"修改头像"页面，点击"编辑"按钮可以对"姓名""个人信息"等资料进行修改，如图 8.18 所示。

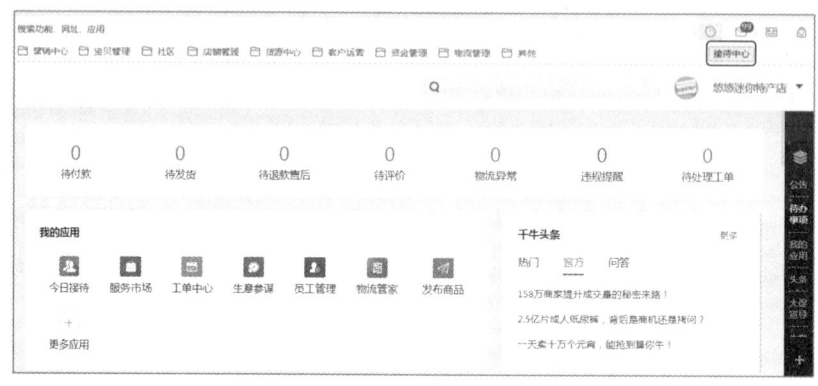

图 8.16　千牛工作台

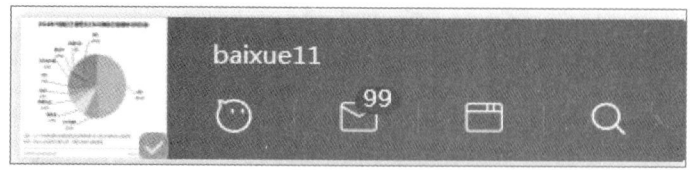

图 8.17　千牛悬浮条

（2）编辑买家信息。为了做好客户关系管理，借助千牛工作台接待中心对买家做一些简单的备注是很有必要的。右击某个联系人名字，在弹出的快捷菜单中选择"查看资料"，进入

图 8.19 所示的页面。在这个页面上，除了可以修改该联系人的所属分组外，还可以为其编辑一个昵称。例如，可以在昵称中加入其姓名、购买的商品及其型号等作为一个微型备注，下次联系时，可以在最短的时间内知晓买家的基本情况，尽快进入有效沟通。

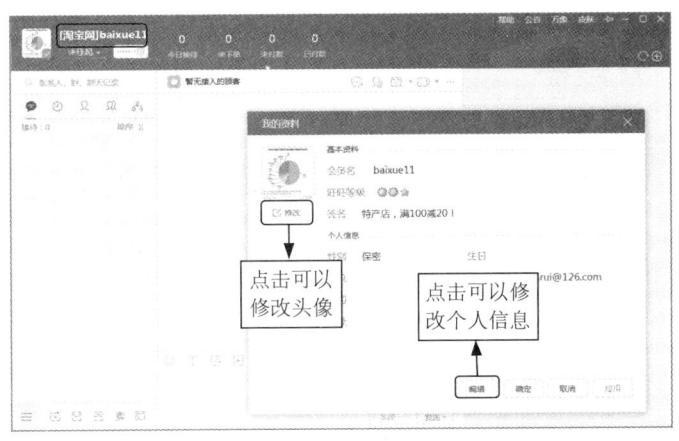

图 8.18 编辑卖家基本资料

图 8.19 编辑买家信息

在编辑页面上，可以利用"备注"功能做一些简单的接待记录和工作笔记，为后续的接待工作提供便利，有利于做好对老客户的维护工作。

2. 自动回复

客服的响应速度直接影响着网店的动态评分，应提前设置好自动回复和快捷回复，以免造成访客量过高时回复不及时，从而影响客服的响应速度。

（1）打开千牛接待中心页面，点击页面左下方的"≡"按钮，选择"系统设置"，进入"系统设置"页面，选择"接待设置"，如图 8.20 和图 8.21 所示。

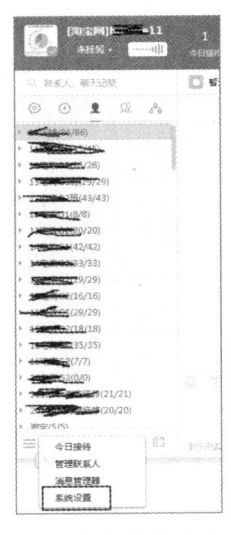

图 8.20 千牛接待中心页面

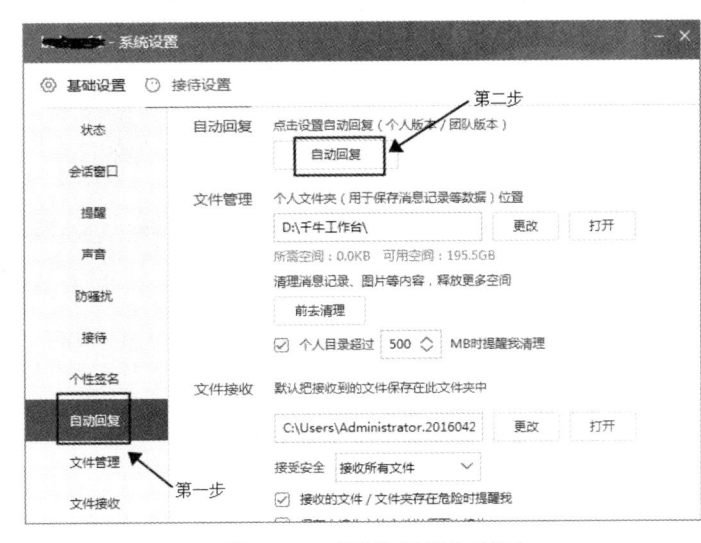

图 8.21 "接待设置"页面

（2）在图 8.21 所示的页面左侧列表中选择"自动回复"，再点击右侧的"自动回复"按钮，可以打开图 8.22 所示的页面。选择"设置自动回复"，在出现的页面中勾选想要设置的选项，点击"新增"按钮，设置好后点击"确定"按钮即可，如图 8.23 所示。

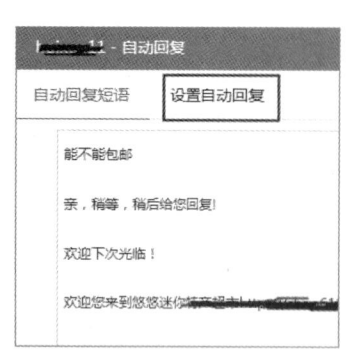

图 8.22 "自动回复"页面

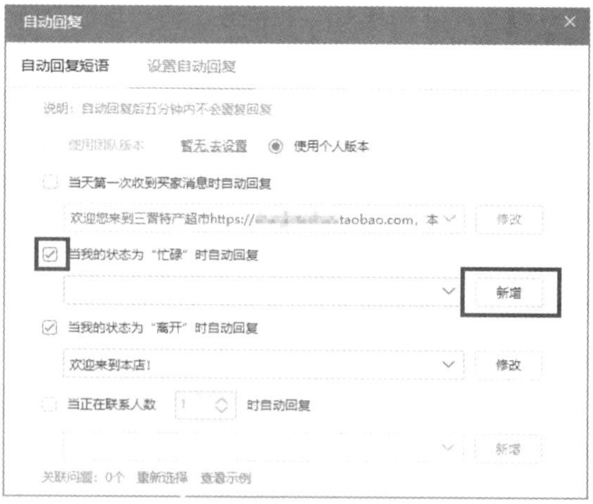

图 8.23 设置自动回复

3. 快捷回复

充分利用千牛工作台的快捷短语功能，可以使卖家在繁忙的时候也能够游刃有余地接待多位买家，提高工作效率。

（1）在千牛工作台中打开聊天窗口，在小工具中点击"☺"图标，如图 8.24 所示。在右侧窗格中点击"新建"按钮，可以打开图 8.25 所示的页面，编辑好之后点击"保存"按钮即可。

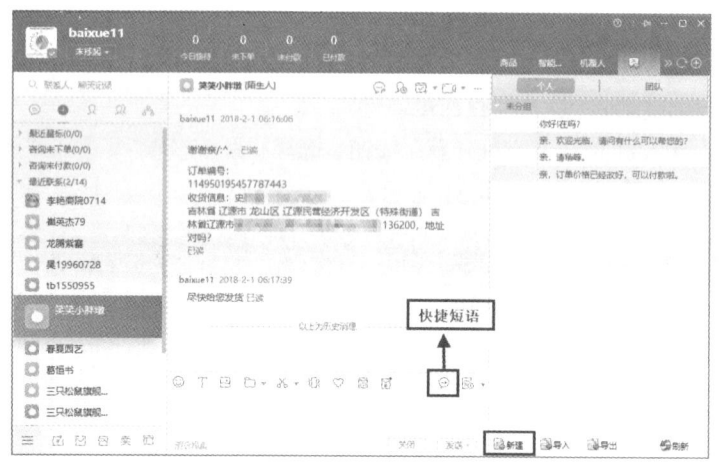

图 8.24 千牛工作台的聊天窗口

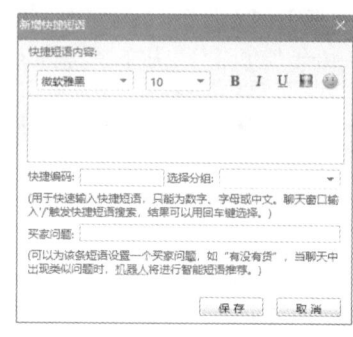

图 8.25 新增快捷短语

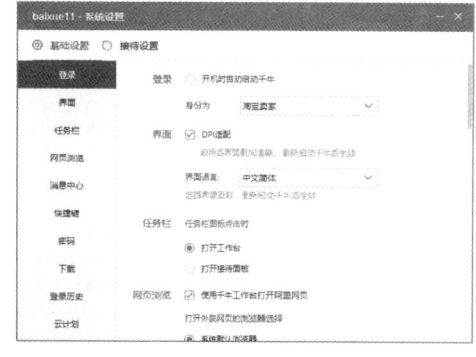

图 8.26 "系统设置"对话框

（2）在出现的"系统设置"对话框中，可以对文件传输、聊天记录保存、消息提醒方式等多个选项进行具体设置，这需要根据实际情况来调整，如图 8.26 所示。

4. 消息中心

点击图 8.17 悬浮窗口中的"消息中心"按钮可进入千牛工作台的消息中心，如图 8.27 所示。消息中心的消息分为系统消息、服务号消息和行业消息，这三类消息用户均可自行订阅。选择"消息订阅"，出现如

图 8.28 所示的订阅设置页面。在该页面中，用户可选需要订阅的消息类型及消息提醒方式。

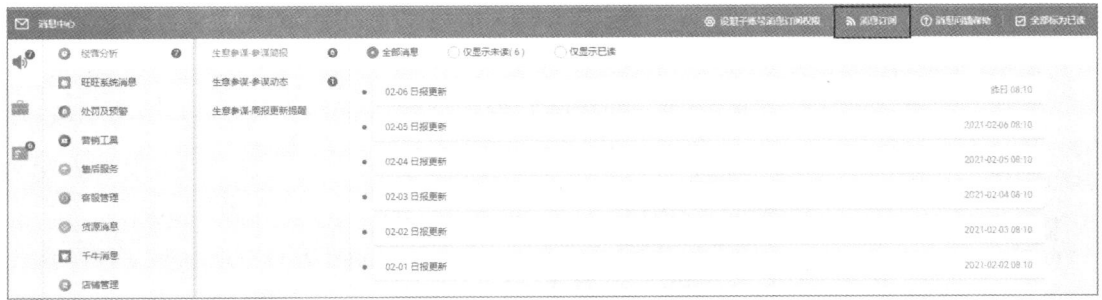

图 8.27　千牛工作台的消息中心

图 8.28　订阅设置

8.2.1.2　千牛接待中心好友分组

当买家通过旺旺向客服人员咨询时，客服人员首先应该将买家加为好友，并放到相应的分组中。在聊天页面上方点击买家的旺旺名，在打开的买家资料页面可对该买家进行分组，如图 8.29 所示。

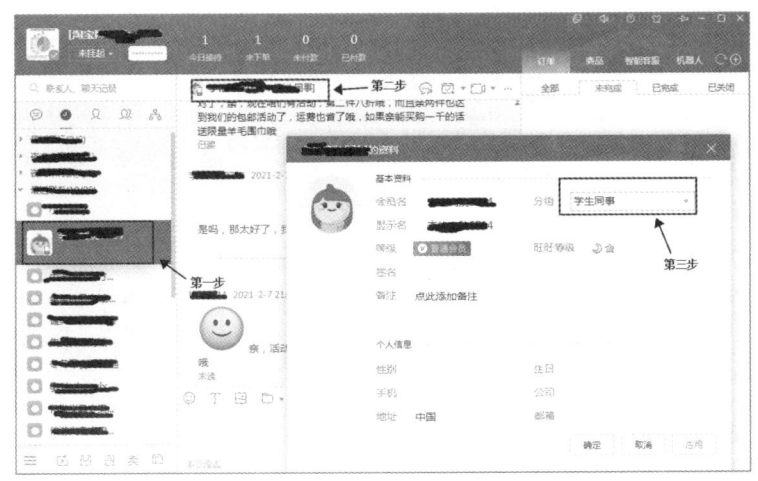

图 8.29　千牛接待中心好友分组

图 8.30 旺旺群管理

千牛接待中心好友分组的好处在于当买家再次沟通时，客服人员可以根据该买家的分组标签第一时间判断出买家的需求或特征，也可以在同一组买家中通过群发形式定期推送信息。

8.2.1.3 创建旺旺群

客服人员也可以将买家添加到旺旺群，通过群与买家建立感情，了解买家对品牌、产品、服务的体验，如图 8.30 所示。

8.2.2 客户分类管理

客户信息是店铺或客服人员拥有的宝贵财富，具有以下一些重要作用：让客服人员明白如何服务买家才能使其拥有更好的服务体验；了解买家的产品使用情况，促进买家复购；做好买家分类管理等。

下面介绍在千牛平台的客户管理页面对客户列表进行操作的具体方法。

（1）通过千牛工作台进入"客户运营平台"，如图 8.31 所示。

（2）在客户运营平台页面，点击"客户列表"按钮，在打开的页面中将显示网店的客户信息，如图 8.32 所示，点击某一客户中的"详情"按钮，即可看到该客户的具体信息。如图 8.33 所示。

（3）进入客户详情页面后，卖家可对客户信息进行编辑和补充，点击右上方的"编辑"按钮，进入编辑页面，如图 8.34 所示。

小贴士

客户分类管理

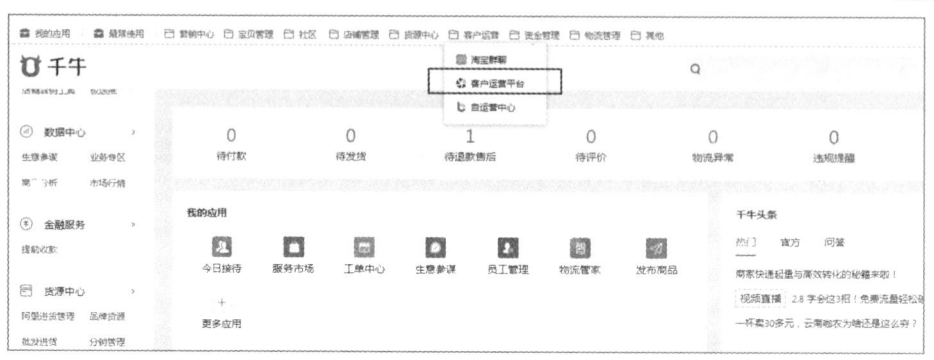

图 8.31 进入客户运营平台

图 8.32 客户列表

图 8.33 客户详情

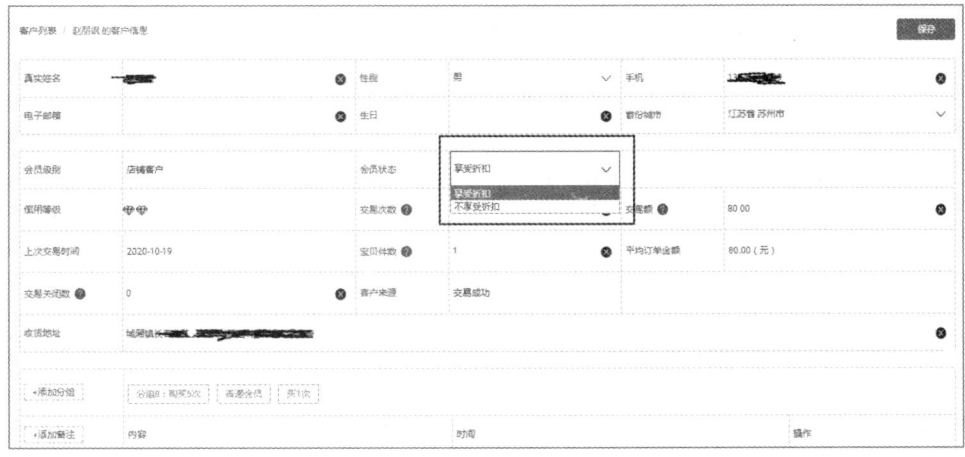

图 8.34 会员状态设置

（4）在图 8.34 所示的编辑页面中可对客户的个人信息及会员状态进行设置。相关信息设置完成后，点击"保存"按钮完成保存。此时，卖家可针对不同的客户做营销，如送优惠券、支付宝红包、流量等，如图 8.35 所示。

图 8.35 对客户做营销

（5）在图 8.35 所示的页面中选择客户，点击"送优惠券"按钮，即可为其发送优惠券，如图 8.36 所示。如卖家尚未订购优惠券工具，需订购后才可设置优惠券。

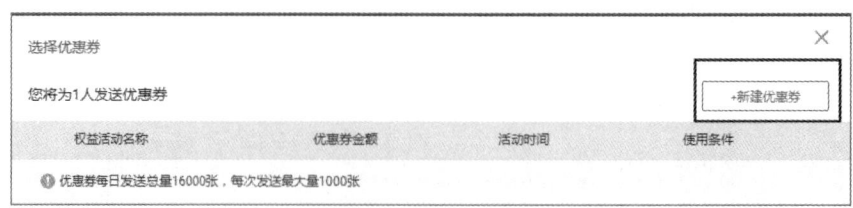

图 8.36　送优惠券

（6）在图 8.35 所示的页面中选择客户，点击"送支付宝红包"按钮，即可为其发送支付宝红包，如图 8.37 所示。如卖家没有可用的支付宝红包，则需点击右上方的"新建模板"按钮，进入支付红包模板编辑页面，编辑完成后，点击页面下方的"确认创建"按钮，即完成支付宝红包模板的创建，如图 8.38 所示。

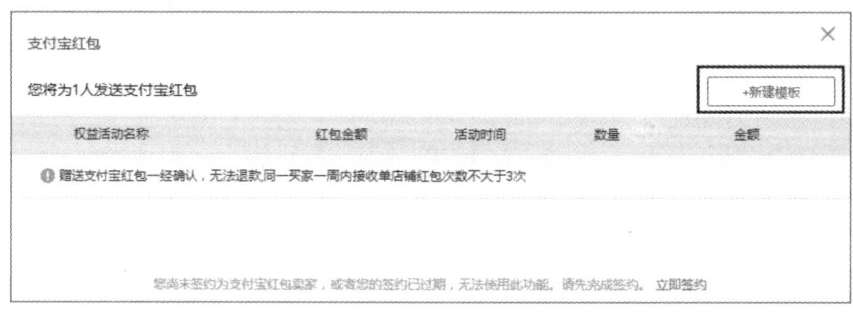

图 8.37　送支付宝红包

图 8.38　支付宝红包模板设置

（7）在图 8.35 所示的页面中，点击"分组管理"按钮，即进入分组管理页面，如图 8.39 所示，在该页面可以查看客户分组信息，并对各分组信息进行复制与移动等操作。如需新增分组，可以点击右上方的"新增分组"按钮，进入新建分组页面，然后输入分组名称并选择分组方式即可。如图 8.40 所示。

图 8.39　分组管理页面

图 8.40　新建分组页面

8.2.3　客户忠诚度管理

客户忠诚度指客户忠诚的程度，是一个量化的概念。客户忠诚度是指由于质量、价格、服务等诸多因素的影响，使买家对某一企业的产品或服务产生感情，形成偏爱并长期重复购买该企业产品或服务的程度。对于卖家来说，忠诚的客户是卖家最有竞争力的武器，如何维系在日常交易及大促销中沉淀下来的客户忠诚度，如何让买家再次产生购买行为，使客户忠诚度变现，是客户关系管理的最终目的。只有不断地给买家提供优质的产品和周到的服务，从而提升买家的满意度，才能最终达到买家与卖家双赢的结果。

8.2.3.1　VIP 设置

淘宝网后台的会员管理系统将会员分为普通会员、高级会员、VIP 会员、至尊 VIP 会员四个等级。只要是购买商品并完成交易的买家即可自动变为普通会员，而要成为高级会员、VIP 会员、至尊 VIP 会员，则还需要满足店内指定的消费条件。下面介绍 VIP 的设置方法。

依次点击"客户运营平台"→"忠诚度设置"。如果已经设置过 VIP，在打开的页面中点击"修改设置"按钮（如图 8.41 所示）；如果首次设置 VIP，在打开的页面中点击"立即设置"按钮，进入 VIP 设置页面。

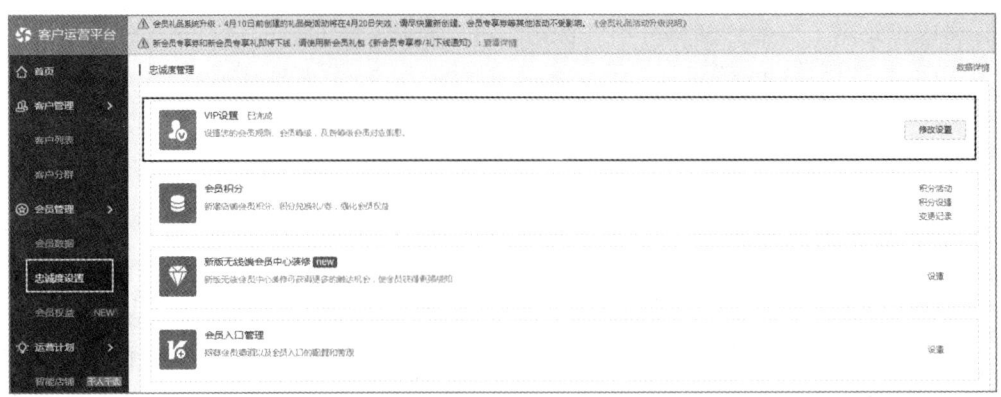

图 8.41　VIP 设置（一）

在打开的页面中，设置会员卡名称、选择需要设置的会员卡等级。例如，选择高级会员卡的设置，可点击高级会员（VIP2）右侧的"设置"按钮，即可进入高级会员卡的设置页面，如图 8.42 所示。

图 8.42　VIP 设置（二）

在高级会员卡设置页面，卖家可以设置会员卡消费额度或交易次数、会员可以享受的会员折扣、会员卡外观等，设置完成后，点击右上方的"保存"按钮即可，如图 8.43 所示。

图 8.43　VIP 设置（三）

8.2.3.2　客户关怀

对老客户的关怀，可以提升其满意度，当其再次购买时，因为信赖产品及服务，从而更加愿意尝试高价产品，并对产品进行宣传。

1. 关怀工具

目前，常用的关怀工具有短信、电话、旺旺、邮件等。

（1）短信关怀。优势：覆盖面广、收费低、可群发。劣势：字数有限、无表情、容易被忽略。注意：不宜在买家休息或忙碌时发送，且发送内容不要太死板。

（2）电话关怀。优势：时效性高、沟通效果好、买家记忆深刻。劣势：成本高、对沟通人员能力要求高、骚扰度高。注意：关怀内容不宜推送促销信息，更适合用于了解买家对产品的使用感受。

（3）旺旺关怀。优势：免费、可使用表情、可群发、不限制字数、骚扰度低。劣势：买家不在线时无法及时沟通。

（4）邮件关怀。优势：可群发、可制作精美的版面与图文。劣势：容易被当成垃圾邮件、时效性差。

小贴士

快速了解老客户营销的好处与方法，熟练运用会员关系管理工具来进行客户维护，可以大幅度提高客户满意度及网店回购率。推荐观看《新店如何培养老客户》视频。

新店如何培养老客户

2. 关怀方式

（1）售后关怀。包括发货关怀、同城关怀及签收关怀。

① 发货关怀。例如：

亲，您购买的宝贝已经发货，使用的是申通快递，预计2~3天到达，请保持手机开机，方便快递联系哦。

② 同城关怀。当快递到达买家所在的城市时，买家也会收到短信提醒。例如：

亲，您购买的宝贝已经搭乘圆通小伙伴到达太原站，请亲耐心等候哦。

③ 签收关怀。例如：

亲，您购买的商品马上就要投入您的怀抱了，请检查快递包装是否完整，当场验货无误后再签收，若您对商品满意的话在评价里求五星表扬哦。

（2）节日关怀。在节日来临前，客服人员通过短信或旺旺对买家进行关怀，并适当推送促销信息，也会达到不错的效果。例如：

夏季高温不退，伴着一缕清风为您送上这一季的祝福，愿您清凉一"夏"，愿轻松和愉快萦绕在您身边。

（3）促销关怀。当卖家发布新品、网店庆典、日常促销、节日促销时，通常会提前发送优惠券或红包，客服人员应及时告知买家活动的相关信息。例如：

尊敬的××，还记得您与我擦肩而过的那一刻吗？"双十一"来了，这一次不要再错过哦！全场五折包邮，外加50元优惠券送上，记得提前收藏哦。

本章小结

客服和客户关系管理是网上开店的两个重要环节。网店客服是网店与买家之间的纽带和桥梁，优质的客服对网店的良性发展起着非常重要的作用，本章从网店客服的沟通技巧开始，对客服工作中的售前客服、售后客服应该具备的技能和知识进行了梳理，同时总结了后期客户关系维护管理的方法。希望读者通过本章的学习，可以快速、有效地提升个人工作技能，最终提升网店销售额。

 课后习题

一、名词解释

售后服务 阿里店小蜜 客户忠诚度

二、单项选择题

1. 买家要求客服推荐商品时，客服的正确做法是（　　）。
   A. 推荐网店最热销的商品，因为好评多买家容易接受
   B. 推荐网店利润最高的商品，因为利润赚得多
   C. 引导买家说出需求，推荐买家所需要的商品
   D. 推荐自己认为好的商品

2. 以下选项中，属于售前客服工作内容的是（　　）。
   A. 催付　　　　B. 退/换货处理　　　C. 评价处理　　　D. 以上都是

3. 买家对商品的价格有异议时，想让客服优惠一些，客服的正确做法是（　　）。
   A. 满足买家的需求，答应买家的议价，爽快地给买家优惠
   B. 婉转地拒绝买家，用商品的卖点引导买家，突出商品的价值，转移买家对价格的关注度
   C. 直接拒绝买家，告知买家网店一概不议价，这样不浪费时间
   D. 以上做法都不对

4. 关于优化阿里店小蜜答案的目的，以下哪个说法是正确的？（　　）
   A. 提升客户体验　　　　　　　　　B. 降低阿里店小蜜转人工率
   C. 提高询单转化率　　　　　　　　D. 以上都是

三、简答题

1. 简述网店客服沟通的技巧。
2. 客户关怀的工具有哪些？每种工具的优缺点及适合的情景是什么？
3. 说一说你所理解的客户关系管理。

四、复习思考题

1. 买家 A 从某网店买了一件衣服，收到货后发现衣服上有一个破洞，于是给了网店一个中评，评价内容为："衣服质量不错，但是有一个破洞"。遇到这样的问题，作为售后客服人员应该如何处理？
2. 买家 B 联系客服，说衣服没有收到，但是物流跟踪记录显示已经签收，请分析有哪些情况会造成这样的问题发生，以及应该如何解决这样的问题。
3. 网店与买家 C 约定 48 小时内发货，但是 3 天了货还未发出，是否属于违规？为了避免客户投诉，客服应该如何与买家沟通？
4. 谈一谈应该如何做好自己淘宝网店的客户关系管理。
5. 如果店小蜜已命中买家问题但未解决该问题，可以通过什么方案进行优化？

 **实训任务**

实训任务一：催付工具的使用

找出自己的淘宝网店中全部等待买家付款的订单，挑选出金额最大的未付款订单，进行如下操作。

1. 针对这个订单，通过查看聊天记录等方式找出买家未付款的原因。
2. 选择合适的催付工具，组织好催付话术，选择最合适的催付时间进行催付。

实训任务二：客户运营平台的应用

进入自己淘宝网店后台的"客户运营平台"，进行如下操作。

1. 对自己网店的现有客户信息进行维护，如会员状态、分组等。
2. 尝试针对不同级别的客户进行营销活动，如送优惠券、支付宝红包等。

实训任务三：阿里店小蜜基本功能的设置

进入自己淘宝网店的"阿里店小蜜"，进行如下操作。

（1）在跟单助手中，设置自动发送、智能外呼渠道、人工客服渠道。

（2）在商品知识库中，新增自定义知识。

（3）在店铺问答诊断中，根据智能诊断结果优化知识库内容。

实训任务四：千牛工作台的使用

1. 将千牛好友根据需要进行分组设置。查看好友名片，了解好友的各项信息，在好友信息中加入备注，并移入相应的分组中。
2. 在签名中放置网店营销信息，设置并且运用快捷短语。
3. 在"接待中心"中设置自动回复。

 **视野拓展**

"双十一"网购消费投诉与体验报告　　新一代信息技术助力智慧物流发展　　淘宝客户关系管理——微信篇　　淘宝客服促成下单小技巧

第 9 章 网店运营数据分析

【知识框架】

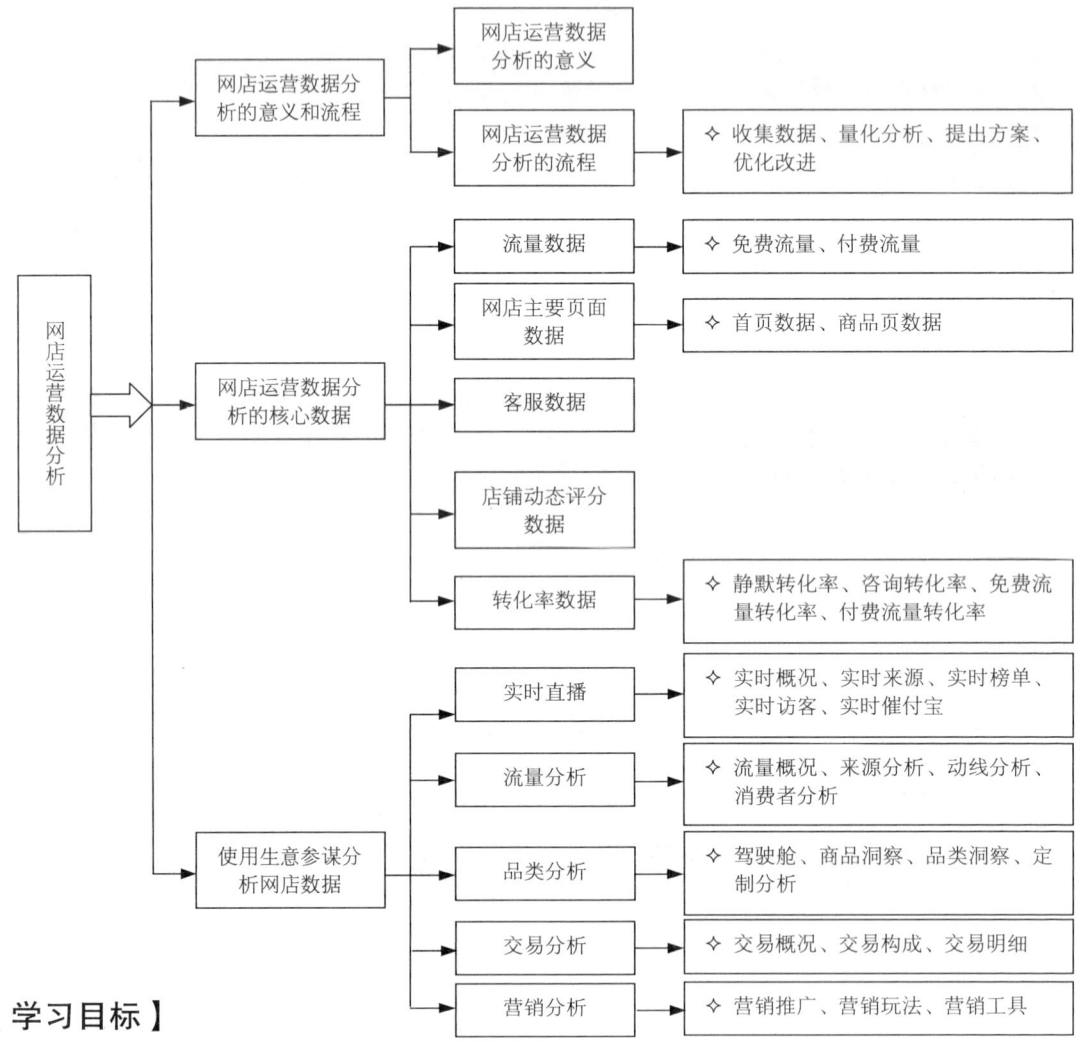

【学习目标】

1. 了解网店运营数据分析的意义和流程。
2. 学会对网店运营中的核心数据进行分析。
3. 能灵活使用数据分析工具生意参谋对网店运营数据进行分析。

有人说，在电子商务的王国，谁拥有数据，谁就能先人一步。在大数据诞生之前，很多卖家都是依靠行业经验来运营网店的，而现在，已经有越来越多的卖家意识到数据是网店运营坚实可靠的后盾。不通过数据分析就制定运营策略的网店，在大数据时代都容易被淘汰。随着网店竞争越来越激烈，数据分析渐渐成为一种有效的营销手段而进入网店卖家的视野。

网店数据分析是通过数据的形式把网店各方面情况反映出来，使运营者更加了解网店的运营情况，便于调整网店的运营策略。网店最核心、最重要的数据有流量数据、网店主要页面访问数据、客服数据、店铺动态评分数据、转化率数据等，卖家要随时关注这些数据。为了更方便地进行数据分析，卖家还要善于运用数据分析工具（如生意参谋等）进行数据分析。

9.1 网店运营数据分析的意义和流程

电子商务刚兴起时，网店寥寥无几，2017 年淘宝网店 C 店数量已多达上千万家，网店运营渐渐走向规模化、技术化、系统化。网店的运营从选择行业、进货，到商品上架、设定价格，再到爆款打造、库存管理等，都离不开相应的数据分析。数据分析可以帮助店主作出正确的判断，以便采取适当的行动。

9.1.1 网店运营数据分析的意义

数据分析在网店运营中扮演了多重重要的角色：它可以是预测师，帮助网店选款、预测库存周期、预测未来风险；它可以是规划师，通过数据分析合理规划网店装修板块和样式；它可以是医师，诊断网店的状况，对"已生病"的网店找出"病源"并对症下药；它可以是行为分析师，通过买家购买的物品、单价、花费、活跃时间、客服聊天反馈等分析买家的行为特性；它可以是营销师，通过对现有资源的合理分析，做出最优的销售计划，促进销量增长。

如图 9.1 所示，监控网店数据有四大作用：及时发现问题、分析多重问题、建立历史档案和自由对比分析。作为一个网店卖家，需要随时监控全店各类数据，发现异常数据应及时采取对策，以减少网店的损失。数据分析最大的作用就是可对多重问题从多个维度进行分析。成功卖家几乎都是经历了长时间的经验积累后才逐步发展起来的，而这些经验的获得都基于对历史数据的保留与分析。对每件商品进行长时间的数据统计就一定会发现规律，好好利用这些规律就能提高商品的销量。与网店有关的数据种类有很多，收集整理好这些数据就可以方便对其进行对比分析。

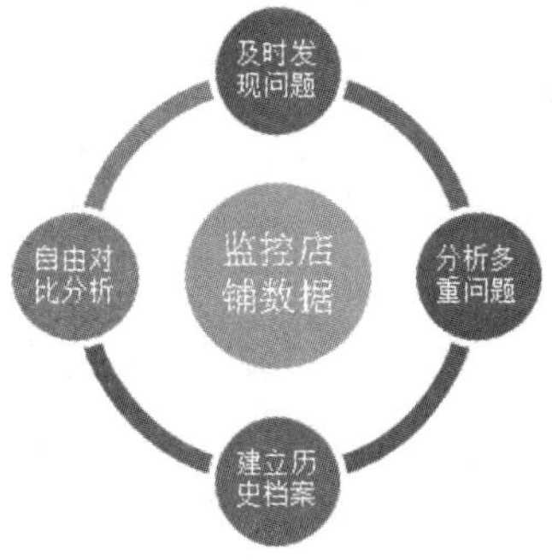

图 9.1 监控网店数据的作用

9.1.2 网店运营数据分析的流程

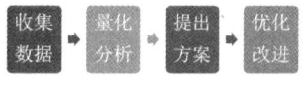

图 9.2 网店运营数据分析的流程

网店运营涉及的数据非常广泛，网店运营数据分析的流程如图 9.2 所示。

1. 收集数据

在分析网店数据之前，首先需要收集和获取数据，尽量获得完整、真实、准确的数据，

小贴士
网店运营数据分析流程

做好数据的预处理工作,以便于量化分析工作的开展。网店数据获取的途径主要有如下几种。

(1)网店后台的数据。网店后台可以获取的数据有买家数据(购买时间、用户性别、所属地域、来访次数、停留时间等)、订单数据(下单时间、订单数量、商品品类、订单金额、订购频次等)、反馈数据(客户评价、退货换货、客户投诉等)等。

(2)搜索引擎的数据。通过电商平台的搜索引擎可获取的数据有网店在"店铺"搜索中的排名及关键词在"宝贝"搜索中的排名情况等(利用淘宝网首页中搜索引擎的"宝贝"和"店铺"标签搜索)。

(3)统计工具的数据。网店的统计工具有很多,如淘宝网的生意参谋等。使用统计工具可以获取访客来自哪些地域、访客来自哪些渠道、访客来自哪些搜索词、访客浏览了哪些页面等数据信息以及广告跟踪信息等。

(4)调查问卷收集的数据。调查问卷是最常用的一种数据收集方法,它以问题的形式收集用户的需求信息。卖家可自行设计问卷进行调查。

2. 量化分析

数据分析不只是对数据的简单统计描述,还要在数据中发现问题的本质,然后针对确定的主题进行归纳和总结。常用的数据量化分析方法有以下几种。

(1)趋势分析。趋势分析是将实际达到的结果与不同时期报表中同类指标的历史数据进行比较,从而确定变化趋势和变化规律的一种分析方法。具体的分析方法包括定基比、同比和环比三种方法:定基比是以某一时期为基数,将其他各期与该期的基数进行比较;同比是将本时期与去年同一时期进行比较;环比是分别以上一时期为基数,将下一时期与上一时期的基数进行比较。

(2)对比分析。对比分析是把两个相互联系的指标数据进行比较,从数量上展示并说明研究对象规模的大小、水平的高低、速度的快慢,以及各种关系是否协调。在对比分析中,选择合适的对比标准是十分关键的步骤,标准合适,才能作出客观的评价,反之则可能会得出错误的结论。

(3)关联分析。如果两个或多个事物之间存在一定的关联,那么其中一个事物就能够通过其他关联事物进行预测。关联分析的目的是挖掘隐藏在数据中的事物间的相互关系。

(4)因果分析。因果分析是为了确定引起某一现象变化的原因,主要解决"为什么"的问题。因果分析就是在研究对象的先行情况中,把作为它的原因的现象与其他非原因现象区别开来,或者是在研究对象的后行情况中,把作为它的结果的现象与其他的现象区别开来。

3. 提出方案

将数据量化分析的结果进行汇总、诊断,并提出最后的网店运营优化方案。

(1)评估描述:对评估情况进行客观描述,用数据支持自己的观点。

(2)编制统计图表:运用柱状图和条形图对基本情况进行更清晰的描述;运用散点图和折线图等表现数据间的因果关系。

(3)提出观点:根据现实情况的数据分析,提出自己的观点,预判网店的发展趋势,给出具体的改进措施。

（4）制作演示文档：基于以上三点进行总结归纳，列出条目，制作一份详细的演示文档，进行演示和讲解。

4. 优化改进

随着改进措施的实施，要及时了解运营数据的变化，不断优化和改进，力争标本兼治，使同类问题不再出现；持续地监控和反馈，不断寻找能从根本上解决问题的最优方案。

数据分析是一项长期的工作，同时也是一个循序渐进的过程，需要网店运营人员实时监测网店运营情况，及时发现问题、分析问题并解决问题，这样才能使网店健康、持续地发展。

9.2 网店运营数据分析的核心数据

涉及网店运营的数据类型有很多，但是最核心、最重要的数据有流量数据、网店主要页面数据、客服数据、店铺动态评分数据、转化率数据等。作为网店卖家，应实时监控这些决定着网店经营好坏的数据，及时跟上市场的脚步。

9.2.1 流量数据

网店有销量的首要条件就是有买家进入网店，而进入网店买家的多少就代表了流量的大小。流量数据是网店的重要监控对象。按照收费方式，流量可以分为免费流量和付费流量。

1. 免费流量

（1）关键词搜索带来的流量，是指没有付费做广告推广，买家通过关键词搜索等途径进入网店中的流量。这类流量是网店最想要的流量，免费流量成本低，精准度较高。网店卖家都希望自己的商品能排在网站搜索页最显眼的位置上。因为显眼，点击量就大，网店获得的免费流量也就越多。但是，任何商品都有一定的周期，要想商品时时刻刻都排名靠前不太现实。多数店主的做法是将网店中具有不同生命周期的商品分配开来，这样即使有一款商品进入衰退期，也会有新的商品跟上，进而维持网店的免费流量。

（2）自主流量，是指买家自己主动访问网店的流量，这样的买家通常之前在网店中已经有过成功的交易经历，因此才会通过直接访问、收藏商品/网店、购物车等渠道来回访网店，这样的流量十分稳定且转化率也很高。另外，买家会再次进店购物，正说明了他们对网店中的商品质量和价格比较满意，这时店主只要维护好和老客户的关系，就会产生一定的复购或转介绍订单，这无形中又增加了新的流量。

（3）站外免费流量，大多来自贴吧、论坛、社区、微博、短视频等，可以靠店主自己去发帖推广，也可以雇用别人去推广。这种流量的精准度不高，效果自然得不到保证。

2. 付费流量

付费流量是指通过投放广告、按点击率付费等方法引入的买家流量。这样的流量精准度高，容易得到，只要花钱就会产生。淘宝网上常见的付费流量有淘宝客、钻石展位、直通车，以及淘宝的各种活动等。由于付费流量会增加成本，所以卖家需要仔细斟酌，以免投入产出比失衡。

流量关系到网店的生死存亡，然而流量入口众多，类型各异，网店流量出现了问题要有一个清晰的解决思路，如图 9.3 所示。当卖家发现流量在下降时，就要查看各类型流量数据，分析不同类型流量的数据趋势，找出问题，弄清导致这类流量出现波动的因素，找到关键点所在，最后对症下药。

图 9.3 解决流量问题的思路

【例 9.1】某网店主要出售果园现摘的时令水果，主打原生态品牌，以迎合消费者的喜好。起初网店有一些流量，但是好景不长，网店几天之内流量忽然掉了一半。店主很奇怪，自己既没有修改过主图和标题，也没有编辑过页面，流量怎么忽然掉了这么多？没有流量就没有销量，果园里的果子马上就要成熟了，正是销售的最好时节，这个时候没有流量，对网店的打击是非常大的。

不得已，店主开始仔细查看网店的经营数据。经过分析，发现网店的付费流量和自然流量都下滑得非常厉害，并且一两个星期前就有了这种趋势。付费流量点击较少，可能是商品主图、商品价格、商品销量、商品选款或商品关键词出了问题。自然搜索流量下滑，可能是行情有变、关键词有问题，也可能是某个引流商品的流量出了问题。店主依次对每个可能的因素进行分析排查。店主在查询了当前行业的热搜词和同类目网店的销售情况后发现，原来换季之后，买家纷纷开始搜索应季鲜果，之前网店主推的水果成了换季的"淘汰品"，搜索人数因此下降了一大截。市场行情变了，但自己网店的主推商品没有及时跟上市场的变化，不仅主推商品的流量损失了很多，还影响了网店的整体排名。

找出问题之后，店主立刻着手整改网店，重新优化当季鲜果的商品标题、主图、详情和价格等，又设置好商品上下架时间，通过数据分析工具密切关注优化后的流量动向，并慢慢进行调整，最终扭转了网店流量的劣势。

9.2.2 网店主要页面数据

一个完整的网店是由多个页面组成的，每个页面的指标对网店的业绩都有很大的影响。但是不同页面的衡量标准是不一样的，只有对症下药，时刻关注各个页面的指标，才能找出提升业绩的方法。

1. 首页数据

首页是一个网店的门面，买家进入首页后，会通过首页的导航进入其他不同的页面。需要监控网店首页的如下几项数据。

（1）流量（Page View，PV）。首页的流量大约占全店总流量的 15%，如果网店在做促销之类的活动，流量就会再增大一些。

（2）独立访客数（Unique Visitor，UV）。它是指一个客户进店访问，不论重复访问了多少次都计为 1 次。

（3）停留时间。停留时间即访客访问首页的停留时间。停留时间越长代表访客对网店越感兴趣，购买商品的可能性也就越大。

（4）访问深度。访问深度是指访客进店访问的页面数量的多少。访问的页面越多，就证明他们对网店的商品越感兴趣，访问深度也就越高。如果访客仅仅访问了首页就离开了，那访问深度自然就很低了。

（5）首页跳出率。首页跳出率指访客浏览了首页就离开网店的概率。首页的跳出率在50%左右属于正常水平。如果跳出率太高则说明首页的装修设计有问题，导致很多访客进入首页后就失去兴趣而离开。

2. 商品页数据

商品页是展示商品详细信息的页面，也是网店最重要的页面。商品页数据是网店数据分析需要实时关注的重点，这些数据会直接影响网店商品的销量。商品页需要注意的数据主要有以下几个。

（1）页面浏览量。页面浏览量是指网店的商品页被查看的次数。访客多次打开或刷新一个商品页，该指标值累加。想让访客购买网店中的商品，毫无疑问，首先要做的就是让他们看到该商品，商品的浏览量越大才越有可能提高销量。

（2）独立访客数。在选定的时间段内，同一访客多次访问商品页会进行去重计算。

（3）咨询人数。咨询人数指的是浏览了商品页面后进行咨询的人数。

（4）跳出率。跳出率是指访客进入商品页后继而就离开该页面的概率。跳出率越高，说明商品页问题越大，卖家就要从商品页的图片、描述、价格等方面去改进。

（5）收藏类数据。关于网店的收藏类数据，主要需要关注的是单品的收藏数据和网店的收藏数据。访客进入网店即使没有下单购物，但只要他收藏了商品或者是网店，就证明他对网店或网店中的商品感兴趣，有购买意向，当他从自己的收藏中再次进入网店时，达成交易的可能性就很高了。不论是收藏商品还是网店，收藏量都是越大越好，这可以为网店带来自主访问流量，而自主访问流量的转化率往往是比较高的。

9.2.3 客服数据

客服是影响网店销量的重要因素，并且网店做得越大就需要越多的客服，因此必须重视对客服人员的培养与激励。想检验网店每个客服人员的工作态度如何、业绩如何，就需要监控客服数据。监控客服数据，不是简单地了解每个客服人员每天的业绩是多少，而是需要精准地统计客服数据，其中有以下要点。

（1）对客服个人、客服团队、网店整体数据进行全方位的统计分析。

（2）统计客服人员的销售额、销售量和销售人数。

（3）统计客服客单价、客件数和件均价，分析客服人员关联销售的能力。

（4）多维度统计客服的转化成功率，包括询单到最终下单的成功率，下单到最终付款的成功率，以及询单到最终付款的成功率。

对于淘宝卖家，通常情况下都会选择订购一些客服人员管理工具，来实时管理监控客服人员，如"赤兔实时绩效"等。

为了公平、有效地评价客服人员的工作业绩、工作能力和工作态度，及时纠正偏差，改进工作方法，激励争先创优，优化整体客服团队，从而全面提升客服质量和企业效益，许多网店都会制订客服人员KPI考核方案。淘宝客服人员KPI考核是指淘宝卖家通过对客服人员进行目标式的量化考核，使网店的总体运营目标可以分解成可操作性强、分工明确的个体目标。同时，淘宝客服KPI考核明确规定了客服人员的任务和业绩衡量指标。

小贴士

KPI

关键绩效指标（Key Performance Indicator，KPI）是通过对组织内部流程的输入端、输出端的关键参数进行设置、取样、计算、分析，衡量流程绩效的一种目标式量化管理指标，是把企业的战略目标分解为可操作的工作目标的工具，是企业绩效管理的基础。KPI 可以使部门主管明确部门的主要责任，并以此为基础明确部门人员的业绩衡量指标。建立明确的切实可行的 KPI 体系是做好绩效管理的关键。关键绩效指标是用于衡量工作人员工作表现的量化指标，是绩效计划的重要组成部分。

表 9.1 是某网店制订的客服 KPI 绩效考核表，可供读者参考。

表 9.1 某网店客服 KPI 绩效考核表

考核年月：_____年_____月　　　　　　　　　　　　　　　　　　被考核人签字：

序号	关键绩效指标	权重	详细描述	标准	分值	得分
1	询单转化率（X）	40%	询单最终付款人数/询单人数	$X \geq 65\%$	100	
				$60 \leq X < 65\%$	90	
				$55\% \leq X < 60\%$	80	
				$55\% > X \geq 45\%$	75	
				$X < 45\%$	65	
2	支付率（F）	25%	支付宝成交笔数/拍下笔数	$F \geq 95\%$	100	
				$90\% \leq F < 95\%$	90	
				$85\% \leq F < 90\%$	80	
				$80\% \leq F < 85\%$	60	
				$F < 80\%$	0	
3	落实客单价（Y）	5%	客服落实客单价/网店客单价	$Y \geq 1.18$	100	
				$1.14 \leq Y < 1.18$	90	
				$1.12 \leq Y < 1.14$	80	
				$1.1 \leq Y < 1.12$	60	
				$Y < 1.1$	0	
4	首次响应时间（ST）	10%	首次响应时间（秒）	$ST \leq 15$	100	
				$15 < ST \leq 20$	90	
				$20 < ST \leq 25$	80	
				$25 < ST \leq 30$	60	
				$ST > 30$	0	
5	平均响应时间（PT）	10%	平均响应时间（秒）	$PT \leq 30$	100	
				$30 < PT \leq 35$	90	
				$35 < PT \leq 45$	80	
				$45 < PT \leq 55$	60	
				$PT > 55$	0	
6	其他	10%	日常工作完成度		100	
7	总得分	100%				
	评级		差评处理情况			
	业绩奖金		差评奖金		总奖金	

9.2.4 店铺动态评分数据

店铺动态评分是指买家在淘宝上购物成功后，针对本次购物给出的评价分数。当前的淘宝网和天猫商城的店铺动态评分系统包括"宝贝与描述相符""卖家的服务态度""物流服务的质量"三个方面。店铺动态评分代表了网店的服务质量和实力，可以帮助买家判断网店的可信度。网店的动态评分是需要引起卖家重视的网店运营的重要指标。

1. 查看店铺动态评分的方法

（1）卖家可在千牛卖家中心后台中选择"交易管理"→"评价管理"，查看网店的动态评分，如图9.4所示。

图9.4　在卖家中心的"评价管理"中查看店铺动态评分

（2）进入淘宝商品详情页中，可以看到店铺动态评分。如图9.5所示。

图9.5　在商品详情页中查看店铺动态评分

（3）在淘宝网店首页的网店名称右侧可以看到"描述""服务""物流"的分数，将鼠标指针放上去可以看到店铺动态得分的详细情况、与同行店铺相比的情况，如图9.6所示。

2. 提高店铺动态评分的方法

店铺动态评分与网店商品的搜索排名关系密切，因此，提高店铺动态评分是每一个卖家

图9.6　在淘宝网店首页查看店铺动态评分

的愿望。只要卖家认真做好销售服务，保证商品质量，站在买家的角度考虑问题，提高店铺动态评分并不难，具体来说卖家可以从以下几方面做起。

（1）商品详情页的准确描述。买家之所以下单购买商品，一个重要的原因就是被商品详情页打动。买家在浏览详情页时都会在心中描绘出商品的样子，而这个样子与商品详情页传递给买家的信息关系重大，这也就是为什么很多买家在收货后会以"与详情页不符"为由给出差评。所以卖家在设计商品详情页时要注意，商品详情页不仅要足够吸引买家，还要从事实出发，不能给买家太多的许诺，也不能对商品品质过分夸大。实事求是的商品详情页可以给买家一个比较贴近事实的想象空间，不会让买家在收货后产生心理上的落差，这时买家给出5分好评也就不难了。

（2）发货后第一时间通知买家。在商品的销售过程中，卖家的服务和商品的质量占据着同等重要的位置。网上购物与实体店购物不同，实体店铺购物可以让买家在第一时间拿到商品，而网上购物则需要等待快递送达，所以当买家付款成功后，会希望尽快收到商品。因此，从买家的心理出发，卖家应该在发货后第一时间通过旺旺消息或手机短信通知买家，好让买家心中有数，这样一个小小的举动也会让买家感受到卖家的贴心服务。

（3）跟踪物流并提醒买家收货。如今，卖家给买家发送发货通知已经是很普遍的做法了，要想在众多卖家中脱颖而出，就要别出心裁，更加用心地服务。因此，卖家在发送发货通知后，可以进行物流跟踪，在商品运送到买家所在城市时发送信息提醒买家准备收货。这样做的目的有两个：一是让买家感受到卖家的服务质量；二是提醒买家给出5分好评。

（4）使用质量好的商品包装。商品包装从表面上看无关紧要，但是如果包装不当或包装质量不好，就会让买家对卖家的服务质量产生不好的印象。图9.7和图9.8所示分别是优质的商品包装和劣质的商品包装。卖家在包装商品时要尽量使用材质较好的包装材料，并且要包装整齐，让高品质的包裹彰显出商品的质量及卖家的用心。

图9.7　优质的商品包装

图9.8　劣质的商品包装

 小贴士

包装材料的选择与注意事项

1. 包装材料的选择

（1）纸箱。只要尺寸合适，纸箱几乎可以作为绝大多数商品的外包装（如礼品饰品、衣服、电子产品、食品、化妆品等）。如果是易碎品（如玻璃制品等），可以在纸箱中填充和包裹气泡膜或空气气囊。

（2）快递袋。有些商品，如不怕挤压的服装、床上用品、毛绒玩具、暖宝宝、靠垫、书、杂志等，可以使用快递公司提供的一次性塑料快递袋来包装。

（3）牛皮纸袋。有些商品可以使用牛皮纸包装，如书籍、手机卡等薄而不易碎的商品。

2. 商品包装的注意事项

（1）易变、易碎的商品可用泡棉、报纸等缓冲撞击，玻璃制品可用木架框起。

（2）液体类商品的瓶嘴要用胶带缠住，瓶身用泡棉包裹，以减少震动冲击。

（3）卖家可在包装商品时塞进几张自己网店的名片或一些小礼品，这样往往可以让买家体会到卖家的用心，从而成为回头客。

（4）必要时，卖家可在包装商品的同时塞进一张印有产品使用提示的小卡片，以有效减少客服人员的工作量。

9.2.5 转化率数据

网店转化率是指进店的所有买家中成功交易的人数所占的比例。提高转化率有助于提升业绩，要想网店有销量，就要让进店的买家下单购买商品。网店的转化率是衡量网店运营健康与否的一个重要指标。与转化率有关的网店数据主要有全店转化率、单品转化率、转化的金额、转化的笔数和退款率五个，如图9.9所示。转化率数据中，不仅要注意转化的笔数和转化的金额，还要注意退款率。如果转化率很高的同时退款率也很高，那么出现退款情况的交易不仅等于没有转化，反而还会影响网店的声誉。

网店的转化率跟商品的价格、网店的装修、客服的应答等因素都有密切的关系。总之，转化率对网店经营非常重要，卖家一切行动的终极目标就是消除进店买家的疑虑，促其下单购买商品，从而提高转化率，为网店带来更多的收益。

转化率根据买家行为的不同，可以分为静默转化率和咨询转化率；根据收费方式的不同，又可以分为免费流量转化率和付费流量转化率。

1. 静默转化率

静默转化率，顾名思义就是进入网店的买家中，没有咨询客服而是直接下单的买家比例。静默转化率的产生过程如图9.10所示。静默转化率是卖家最喜欢的一种转化率，卖家当然希望静默转化率越高越好，这样的买家一般以老客户居多，或者是之前就收藏过商品或网店的买家。

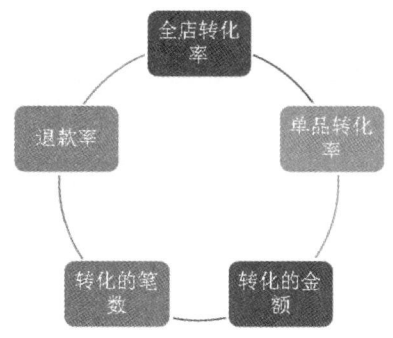

图9.9　与转化率有关的网店数据

图9.10　静默转化率的产生过程

与静默转化率相关的因素如图9.11所示。①价格。商品的价格不仅影响着商品的搜索权重，还决定了进入网店的买家最终是否会下单。卖家要想消除价格对静默转化率的影响，就要围绕"什么价格最有可能让买家下单"来进行分析。②评价。稍微有点购买经验的买家都会在下单前查看商品的评价，所以说评价的数量与内容在很大程度上会影响商品的静默转化率。③商品描述。买家对商品质量的判断在很大程度上依赖于商品描述。商品描述的整体颜色、板块的布局设计都要尽量做到让买家消除商品质量方面的疑虑而放心购物，卖家要格外重视商品的文字描述是否符合商品的真实情况。④网店装修。网店装修对网店转化率的影响也很大，如果一个网店装修得美观、专业，就容易让买家从心理上产生信任感，对提高转化率大有裨益。⑤活动因素。出于买家都喜欢买便宜、实惠的商品的心理，商品的打折促销、买就赠等活动往往会对买家产生较大的吸引力。所以促销活动也是影响转化率的重要因素。

2. 咨询转化率

咨询转化率是指用户通过咨询客服而成功下单的人数所占的比例。咨询转化率的产生过程如图 9.12 所示。它的计算公式是：咨询转化率=（咨询客服后的下单人数/咨询客服总人数）×100%。咨询转化率考察的是客服人员的谈单能力。卖家想要查看网店的咨询转化率方面的数据，可以使用客服绩效管理工具，如赤兔实时绩效、雷达绩效、E 客服绩效等。卖家可以系统地对客服人员进行培训，让客服人员能快速、准确地响应买家的咨询，有效地促成交易，提高咨询转化率。

图 9.11　与静默转化率相关的因素　　　　图 9.12　咨询转化率的产生过程

3. 免费流量转化率

免费流量转化率，顾名思义就是不用付费引入的流量成功转化为交易的比率。免费流量主要是通过搜索关键词而得到的访问流量。因此要想提高免费流量，就要在商品关键词、价格、展示图片等方面下功夫，并且也可以在站外多宣传自己的网店。一旦将流量引入，也就是说有买家进入网店，就要靠网店各方面的因素来提升转化率。免费流量提升转化率的过程如图 9.13 所示，在前期做好引入免费流量工作后，就要靠后期网店中的各项因素带来转化率了。

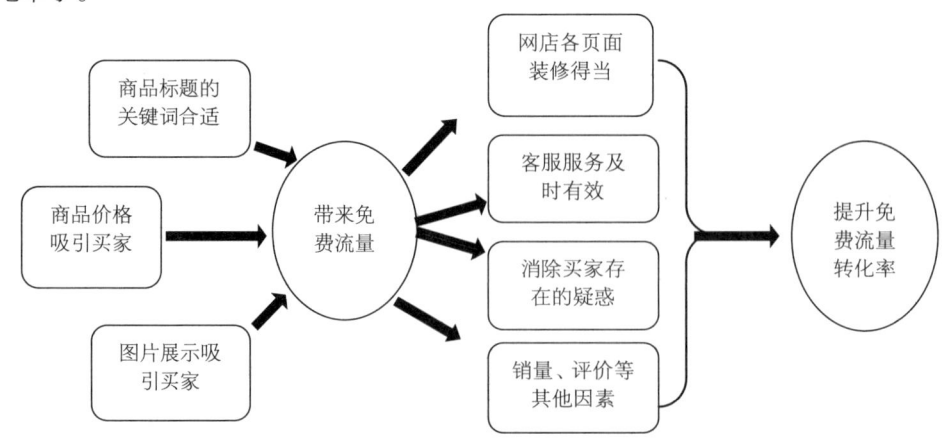

图 9.13　免费流量提升转化率的过程

4. 付费流量转化率

与免费流量相对应的就是付费流量。付费流量最常用的就是淘宝直通车。直通车是按点击次数付费的效果营销工具，可以实现对网店中商品的精准推广，为网店带来流量。提高直通车转化率的注意事项如图 9.14 所示。

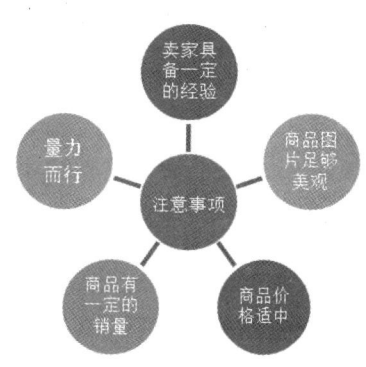

（1）卖家要具备一定的经验。新手卖家由于没有经验，所以最好谨慎使用直通车，前期可投入较少的资金，及时总结，有了经验后再加大对直通车的投入。

（2）商品图片要足够美观。不要让买家通过直通车进入网店却因为差劲的商品图片而未能成功交易，从而让投入打了"水漂"。

图 9.14 提高直通车转化率的注意事项

（3）商品价格要适中。要想提高付费流量的转化率，就要选择买家容易接受的价格。价格太高，很多买家不愿购买，价格太低，又会使买家怀疑商品的质量，所以价格太高和太低都不利于付费流量转化率的提高。可以在淘宝网首页中输入商品的关键词查看大部分买家能接受的类似商品的价格（将鼠标指针放到旁边最高柱状图上，价格范围就会自动显示出来），如图 9.15 所示。

图 9.15 查看大部分买家能接受的价格

（4）商品要有一定的销量。如果买家通过直通车进入网店后却发现没有什么交易量，就很难放心购买，自然也就不能提高直通车的流量转化率了。反之如果买家通过直通车进入商品页面，看到商品的销量很高，自然会产生一种信任感。

（5）要量力而行。这一点主要是针对卖家的规模而言的。直通车的点击量越大，费用也就越高，如果引入的流量没有带来较高的转化率就很有可能"赔本"。所以对于中小卖家来说，最好不要用太过火热的关键词，这类关键词虽然会带来流量，但是同款商品的竞争也会很激烈，不利于促成交易。

当卖家对转化率数据有了一定的认识后，就可以对其进行分析了，图 9.16 所示是解决转化率下降问题的基本思路，这个思路是从大处入手，再将问题细化，最后找到症结所在，从根本上解决问题。如卖家监控网店的转化率数据，发现全店转化率下降，那么接下来就要先分析网店的内因，因为网店的内因是最可能导致网店转化率下降的因素，也是最重要的因素。卖家只有找到网店的内因，才能进一步去分析外因。

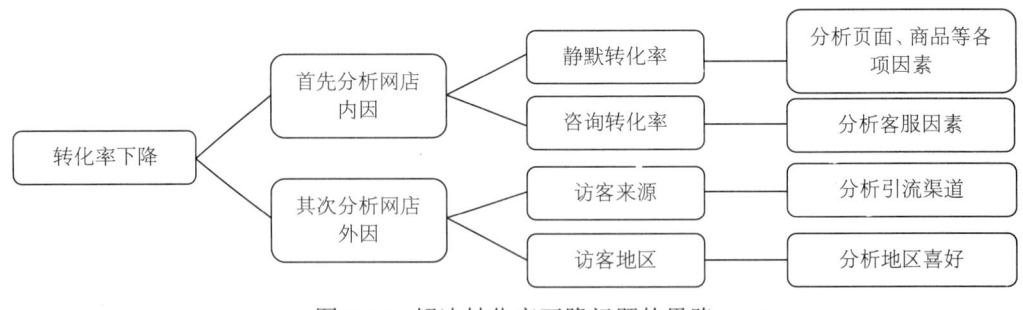

图 9.16 解决转化率下降问题的思路

9.3 使用生意参谋分析网店数据

为帮助卖家对网店的经营数据进行分析和总结,淘宝网为卖家提供了多种数据分析和管理工具,其中最常见的就是生意参谋。生意参谋平台是阿里巴巴推出的首个统一的官方数据产品门户,向全体商家提供一站式、个性化、可定制的商务决策体验。生意参谋不但秉承数据让生意更简单的使命,而且致力于为淘宝卖家提供精准实时的数据统计、多维的数据分析和权威的数据解决方案。商家可以通过生意参谋了解网店目前的经营情况,进行流量来源分析和装修分析等,并且可以按照小时、天、周、月或者按照网店首页、商品页、分类页,记录网店的流量、销售、转化、推广及装修效果等数据,由此完善经营策略,提升销量。生意参谋首页如图 9.17 所示。下面主要介绍生意参谋的几个常用功能模块。

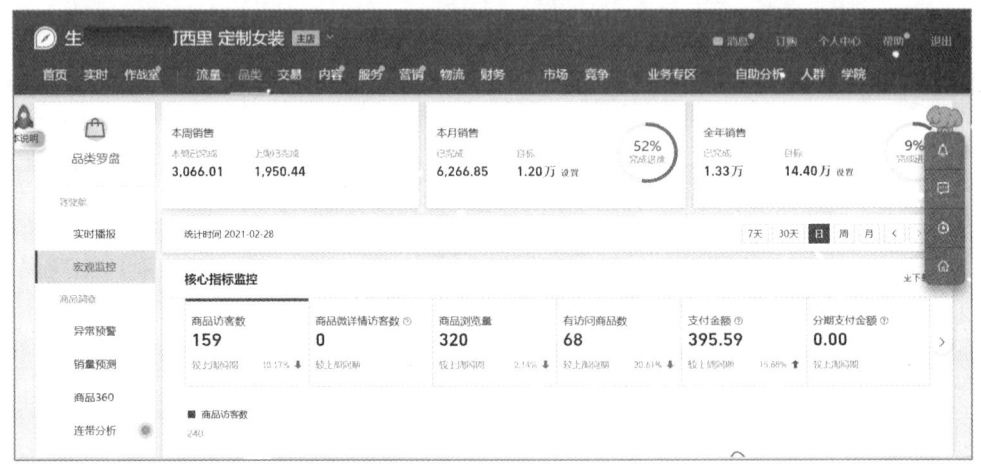

图 9.17 生意参谋首页

9.3.1 实时直播

市场瞬息万变,作为卖家实时洞悉网店运营情况很有必要。卖家可以通过实时直播(见图 9.18)观测实时数据,及时调整策略,抢占生意先机。生意参谋实时直播中的数据对于网店的运营和发展有很大的作用。一方面,它可以跟踪宝贝的推广引流效果、观测实时数据,发现问题并及时优化、调整策略;另一方面,还可以实时查看宝贝具体效果,如果转化率和点击量情况不理想，同样可以及时加大推广力度。下面介绍生意参谋实时直播的具体功能。

小贴士
正确解读生意参谋数据

1. 实时概况

实时概况提供网店实时的概况数据，主要包括实时访客数、实时浏览量、实时支付金额、实时支付子订单数、实时支付买家数及对应的排名和行业平均值，还提供小时粒度的实时趋势图，并提供历史数据对比功能，所有数据都可以按照所有终端、电脑端和无线端三种模式查看。

图9.18 实时直播

2. 实时来源

实时来源提供网店无线端流量分布、电脑端流量分布及地域分布情况。图9.19所示为实时来源中的来源分布。流量来源的数据可以为卖家提供各个流量来源的详细报告，这对网店运营是极为有利的，便于卖家从各个细节进行突破，了解哪些方面的流量来源多，哪些方面的流量来源少，进而反思在流量来源少的方面是否做得不足，对流量较大的方面还可以再进行优化。分析地域分布数据，根据支付买家数与访客数的比值，可以得出各个不同地区的转化率，对于流量大且转化率较高的地区应该加大推广力度。

图9.19 实时来源

3. 实时榜单

实时榜单主要提供商品 TOP50 榜单，即根据访客数、加购件数、支付金额三种方式排序的前 50 个商品列表，展示其浏览量、访客数、支付金额、支付买家数、支付转化率这五个维度的数据，并且还提供搜索功能，支持查询卖家想知道的商品实时销售效果数据。图 9.20 所示为实时榜单。对于流量款一定要注意它的流量、转化及库存的变化，做好解决可能发生的一切问题的准备。

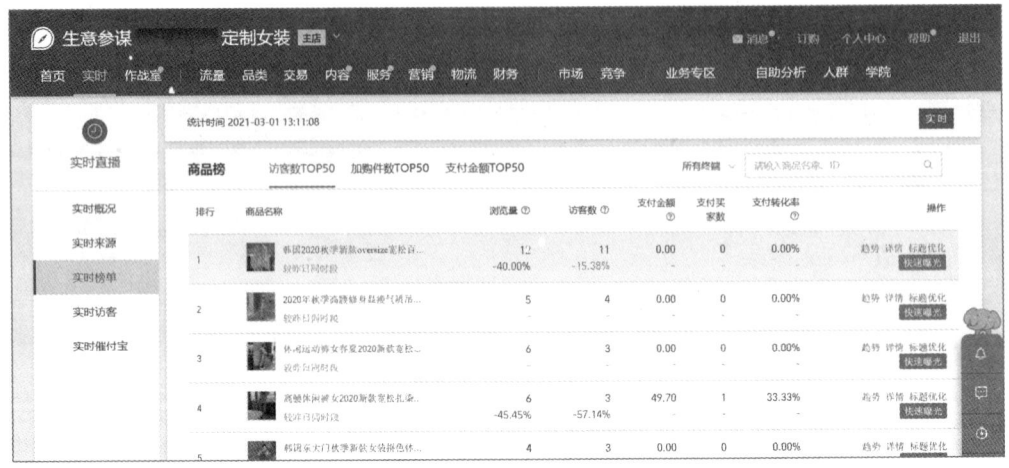

图 9.20　实时榜单

4. 实时访客

实时访客主要提供网店的实时访客记录，能帮助卖家实时了解网店访客的浏览情况（如图 9.21 所示），进而通过实时访客来找到潜在买家的信息并分析买家的浏览习惯。

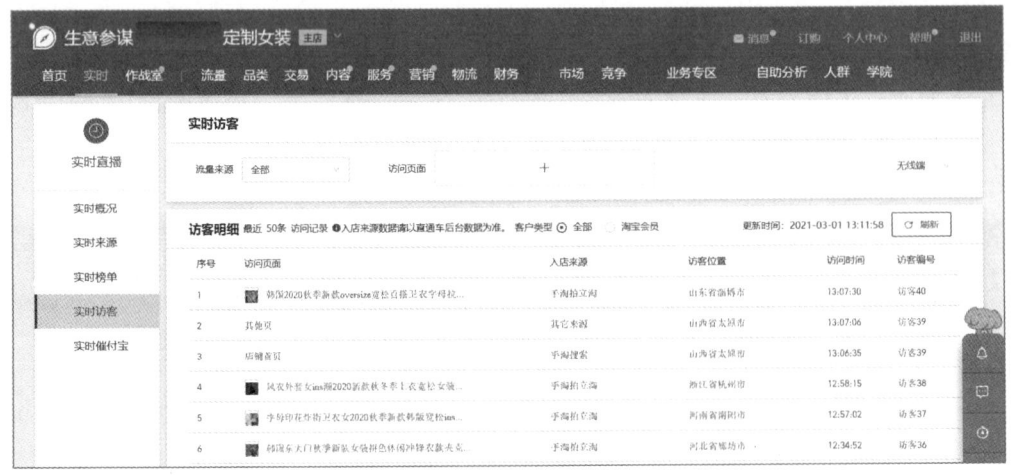

图 9.21　实时访客

5. 实时催付宝

实时催付宝可实时更新在网店拍下而没有付款的买家。实时催付条件很苛刻，催付对象是下单未支付、未在其他网店下单且是潜力 TOP50 的买家，所以催付成功率很高。特别是在活动大促的时候，可以专门安排一个客服人员来负责实时催付。

9.3.2 流量分析

流量分析提供了全店的流量概况、来源分析、动线分析、消费者分析等功能，可以帮助卖家快速盘清流量的来龙去脉，在识别访客特征的同时了解访客在网店页面上的点击行为，从而评估网店的引流、装修等健康度，帮助卖家更好地进行流量管理和转化，如图 9.22 所示。网店流量主要分为电脑端流量和无线端流量，在生意参谋中可以分别查看不同端口的流量情况，并可查看与本店历史数据及同行的对比情况。

小贴士
如何监测"双十一"数据

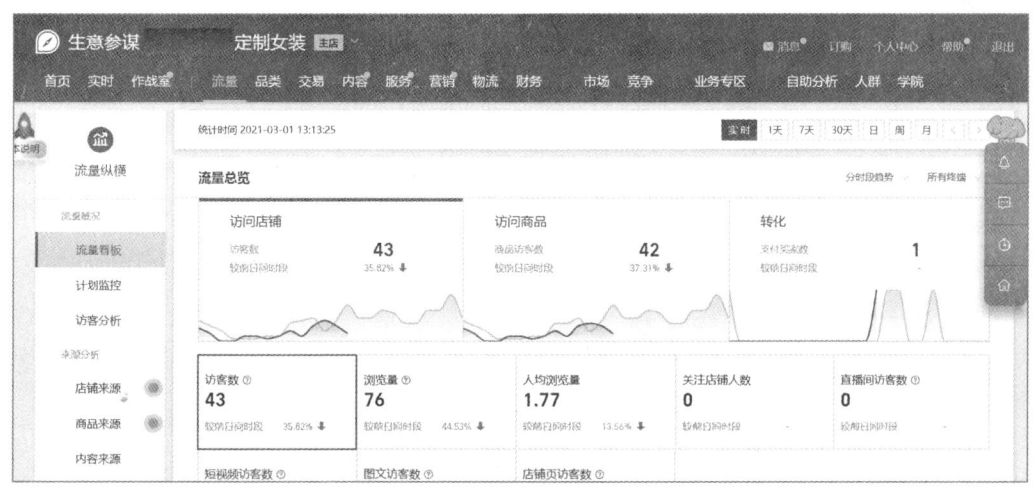

图 9.22　流量分析

1．流量概况

流量概况提供流量看板、计划监控和访客分析三种功能。

（1）在流量看板中可以查看流量总览、我的关注、流量来源排行 TOP10 及商品流量排行 TOP10。流量看板能够帮助卖家了解网店整体的流量规模、质量、结构，以及流量的变化趋势。从流量总规模知道网店的浏览量、访客数及其变化；从人均浏览量、关注店铺人数等，了解入店访客的质量高低。

（2）在计划监控中可以制订年度运营计划并进行监控。

（3）在访客分析中可以查看访客分布的相关数据，包括访客时段分布、地域分布、特征分布、行为分布等。通过对访客的相关数据进行分析，可以方便卖家更好地开展营销推广活动、设置商品上下架时间等工作。

在时段分布中，通过选择日期、终端，可以查看对应统计周期内各类终端下的访客和下单买家数，便于卖家更好地掌握网店访客来访的时间规律，验证广告投放、调整引流时段策略。通过选择日期和终端，可查看对应统计周期内各类终端下的访客数占比排行榜和下单买家数排行榜，还可查看各地域的转化率，验证或辅助调整广告定向投放策略。当推广转化率降低的时候，可以根据这个地域分布去筛选推广地域，这样可有效提高转化率。

在特征分布中，通过选择日期和终端，可查看对应统计周期内各类终端下访客的会员等级、消费层级、性别、店铺新老访客分布情况，以验证或辅助调整广告定向投放策略。由会员等级可以看出买家是什么等级，会员等级越高代表其网购数量越多；消费层级代表的是买家之前的购买能力；从性别可以判断出买家是以男性为主还是以女性为主；在店铺新老买家中，老买家越多越好，会大大提高转化率。

行为分布展示来源关键词 TOP5 及浏览量分布情况。通过对来源关键词进行分析基本可以判断出网店核心词，日期选择 30 天会更加准确，这样得出的关键词是网店引流最重要的关键词。浏览量分布展示访客在店内的浏览量分布情况，卖家可通过增加关联页面、加强客服引导等方法增加页面浏览量，提升转化率。

在"访客分析"页面选择"访客对比"，在打开的页面中可以查看访客对比的相关数据，包括消费层级、性别、年龄、地域 TOP、营销偏好和关键词 TOP 等。

2. 来源分析

来源分析可提供店铺来源、商品来源、内容来源、媒介监控和选词助手等五种功能。在"店铺来源"中可查看网店流量来源的构成、流量来源的对比及同行流量来源。在"商品来源"中可添加竞品进行对比分析，也可查看本店商品排行榜。"内容来源"包括直播间来源和短视频来源，可选择选定日期内有观看的商家自播直播间或短视频分析流量来源，也可查看本店排行榜。"媒介监控"可用于分析淘外媒介推广效果，如今日头条、微博、优酷等。"选词助手"是生意参谋平台上的专题工具之一，分别为电脑端和手机端提供了反映用户需求的店内引流搜索关键词、给网店引流的竞店搜索关键词、与关键词相关的行业内搜索关键词，另外还提供了这些关键词的搜索热度、引导效果等。选词助手可以帮助卖家快速盘清搜索来源的关键词，验证和调整关键词投放策略；了解访客在店内的搜索行为，明确访客的确切需求；通过行业搜索词的拓展，可以帮助卖家找到更多适合网店的可拓展关键词，用于调整广告投放、标题优化或品类规划。

3. 动线分析

动线分析可提供店内路径、流量去向、页面分析和页面配置四个功能。店内路径分别提供电脑端和手机端的流量入口、页面访问排行及店内路径明细，可以分别对网店首页、商品详情页、网店微淘页、商品分类页、搜索结果页、网店其他页的访客数和占比、下单买家数和占比、下单转化率进行查看，还可查看页面访问排行，或根据需要分别以周、日为单位查询流量来源。通过对这些数据的查询，可以使卖家了解当前网店的流量结构，对于流量不足的情况，需要更换推广方式提高网店流量。对于转化率不高的商品，需对商品详情页、价格、网店装修、商品展示技巧、商品形象包装、促销活动搭配等因素进行分析，找到转化率不高的原因。从流量去向中可查看离开页面排行及离开页面去向排行。在页面分析中可对网店的首页、自定义承接页、商品详情页流量相关及引导转化的各项指标进行分析，也可对网店装修的不同页面进行装修诊断。在页面配置中可定制添加自定义页、承接页、商品详情页等页面以进行日常监控或实时监控。

4. 消费者分析

消费者分析属于付费功能，订购后卖家可自定义上传不同的消费者人群，追踪客户分层营销效果，对不同客户人群特征进行对比分析，对客户质量进行评估。

9.3.3 品类分析

品类罗盘是一款专为零售卖家量身打造的品类经营分析的工具。品类罗盘通过构建商品和品类的 360 度全景洞察档案，帮助商家沉淀商品和品类经营的分析方法，并结合商品和品类的典型经营场景，提供场景化、定制化的智能数据解决方案。帮助商家落地商品和品类的精细化运营策略。可满足热销商品实时监控、新品上市效果追踪、商品价值评估、品类结构布局评估、货源工厂推荐、高级自定义分析等经营诉求。品类罗盘可提供驾驶舱、商品洞察、品类洞察、定制分析等模块的功能，如图 9.23 所示。

图 9.23　品类分析

1. 驾驶舱

驾驶舱可提供实时播报和宏观监控两个功能。实时播报可实时展现商品核心关键指标，秒级洞察商品转化情况，还可对昨日、今日不同时段的指标表现进行对比。店铺异常商品可实时预警、智能检测七类异常场景（包括流量、转化、销量的暴涨暴跌、缺货、滞销、异常差评、异常退款），帮助卖家尽早发现并尽快解决问题。提供 TOP、飙升两类视角实时榜单，以及访客榜、加购榜、支付榜多维榜单，帮助卖家了解明星商品与潜力商品情况，宏观监控展示全量商品排行和全品类排行及对应指标表现情况并辅以上周期同期对比分析，发现热销商品特征。

2. 商品洞察

在"异常预警"中可以查看当前表现异常的商品，包括流量下跌、支付转化率低、高跳出率、支付金额下跌、零支付、低库存等情况。生意参谋会针对商品的异常情况给卖家提出大致的建议，帮助卖家优化商品。在"销量预测"中可查看系统对商品效果的预测及商品的定价参考。商品 360 从销售、价格、库存、流量、内容、客群、服务以及竞品众多维度剖析商品，可助力卖家有效管理商品。还支持库存分析与预警、动态库存检测、实时监控缺货滞销情况、异常情况秒级警报。连带分析通过大数据模型，智能预测与商品高黏度的商品及连带支付件数，引导卖家提前制定组合营销策略，提升商品销量。商品诊断通过专业的商品及品类分析方法和智能诊断模型，帮助对商品和品类进行结构划分和评级，快速诊断商品和品类价值。新品追踪提供新品时间轴，方便浏览近期上新情况、全年上新及新品活动等情况，还可进行新品深入分析以诊断新品表现。

3. 品类洞察

品类 360 可紧跟行业热销商品属性现状，下钻分析店铺类目不同属性表现情况。还可对商品价格进行分析,检测商品价格趋势、剖析不同价格带货表现,指导卖家合理定价。提供商品所在类目市场的价格带分布情况,对标本品价格所在水平。

4. 定制分析

定制分析支持基于自定义价格区间、支付件数区间、支付金额区间等维度的分析,可实现精细化、个性化分析需求。

9.3.4 交易分析

交易分析主要提供交易概况、交易构成和交易明细三个功能(见图 9.24),可从网店整体到不同粒度细分网店交易情况,以帮助卖家及时发现网店的问题。

图 9.24 交易分析

(1)通过交易概况可从整体上了解网店的交易情况,并对交易总览和交易趋势的数据进行查看和分析。通过交易总览,卖家可以了解任意天数的网店交易额、支付买家数、客单价和转化率等数据,还可在"交易趋势"栏中查看与同行平均支付金额的对比。

(2)交易构成可从不同粒度细分网店交易构成情况,主要有终端构成、类目构成、品牌构成、价格带构成和资金回流构成五个方面,可以帮助卖家了解终端、类目和品牌等各方面的交易数据,以便有针对性地进行完善和优化。终端构成主要用于分析网店电脑端、手机端的交易情况。类目构成主要从类目的角度出发,分析网店类目的交易情况。价格带构成主要分析网店商品各个价格的构成,哪个价格段更受买家喜欢,转化率如何,并从商品价格出发分析网店交易的数据。品牌构成主要分析网店各个品牌的成交构成,哪个品牌更受买家喜欢,从商品品牌出发分析网店交易的数据。

(3)交易明细中可以显示任意一天的全部订单明细或当天任意一个订单的交易明细。

9.3.5 营销分析

营销分析包括营销推广、营销玩法和营销工具三个模块,如图 9.25 所示。

(1)营销推广。营销推广主要针对直通车、超级推荐及极速推三种营销工具进行营销效果分析。直通车的系统选品会基于商品的已有数据和未来效果在全店范围进行筛选,结合商品类目核心搜索词及店铺核心人群画像做动态匹配,生成算法优化词包;投放中,系统会按卖家设定的周期的目标自动进行优化,初期先获取稳定的流量做探测,获得一定流量后再不断优化计划投入产出比，坚持投放，周期越长效果越好，可帮助卖家提前了解流量效果，对选品、选词和出价进行优化，从而实现精准投放。极速推是一款专门快速增加商品曝光机会的工具，从商品推广的操作流程上极大地降低门槛，快速获取潜在消费者，从而提升宝贝曝光率，帮助卖家快速验证宝贝的市场竞争力，通过分析数据，加速宝贝的销量上升。

图 9.25　营销分析

（2）营销玩法。营销玩法主要对创建购物金的宝贝及已参加的笔笔返红包活动进行效果分析。

（3）营销工具。使用单品宝、店铺宝、搭配宝、店铺券和商品券这五种营销工具进行分析，从支付件数、支付买家数、支付金额和客单价这几个维度分析营销效果，可帮助卖家及时发现营销中的问题。

本章小结

对网店数据进行分析可以帮助卖家发现网店运营中的问题，并且找到问题的根源，最终通过切实可行的办法解决存在的问题，同时基于以往的数据分析，预测网店发展趋势，为网络营销等决策提供支持。本章首先介绍了网店数据分析的意义和基本流程，然后分析了网店运营中的核心数据，最后介绍了常用的网店数据分析工具——生意参谋。通过本章的学习，读者可以对网店的数据分析有一个初步的认识，学会对网店运营中的核心数据进行分析，学会运用数据分析工具对网店进行基本的数据分析。

课后习题

一、名词解释

趋势分析　PV　UV　静默转化率　网店客单价　旺旺回复率

二、单项选择题

1. 已知某淘宝网店当日通过搜索获得的 UV 为 50，通过直通车获得的 UV 为 80，一共成交了 26 笔交易，那么下列说法正确的是（　　）。
   A. 网店当日的转化率为 20%
   B. 网店当日一共获得了 80 个 UV
   C. 网店当日的 PV 为 130
   D. 网店当日的跳出率为 10%

2. 以下选项中和店铺动态评分关系最大的是（　　）。
   A. 页面设计　　B. 品类规划　　C. 售后关怀　　D. 商品图片

3. 淘宝店转化率的计算方法为（　　）。
   A. 转化率=产生购买行为的访客人数/所有到达网店的访客人数×100%
   B. 转化率=点击次数/展现次数×100%
   C. 转化率=成交的总笔数/进店买家总数×100%
   D. 转化率=进店买家总数×成交率×单笔平均成交率×100%

4. 下列选项中，（　　）属于买家自主访问流量。
   A. 通过淘宝搜索进店的流量
   B. 买家从自己的购物车、收藏夹进店的流量
   C. 通过直通车进店流量
   D. 从淘宝网首页进店的流量

5. 在淘宝数据中，UV 的含义是（　　）。
   A. 页面浏览数
   B. 独立访客数
   C. 关键词被搜索次数
   D. 用户一次访问店铺的页面数

三、简答题

1. 网店卖家最应关注的网店运营数据有哪些？
2. 生意参谋的主要功能有哪些？
3. 通过生意参谋查看网店数据，总结网店存在的问题并参考系统建议进行解决，写出网店数据分析报告。

四、复习思考题

1. 随着网店规模的扩大，淘宝卖家小王经过之前的学习和摸索，网店生意逐渐扩大，很多时候一个人根本无法回复多个买家的咨询，导致错失了很多的潜在买家。因此，小王决定招聘三名客服人员，在客服人员的协助下，小王的工作量一下子减轻了很多，于是，他有更多的时间进行网店相关数据分析。一段时间后，小王发现，统一的薪酬很容易打击客服人员的工作积极性。可是，小王不知该如何制定淘宝客服人员的考核标准，也不知道该从哪些方面去培养网店的金牌客服。请你结合本章所学知识，为小王制定一套完整的淘宝客服的考核标准。

2. 淘宝卖家小张经过学习，网店的流量和人气都有所提升，但是他却发现有不少的访客浏览了一个页面就离开了，且商品的成交转化率较低，其中有一小部分买家只把商品加入购物车，却并没有付款结算。请帮助小张分析出现这种情况的原因，并建议小张应该从哪些方面去改善和提升商品的成交转化率。

 实训任务

实训任务一：查看网店运营的核心数据

通过淘宝卖家中心后台和网店数据分析工具如生意参谋等查看自己网店的核心数据。

1. 在卖家中心后台查看网店的实时数据，如支付金额、访客数、支付买家数、浏览量、店铺动态评分、市场与竞争数据、网店行业排名、交易概况、纠纷数据等。

2. 在生意参谋中查看网店运营的详细数据，如实时数据、流量数据、商品数据、交易数据、服务数据、物流数据、营销数据、财务数据、市场数据、竞争数据等。

实训任务二：运用数据分析工具对网店进行数据分析

1. 简述网店运营数据分析的流程。
2. 进入卖家服务市场查找数据分析工具，必要时订购相应的工具，如"赤兔实时绩效"等。
3. 运用数据分析工具对自己的网店进行分析。

 视野拓展

店铺核心数据提升方法

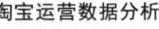
生意参谋中决定店铺生死的服务数据

淘宝运营数据分析

第10章 移动网店运营

【知识框架】

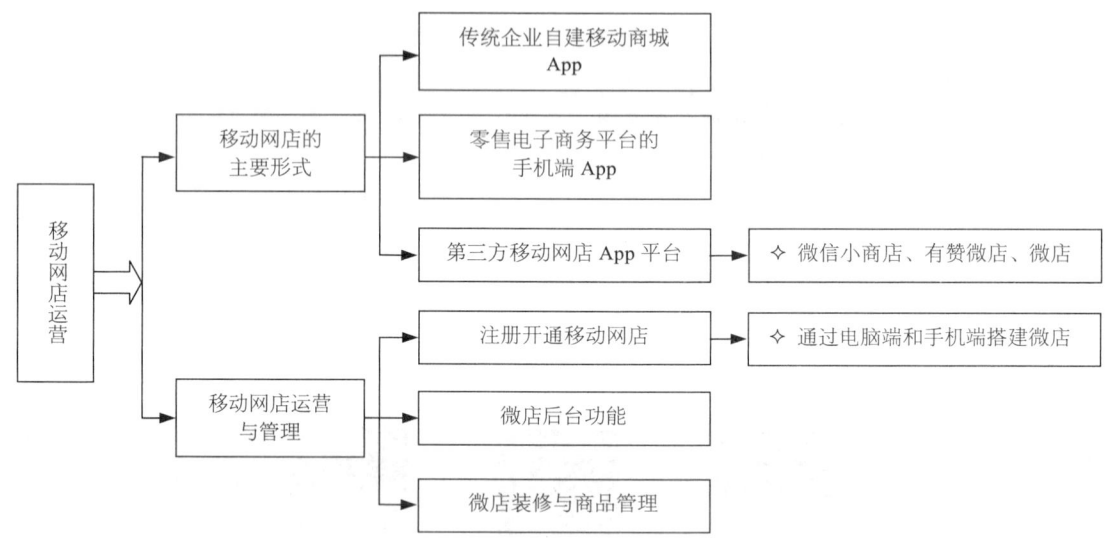

【学习目标】

1. 了解移动网店的主要形式。
2. 学会电脑端与手机端注册开通微店的方法。
3. 熟悉微店后台的功能。
4. 掌握微店的设置、装修与商品管理。

移动网店通常是指能够让人们通过智能手机、平板电脑等移动终端在手机App或小程序上浏览商品、在线购买和支付完成交易的网店。随着移动互联网的快速发展，越来越多的买家开始使用手机等移动终端访问网店进行在线购物。相关数据显示，通过手机端购物的买家在网络购物买家中所占的比例越来越高。

10.1 移动网店的主要形式

当前，移动网店的形式主要有三种：传统企业自建移动商城App、零售电子商务平台的手机端 App 和第三方移动网店 App 平台。对于中小企业或个人卖家而言，借助第三方移动网店 App 平台搭建的微店是最常见的移动网店开店形式。

10.1.1　传统企业自建移动商城 App

许多传统企业早已开始涉足电子商务领域，搭建电子商务平台。随着移动互联网的兴起，这些企业也以原有的电子商务平台为基础，各自推出了移动商城 App，与原有电脑端的传统商城和线下企业实体相结合，实施全方位的市场战略。

> **小贴士**
>
> **移动 App**
>
> 移动 App（Application），即移动应用服务，简单地说就是手机或无线工具的应用服务。手机 App 主要指单独安装在手机上的应用软件。

苏宁易购是苏宁云商集团旗下新一代 B2C 网上购物平台，现已覆盖传统家电、3C 电器、日用百货等品类。与此同时，苏宁易购也推出了手机端 App，图 10.1 所示为苏宁易购 App 首页。

国美电器是苏宁电器强有力的竞争对手，国美电器网上商城名为"国美在线"。手机版"国美在线"是国美电器为适应当前移动电子商务逐渐渗透的趋势而推出的手机端 App。

10.1.2　零售电子商务平台的手机端 App

国内最有代表性的零售电子商务企业有两大阵营：阿里系（淘宝和天猫）和京东系，它们很早便涉足手机端零售领域，各自开发出了移动买家端 App，以供买家在手机端浏览购物。但是这种方式只是传统电脑端网店的衍生，依旧以原有的平台为中心，并没有完全发挥移动电子商务的优势。

以阿里系为例，阿里系的移动网络零售在国内市场一直都非常好。在传统电子商务时代，阿里系就已经推出手机淘宝 App、手机天猫 App 和淘宝 WAP。

图 10.1　苏宁易购 App 首页

> **小贴士**
>
> **淘宝 App 与淘宝 WAP**
>
> 淘宝 App 是买家端专用的手机淘宝。无线应用协议（Wireless Application Protocol，WAP）是一项全球性的网络通信协议。淘宝 WAP 就是网页版的手机淘宝，可以通过手机浏览器对它进行访问。从面向买家来看，淘宝 WAP 更适于面向搜索引擎需求的买家使用；从操作方便程度来看，淘宝 App 更直接、方便，但是需要买家先下载后才能使用。

无论是京东手机端 App 还是阿里系的三个手机端口，它们对平台的依赖度都非常高，网店的运营和对买家的维护基本还是在平台上完成的。

10.1.3　第三方移动网店 App 平台

第三方移动网店 App 平台是指为中小企业及个人卖家提供移动零售网店入驻、经营、商品管理、订单处理、物流管理和买家管理等服务的平台。

小贴士

微店平台的区别

目前市场中比较常见的第三方移动网店 App 平台有微信小商店、有赞微店和微店等。

10.1.3.1 微信小商店

2014 年 5 月 29 日，微信公众平台宣布正式推出微信小店。2020 年 7 月 10 日，微信团队回应称，因微信小店不再维护，"添加功能插件"入口将不再支持添加微信小店，后续将全面下线微信小店。同时，微信团队推出"微信小商店"——一套升级后的免开发零费用的卖货小程序，提供商品售卖、订单物流、客服售后、小程序直播等功能。针对已经开通并使用微信小店的商家，微信将支持升级为微信小商店新界面。

1. 适合的卖家范围

微信小商店主要面向企业、个体户、个人等，对海外主体暂时不支持申请开放。企业/个体户店一个微信号能申请 3 个小商店，而个人店一个微信号仅能申请 1 个小商店。

2. 微信小商店的特点

（1）微信小商店是微信小程序团队全新打造的免费开发、免费开店，帮助商家快速生成卖货的小程序，为商家提供商品信息发布、交易等基础功能，并内置了小程序直播等运营功能，全方位支持商家自主开店经营。

（2）小商店自带直播功能，暂时不支持分销模式。

（3）微信小商店仅限于商品信息发布、交易、直播带货等一些基础的功能。如果要实现拼团、分销、插件、营销工具等个性化的功能则需要找小程序开发商专业定制。

（4）开通小商店，将自动开通一个全新的微信支付商户号，商家可直接在小商店后台进行经营对账。

3. 入驻流程

登录微信账号，在小程序中搜索"小商店助手"，点击搜索到的"小商店助手"，点击"免费开店"即可开通微信小商店。微信小商店包含新增商品、商品列表、分类管理、订单管理、运费模板、地址管理、售后处理、店铺数据等电商经营功能模块，并内嵌直播功能，如图 10.2 所示。

图 10.2　微信小商店开店入口、功能模块

4. 开店费用

微信小商店免费开店、免费使用、免费直播带货，不用自己单独开发，商家暂时不需要交纳保证金，不收取商品成交的服务费用或者技术服务费用，与其他微信支付商户的费率一样，按单笔交易额的 0.6%收取手续费，提现不再额外收取手续费。

10.1.3.2 有赞微店

有赞原名"口袋通"，2012 年 11 月 27 日在杭州贝塔咖啡馆孵化，2014 年 11 月 27 日正式更名为"有赞"。有赞通过销售商品和服务，帮助互联网时代的生意人管店、管货、管客和管钱。有赞旗下有："有赞微商城""有赞零售""有赞连锁""有赞美业""有赞教育""有赞小程序""有赞学院"等面向卖家以及面向开发者的"有赞云"服务。有赞微商城的功能是提供面向全行业、全场景的电子商务解决方案，为卖家提供完整的在线开店、买家管理、营销推广和经营分析工具，帮助卖家快速搭建商城，在网上经营和管理买家数据。2020 年 3 月，有赞正式发布两款基于小程序的直播解决方案，为商家提供直播解决方案，并与其他直播平台寻求合作。

1. 适合的卖家范围

有赞适于各类批发、零售型卖家使用。

2. 平台特点

（1）有赞通过一系列分角色的微店 App 建立起了有赞"生态圈"，它们自建厂家、分销商、个人、企业等平台，形成行业壁垒；有赞针对移动网络零售的不同参与方，分别设计开发出不同的 App 端口，有助于其更好地进行移动互联网营销。

（2）市场份额大，覆盖范围广。截至 2020 年 9 月底，有赞的存量付费商家数量为 97 875 家。根据有赞发布的 2020 年前三季度财报，该公司当期营收 13.07 亿元，同比增长 65.4%。

（3）有赞微店具有基于微信公众号、微博等客户关系管理功能。

（4）有赞可利用强大的营销工具（如微信、微博等）进行二次营销。有赞支持卖家通过微信公众号、微博、QQ 购物号和消息推送进行营销推广。

（5）有赞具有完备的订单处理体系。在有赞后台可根据条件筛选出各种类型的订单，也可以实现批量处理订单，提高运营管理效率。

（6）分销市场质量保证。目前有赞的卖家大多是有一定规模的品牌商或者零售商。

3. 入驻条件

有赞微商城和有赞微小店入驻无门槛，只要是国家法律认可的公司和个人都可入驻。但是卖家如果想进入分销市场，其开设的网店必须满足以下条件，才能开通有赞供应商功能。

（1）微商城网店状态为使用有效期内。

（2）关闭供货商功能的网店，如需开启，重新入驻即可。

（3）微商城最近 30 天已结算交易额≥1 000 元。

（4）微商城最近 30 天成功退款率≤10%。

（5）微商城最近 30 天完成订单数（不含测试订单）≥5 笔。

（6）微商城上架商品数（不含仓库中或已售罄的商品）≥3 件。

（7）近 7 天内累计登录微商城后台达 3 天及以上。

（8）基本信息完整（含联系人 QQ 和手机号，管理员不少于两人）。

（9）网店通过企业认证或官字店认证后方可入驻（不支持个体工商户入驻）。

（10）加入担保交易，同时须缴纳消费保障计划保证金（入驻后卖家如果退保证金或者退出担保交易，会自动退出供货商市场）。

4. 开店费用

有赞刚开始时入驻是纯免费的，很受小企业青睐。自 2016 年 7 月 8 日起，使用"有赞微商城"的卖家须订购相应服务。

（1）保证金。有赞保证金类型有"承担保证金""大号推广保证金""供货商入驻保证金""快速回款保证金"。目前固定的保证金有："承担保证金" 1 000 元、"快速回款保证金" 10 000 元，其他根据情况而定。

（2）交易服务费。每完成一笔订单，有赞商家需要缴纳实付金额的 0.6%作为交易手续费，由第三方支付渠道收取。商家还需要另缴纳 1%的交易服务费，这是有赞平台收取的服务费。

10.1.3.3 微店

微店由北京口袋时尚科技有限公司开发，现有微店和微店店长版两个 App。

1. 适用的卖家范围

微店面向各类批发、零售型卖家及个人卖家提供服务。

2. 平台特点

（1）具备完整的微店体系，能保证卖家和买家利益，如可以为卖家提供客户关系管理功能、为买家提供 7 天无理由退货服务。

（2）商品货源易获取。微店的卖家一般可以从四个渠道获取货源：做别人的代理、特殊渠道资格、周边批发市场进货或微店分销市场。微店最大的优势是帮助品牌商（厂商）、分销商和买家搭建了相对健康和活跃的生态链。通过微店，品牌商可积极寻找分销商，分销商也可选择优秀的品牌商（厂商）。

（3）推广引流多样化。微店的卖家可以通过绑定微信公众号、加入 QQ 购物号、微店热卖官方导流平台以及服务市场中的第三方应用工具进行推广引流。

（4）营销工具丰富。微店提供限时折扣、智能出价推广和直播等营销工具，如图 10.3 所示。

（5）市场规模大。微店拥有国内最多的微店卖家，并且围绕卖家建立了一套完善的体系。截至 2021 年 2 月，微店拥有近 9 000 万小微店主，微店已经从小微店主首选的开店工具转型为助力创业者发展兴趣、创立品牌、成就事业的平台及系统。

3. 入驻条件

微店开店无门槛，任何人通过手机号码即可开通自己的网店，并可以通过一键分享功能来宣传自己的网店并促成交易。

图 10.3 微店的营销工具

4. 开店费用

截至本书出版，微店仍不收开店手续费，如果不做引流推广则不产生任何费用。

10.2 移动网店运营与管理

10.2.1 注册开通移动网店

在第三方平台开设移动网店的流程大同小异,通常可以通过电脑端或手机端开通,这里以微店为例介绍移动网店注册开通的流程。

10.2.1.1 通过电脑端搭建微店

1. 微店注册

(1) 登录微店网站。点击"免费开店"或"注册"按钮,如图 10.4 所示。

图 10.4 微店网站首页

(2) 填写相关信息注册账号。选择店铺类型,一般有"单店版""连锁版"两种店铺类型,填写相关信息,图 10.5 所示为选择店铺类型。

(3) 选择主体类型,填写相关信息。一般有"小微商户"和"个体工商户""企业/公司"三种主体类型(见图 10.6),"小微商户"一般为"个人微店",选择合适的类型,然后填写相关信息。

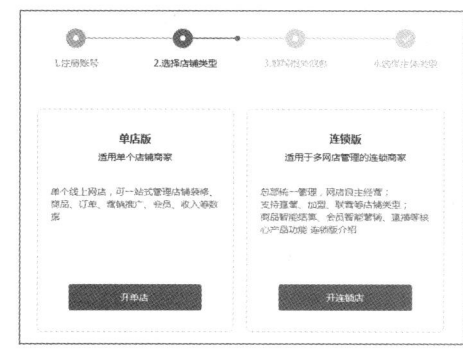

图 10.5 选择店铺类型

图 10.6 选择主体类型

（4）完成上述内容的填写后开通微店，微店开通后登录电脑端微店（微店网页版）。电脑端微店后台有网店装修、商品管理、订单管理和网店设置等功能。

2. 微店设置

（1）微店开通后，需对微店进行基本设置。选择电脑端微店后台左侧"设置"，如图 10.7 所示，点击"店铺信息""交易设置""店铺资质""个人信息""子账号管理""发票管理"进行相应的设置。

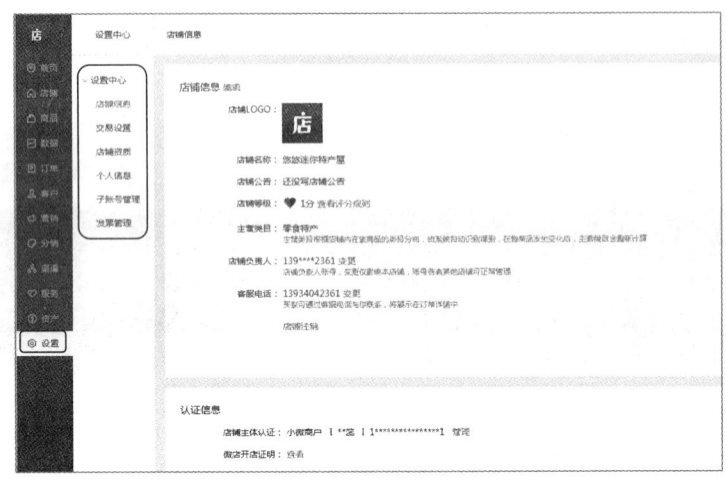

图 10.7　电脑端微店后台店铺信息设置

（2）店铺信息编辑。点击图 10.7 中店铺信息后面的"编辑"，可以修改店铺名称、店铺公告、主营类项目，变更店铺负责人和客服电话等。

（3）交易设置。①店铺设置：用于设置营业时间、交易资金担保、七天退货保障等；②交易设置：用于设置下单模板、风险买家下单拦截、店铺最低消费等；③物流/发货：用于设置买家修改收货地址、自动确认收货时间、退货地址设置等；④库存设置：用于设置退款自动增加库存、减库存方式；⑤支付设置：用于设置货到付款、直接到账、极速支付、分期支付等，如图 10.8 所示为交易设置的部分截图。

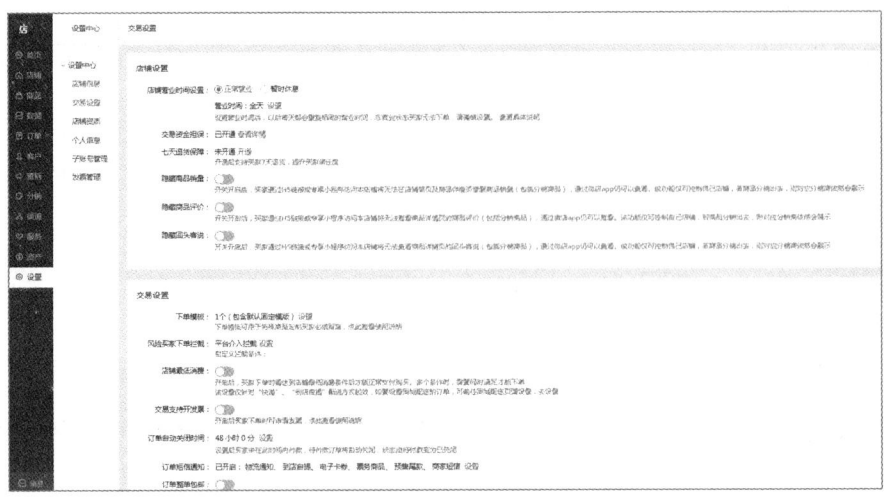

图 10.8　交易设置的部分截图

（4）店铺资质认证。分为品牌资质认证和特殊行业认证。"品牌资质认证"分为旗舰店认证、专卖店认证、专营店认证，如图 10.9 所示。目前电脑端暂不支持"特殊行业认证"，需要在手机端"微店店长版 App—店铺管理—店铺资质认证—特殊行业认证"中进行认证。

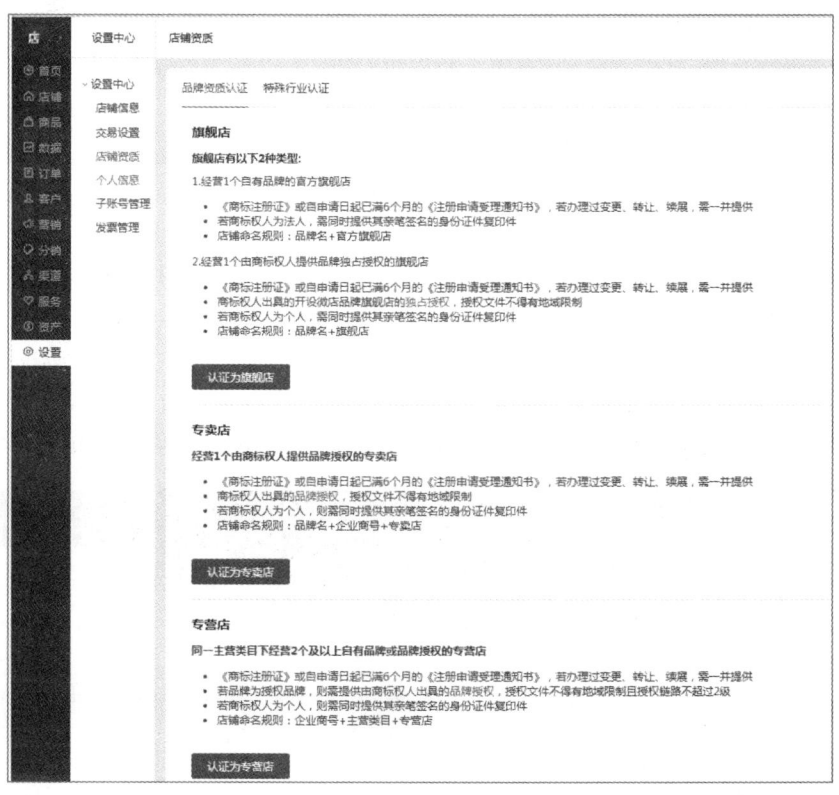

图 10.9 店铺资质认证

 小贴士

旗舰店、专卖店、专营店

旗舰店有两种类型：经营 1 个自有品牌的官方旗舰店、经营 1 个由商标权人提供品牌独占授权的旗舰店；专卖店：经营 1 个由商标权人提供品牌授权的专卖店；专营店同一主营类目下经营 2 个及以上自有品牌或品牌授权的专营店

（5）个人信息、发票管理。个人信息：可以修改个人头像、银行卡号、证件号、手机号、密码等信息；发票管理：北京口袋时尚科技有限公司能够针对交易的手续费、微店品牌认证费、商城版等开具发票。

（6）子账号管理。为了实现一个网店多人管理的目的，需要设置子账号。可通过点击图 10.10 中的"添加岗位"进行设置，岗位设置好后，点击"新建子账号"，选择合适的岗位，完成子账号的设置。子账号名额一般为 10 个。

10.2.1.2 通过手机端搭建微店

（1）利用手机中的应用商店下载"微店店长版"App 并安装，之后在 App 中点击"注册"按钮，或用微信账号登录，如图 10.11 所示。

图 10.10　子账号管理

（2）注册后登录微店，图 10.12 所示为手机端微店后台界面。手机端微店主要有店铺管理、客户管理、商品管理、订单管理、数据分析、营销推广等功能。

（3）点击"商品管理"按钮，进入图 10.13 所示的商品管理界面，点击右下方的"添加商品"按钮，进入图 10.14 所示的添加商品界面。选择商品类型，添加商品图片和标题，选择类目，填写价格等。商品标题与淘宝网的标题设置类似，也是限定在 60 个字符或 30 个汉字内。

图 10.11　手机端微店注册与登录界面　　图 10.12　手机端微店后台界面　　图 10.13　商品管理界面　　图 10.14　添加商品界面

（4）点击商品管理界面下方的"批量管理"按钮和"分类管理"按钮，可以对微店中所售商品进行相应的设置。

10.2.2　微店后台功能

微店的管理一般在电脑端进行，选择电脑端微店后台界面左侧的栏目，可以看到微店后台的功能模块，如图 10.10 所示。各功能模块的选项或作用如下。

（1）店铺。可以进行"店铺装修"和"内容工具"的设置。"店铺装修"可以实现自定义页面、底部导航、悬浮导航、分类页面等的装修。"内容工具"可以撰写"店长笔记"，进行"微店秀秀"设置，进入"素材中心"上传素材，进行"多店管理"等。

（2）商品。具有"我的商品"和"货源挑货"两个功能模块。可以对商品进行管理，包括"添加商品""分类管理""商详模板""商品导入""商城货源"等。

（3）数据。可以看到数据概况、商品分析、交易分析、流量分析等数据。如图10.15所示为商品分析数据，支持查看"今日、昨日、7日、30日"的12个数据指标，可以选择4个数据指标查看。图10.15选择了访客量、加购人数、支付人数、浏览量4个数据指标。

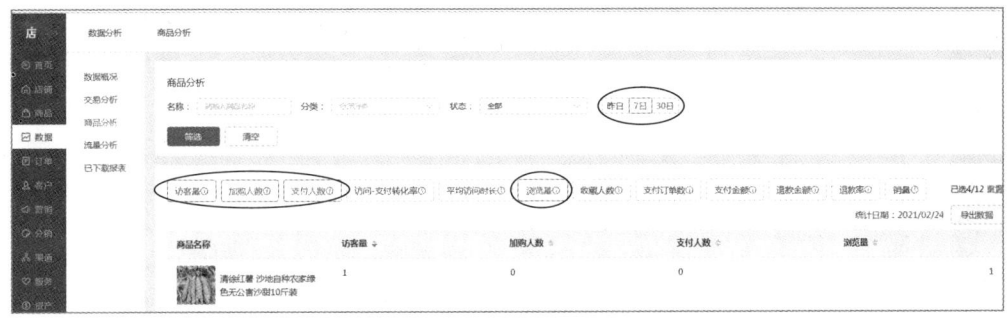

图 10.15　商品分析数据

（4）订单。具有"订单管理"和"配送服务"两个功能模块。订单管理包括订单打印、评价管理、退款管理等；配送服务包括同城配送、到店自提、运费设置等。如图10.16所示为订单管理界面。

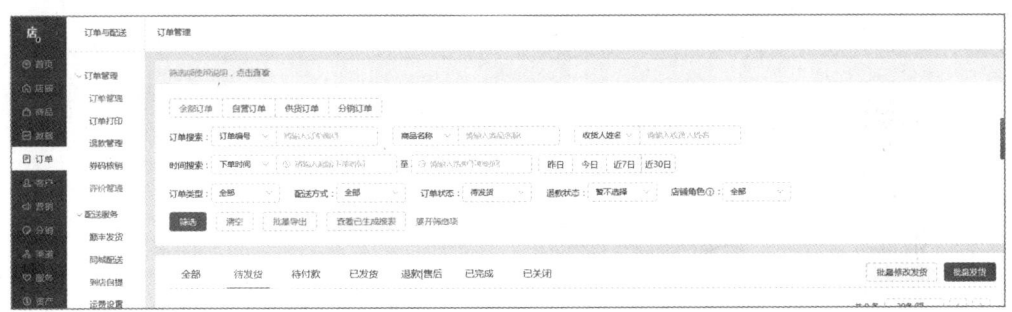

图 10.16　订单管理

（5）客户。可以进行客户管理，客户分群、客户标签、客户导入、客户运营、会员管理等，还可以对客户发放储值卡、礼品卡等。如图10.17所示为客户管理界面，可以批量加标签、批量设置会员。

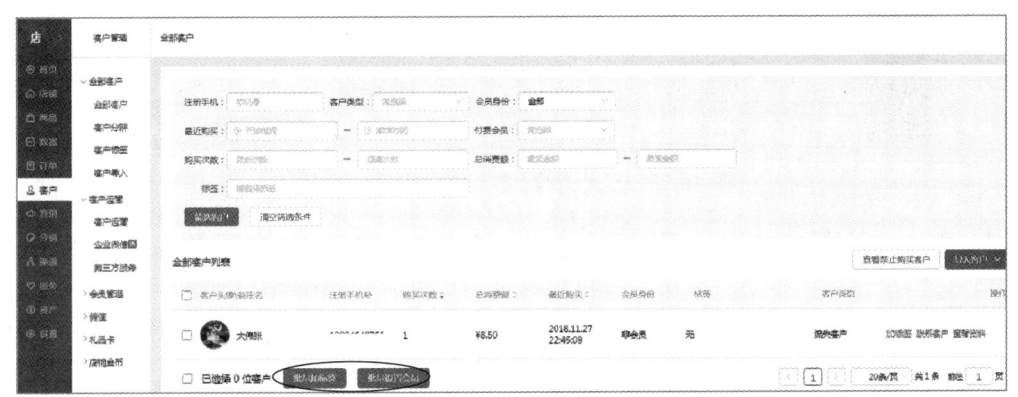

图 10.17　客户管理

（6）营销。营销工具有限时折扣、满减、秒杀、优惠券、N元任选等，合理利用多种营销推广方式能给微店带来更多的流量，提高销售额。如图10.18所示为"满减"营销推广活动。

图10.18　"满减"营销推广活动

（7）分销。目前大部分功能只对微店供应商开放，可为店铺内自营商品设置佣金，招募分销商代理并推广商品，推广成功后自动向分销商支付相应佣金。

（8）渠道。渠道运营包括公众号管理、专享小程序、微博、腾讯直播、微店直播等。公众号管理需要先将微店与公众平台绑定，绑定后可以设置自动回复、自定义菜单等。如图10.19所示为公众号管理的"自定义菜单"，可以添加菜单名称、选择菜单内容等。

图10.19　公众号管理的"自定义菜单"

（9）服务。涵盖了微店提供的多种服务，包括行业服务和第三方服务。如行业服务能够提供知识付费等服务；第三方服务能够提供多平台店铺"一键搬家"等服务。

（10）资产。能够看到微店的账户余额、收支明细、提现记录、佣金收入、保证金等。

电脑端微店后台功能设置与淘宝网店有相似之处，可以参考前面章节内容进行微店后台管理。下面选择"店铺装修""商品管理"作较为详细的讲述。

10.2.3 微店装修与商品管理

微店的装修一般在电脑端微店后台进行，商品管理在电脑端和手机端都能进行，但是电脑端微店管理更方便，功能更多。

10.2.3.1 微店装修

1. 店铺基本装修

（1）选择图10.10中的"店铺"→"店铺装修"，进入"店铺装修"页面，如图10.20所示。分别选择"自定义页面""底部导航""悬浮导航""分类页面""个人中心"，可以对店铺各组成模块进行装修，其中"自定义页面""底部导航""悬浮导航""个人中心"须升级商城版后方能使用。

（2）选择图10.20中的"店铺"→"店铺装修"→"店铺装修"，进入图10.21所示的界面，点击微店界面的不同模块，该模块在右侧即进入编辑状态。

图 10.20 店铺装修首页

图 10.21 "店铺信息"界面

（3）图10.21是点击"店铺信息"模块显示的界面，在界面右侧可以设置店铺样式、店铺招牌、店铺头像、店铺名称、店铺公告等。

（4）将左侧模块用鼠标拖动后放置在微店页面，可以对其进行相应的编辑。

（5）设置完毕后点击右上方的"应用到店铺"按钮。

2. 设置分类页面

（1）选择图 10.10 中的"店铺"→"分类页面"，需要分别针对分类页、分类商品列表页进行设置。

（2）分类页。分类页有两种模板类型：分类名称平铺样式和分类侧边栏样式，如图 10.22 所示为选择分栏侧边栏样式的效果。

图 10.22　选择分类页模板类型

（3）分类商品列表页。分类商品列表页有两列式和列表式两种模板类型，如图 10.23 所示为选择两列式的效果。

图 10.23　选择分类商品列表页类型

10.2.3.2　商品管理

（1）商品发布。选择图 10.10 中的"商品"→"商品管理"，进入 10.24 所示页面。点击"添加商品"按钮可以增加新的商品销售，选择商品类型，添加商品图片和标题，选择类目，填写价格、库存、商品详情等，然后点击"上架出售"或"放入仓库"，流程与手机端类似。

（2）商品分类。点击图 10.24 中的"商品"→"分类管理"，进入图 10.25 所示页面，点击"添加分类"或"添加子分类"，完成商品的分类。

（3）商品导入。点击图 10.24 中的"商品"→"商品导入"，订购应用市场工具后，可以实现多平台商品一键搬家，如可以批量导入有赞、京东、淘宝、拼多多等多个平台的商品到微店。

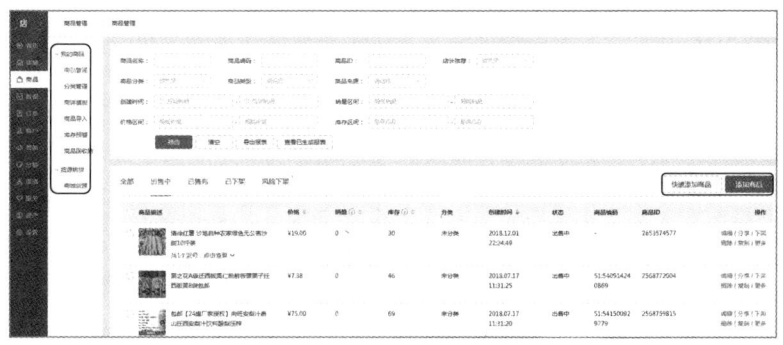

图 10.24　商品管理页面

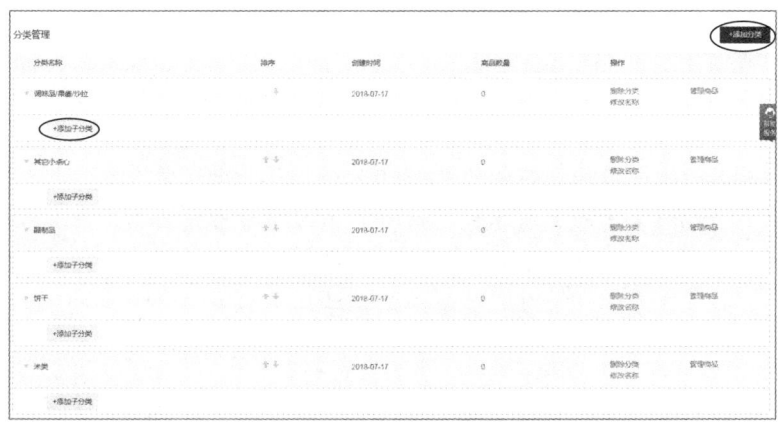

图 10.25　商品分类管理

 **本章小结**

移动网店作为手机端的新型电子商务模式，相比传统电脑端电子商务具有很多优势，有广阔的发展空间。本章介绍了移动网店的主要形式，并以北京口袋科技时尚有限公司开发的"微店"为例，详细介绍了微店的注册开通、微店设置、微店装修、商品管理等内容。

 **课后习题**

一、名词解释

移动网店　移动 App　第三方移动网店 App 平台

二、单项选择题

1. 苏宁易购的手机 App 属于（　　）。
   A. 传统企业自建移动商城 App　　　B. 零售电子商务平台的手机端 App
   C. 第三方移动网店 App 平台　　　　D. 微店

2. 以下（　　）不属于第三方移动网店 App 平台。

A. 微信小商店　　B. 有赞微店　　C. 手机淘宝 App　　D. 微店

3. "微信小商店"入驻的卖家必须注册微信公众平台的（　　）。

A. 订阅号　　B. 服务号　　C. 企业号　　D. 小程序

4. "微信小商店"不能面向（　　）开放。

A. 零售类企业　　B. 网店卖家　　C. 媒体　　D. 个人卖家

5. 微信公众平台的订阅号主要为卖家向买家传达信息，认证前后（　　）可以群发一条消息。

A. 30天　　B. 7天　　C. 1天　　D. 2天

6. 个人不能申请注册（　　）。

A. 订阅号　　B. 服务号　　C. 小程序　　D. 微信

7. "微店"的标题限定在（　　）个汉字内。

A. 60　　B. 30　　C. 20　　D. 10

三、简答题

1. 手机端网店相比电脑端网店的优势是什么？
2. 目前移动网店的主要形式有哪些？举例介绍每一种形式。
3. 微店的主要营销工具有哪些？各有什么特点？
4. 微信公众号主要有哪些类型？简要介绍每一种类型。

实训任务

实训任务一：根据微店的开店步骤及注意事项，开通自己的微店，记录自己的账户名、登录密码，并保存微店的链接及其二维码，以方便微店的宣传。

实训任务二：电脑端微店后台操作

1. 登录电脑端微店查看各个栏目的主要功能。
2. 找到"店铺设置"入口，给自己的网店选择行业模板，进行授权设置、可配送区域设置和运费设置。

实训任务三：按照微店装修步骤，对电脑端微店进行装修。

实训任务四：在手机端或电脑端微店对商品进行管理，包括添加商品、批量管理、分类管理等。

实训任务五：利用微店的营销工具对微店进行至少四种方式的营销推广。

视野拓展

微信小商店运营规范　　　"有赞"公司简介　　　微信上线小商店对有赞、拼多多的影响

主要参考文献

[1] 阿里巴巴商学院,2017. 网店客服[M]. 北京：电子工业出版社.
[2] 北京中清研信息技术研究院,2016. 电子商务数据分析[M]. 北京：电子工业出版社.
[3] 陈志轩,欧丹丽,张运建,2017. 淘宝网店运营全能一本通[M]. 北京：人民邮电出版社.
[4] 凤凰高新教育,2017. 淘宝、天猫、微店开店、装修、运营与推广从入门到精通[M]. 北京：北京大学出版社.
[5] 葛存山,2015. 网店运营与推广[M]. 北京：人民邮电出版社.
[6] 恒盛杰电商资讯,2016. 淘宝天猫网店运营秘笈：如何用 SEO 和数据化精准营销打造爆款[M]. 北京：机械工业出版社.
[7] 孔斌国际网校,2016. 淘宝网店运营指南——6 个月升级金牌卖家[M]. 北京：人民邮电出版社.
[8] 老 A 电商学院,2016. 淘宝网店大数据营销[M]. 北京：人民邮电出版社.
[9] 雷莉,黄睿,2021. 网店运营与推广——从入门到精通[M]. 北京：人民邮电出版社.
[10] 李杰臣,韩永平,2016. 网店数据化运营大数据分析 流量转化 SEO 网店管理[M]. 北京：人民邮电出版社.
[11] 刘涛,2015. 深度解析淘宝运营[M]. 北京：电子工业出版社.
[12] 刘祥. 2020. 网店运营与推广[M]. 北京：电子工业出版社.
[13] 六点木木,2017. 淘宝开店从新手到皇冠：开店+装修+推广+运营一本通[M]. 2 版. 北京：电子工业出版社.
[14] 欧阳红薇,王晓亮,2021. 淘宝网店运营与管理[M]. 北京：人民邮电出版社.
[15] 孙东梅,2013. 网店应该这样推广——淘宝店铺赚钱的秘密[M]. 北京：电子工业出版社.
[16] 淘宝大学,2012. 电商运营. 北京：电子工业出版社.
[17] 淘宝大学,2018. 淘宝大学电子商务人才能力实训（CETC 系列）——网店运营（提高版）[M]. 北京：电子工业出版社.
[18] 淘宝大学,2018. 网店运营、美工视觉、客服[M]. 北京：电子工业出版社.
[19] 王利峰,李忠美,2017. 网店运营实务[M]. 2 版. 北京：人民邮电出版社.
[20] 吴元轼,2015. 淘宝网店大数据营销[M]. 北京：人民邮电出版社.
[21] 曾鸿毅,2017. 淘宝天猫 SEO 从入门到精通[M]. 北京：中华工商联合出版社.
[22] 张发凌,姜楠,2017. 淘宝网店运营、管理一本就够[M]. 北京：人民邮电出版社.

更新勘误表和配套资料索取示意图

说明 1：本书配套教学资料完成后会上传至人邮教育社区（www.ryjiaoyu.com）本书页面内。下载本书配套教学资料受教师身份、下载权限限制，教师身份、下载权限需网站后台审批，参见以下示意图。

说明 2："用书教师"，是指学生订购本书的授课教师。

说明 3：本书配套教学资料将不定期更新、完善，新资料会随时上传至人邮教育社区本书页面内。

说明 4：扫描二维码可查看本书现有"更新勘误记录表""意见建议记录表"。如发现本书或配套资料中有需要更新、完善之处，望及时反馈，我们将尽快处理。

咨询 QQ：3032127

更新勘误及意见建议记录表

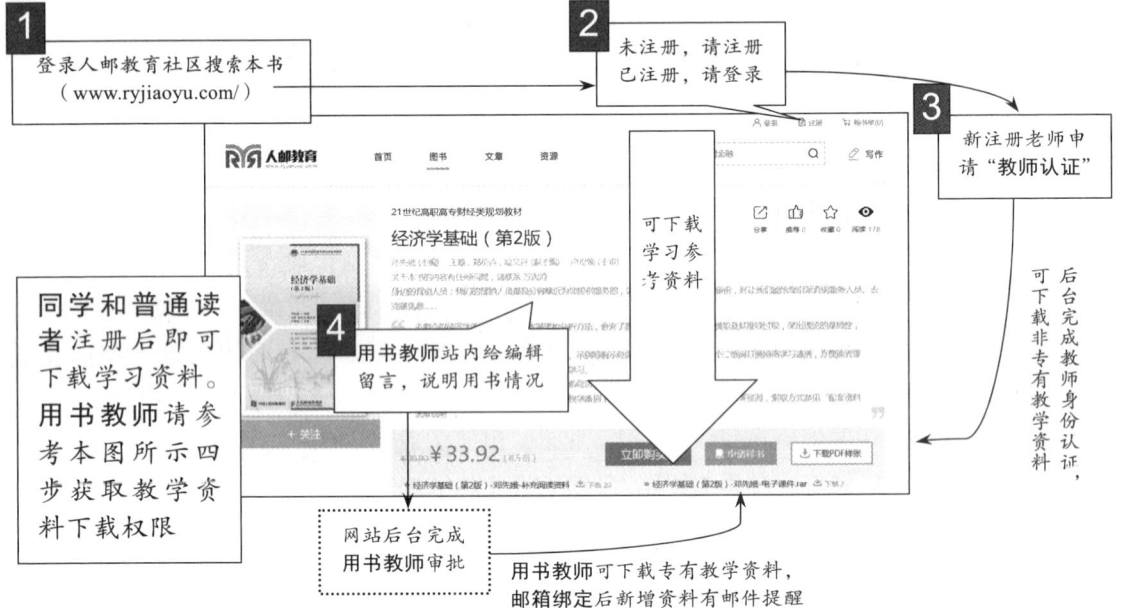